펜의 힘

Delane's War

Delane's War

Delane's War

펜의 힘

타임스 편집장과 나이팅게일은 어떻게 영국 정부를 무너뜨렸는가

TIM COATES 지음
전호환·정숙진 옮김

부산대학교출판문화원

CONTENTS

목차

역자의 말 1

2018년 초 개봉된 스티븐 스필버그 감독의 영화 '더 포스트(The Post)'를 봤다. 번역 중이던 이 책의 내용과 너무나 흡사해 새삼 놀라웠다. 1971년 워싱턴포스트의 사주와 편집장은 미국 국방부의 월남전 1급 비밀문서를 공개한다. 닉슨 정부의 신문 폐간 위협과 불법 폭로라며 법적인 대응에 나서겠다는 위협에도 불구하고 '국민의 알 권리'와 '세상을 속인 완벽한 거짓말'의 진실을 밝히기 위해서였다. 대법원은 언론의 손을 들어 주었다. 영화의 마지막 장면은 건물에 입주한 민주당 전국위원회 사무실에 침입 흔적을 발견한 야간 경비원이 경찰에 "도둑이 든 것 같다. 여기는 워터게이트 호텔이다."라고 신고하면서 막을 내린다. 이 마지막 장면은 워싱턴포스트의 워터게이트 사건 특종보도를 다룬 1976년 영화 '모두가 대통령의 사람들'의 시작 부분과 동일한 구성으로 만들어 닉슨 대통령의 미래를 암시한다. 영화의 부제인 '세상을 바꾼 위대한 폭로'였던 것이다.

'벤의 힘'은 1974년 8월 미국 대통령 닉슨을 사임하게 만든 워터게이트 사건을 조사한 특별검사의 보고서에 나오는 다음의 말로 시작한다. "공직자가 자신에게 주어진 임무를 다하지 않고, 시민들이 이들을 감시하지 않는다면 민주주의는 존속되지 않는다는 간단하면서도 기본적인 명제로부터 우리는 시작해야 한다." 지금으로부터 160여 년 전에 먼저 발생했던 '세상을 바꾼 또 하나의 위대한 폭로'를 암시하는 말이다.

크림전쟁은 1853년 10월부터 1856년 2월까지 크림반도에서 러시아 제국과 오스만 제국, 프랑스 제2제국, 대영제국과 사르데냐 왕국이 결성한 동맹군과의 싸움이다. '펜의 힘'은 1854년 10월부터 이듬해 1월까지 4개월 동안 크림전쟁에 참전한 영국군의 전투에 관한 타임스(The Times)와 정부와의 진실게임 이야기다. 타임스에서 파견한 세계 최초의 종군기자인 윌리엄 러셀과 정부에서 파견한 간호사인 플로렌스 나이팅게일의 정보와 데이터를 바탕으로 타임스는 거의 매일 전쟁소식을 전하고 정부의 발표를 반박했다. 신문사의 사주와 편집장이 힘을 합쳐 정부의 거짓말에 대항해 진실을 폭로한 점에서 영화 '더 포스트'의 내용과 흡사하다. 원서의 제목은 '딜레인의 전쟁(Delane's War)'이고 타임스 편집장인 존 딜레인이 '펜의 힘'을 빌려 영국 정부를 무너뜨린 과정을 서술한 책이다. 그래서 딜레인의 전쟁보다는 독자들에게 쉽게 다가갈 수 있는 '펜의 힘'으로 번역했다(원 저자의 동의 하에).

간호사로서의 나이팅게일의 헌신적인 활동은 이미 잘 알려져 있다. 상류 가문이지만 당시 여성들에겐 대학교육을 시키지 않는 관습으로 그녀는 대학교육을 받지 않았다. 하지만 수학적 재능은 우수했다. 전쟁 중 사상자의 원인을 분석한 자료는 그녀가 '통계학자'임을 보여준다.

크림전쟁이 발발한 지 4개월 만에 21,097명이 사망했다. 이들 중 2,755명은 전투 중 사망했고, 2,019명은 전투에서 입은 부상이 악화되어 사망했다. 그런데 나머지 16,323명은 전투와 상관없는 질병으로 사망했다. 전장에서 전투와 관계없는 질병으로 죽은 숫자가 총 사망자의 77%에 달한 것이다. '왜 젊은이들이 전쟁에서 이렇게 죽어야 하는가'라는 의문을 영국 정부에 던졌다. 그리고 야전병원의 위생시설을 개선해 달라고 요구했다. 1854년 겨울 입원환자의 43%가 사망했지만 위생시설을 개선한 이후 6개월이 경과하자 사망률이 2%대로 크게 줄었다.

전쟁이 끝난 후 나이팅게일은 사상자 원인에 대한 단순한 숫자가 아닌 색깔과 면적의 크기를 활용해 시각적으로 보여주는 도표인 로즈 다이어그램(Rose Diagram)을 세계 최초로 만들어 병원개선을 위한 책을 펴낸다. 나이팅게일은 영국왕립통계학회 최초의 여성회원이 된다. 또한 영국에 간호대학을 설립하는 역할도 했다.

내각 사임과 정치인들의 거짓 증언, 장성들의 무능력과 거짓 정보, 장병들의 고통까지 이 책은 그 시대의 기록을 고스란히 담고 있다. 무엇보다 '데이터의 힘'과 '펜의 위력'을 보여 주는 책이다. 4차 산업혁명 시대의 키워드는 데이터가 아닌가. 나이팅게일은 160여 년 전에 벌써 '데이터의 힘'을 보여준 혁신가였다. 또한 타임스 편집장인 딜레인은 저널리즘 정신과 '펜의 힘'으로 세계에서 가장 완벽한 민주주의 국가인 오늘의 영국을 만드는데 공헌한 영웅이다.

책을 쓰는 것보다 번역하는 것이 더 어렵다고 한다. 영국에서 유학과 직장생활을 했지만 160여년 전의 신문기사, 편지 및 기록을 인용한 원서를 좀더 쉬운 말로 옮기기 위해 현재 영국에 거주하면서 번역가로 활동하고 있는 공동 저자와 힘을 합쳐 이 책을 만들었다. 이 책을 번역하게 된 동기는 '의미있는 데이터'가 세상을 바꾼다는 신념에서 비롯되었다. 4차 산업혁명 시대는 데이터 천국이다. 데이터를 기반으로 한 글로벌 플랫폼 기업들이 이 시대를 이끌어가고 있지 않은가. 데이터의 중요성은 옛날이나 지금이나 달라진 것이 없다. '의미있는 데이터'가 새로운 미래를 열어간다는 진리도 불변이다.

2018년 5월

전 호 현

역자의 말 2

등불을 든 여인에서 파이차트를 든 여인으로

2016년 5월경, 여느 때와 마찬가지로 허전한 내 작업 공간을 채우기 위해 틀어놓은 라디오에서 흥미로운 내용이 나왔다. 백의의 천사, 등불을 든 여인으로만 알고 있던 나이팅게일이 수학자와 통계학자로 더 인정 받아야 한다는 BBC 프로그램이었다. 이로부터 1년여가 지나고 우연히 Delane's War를 번역하는 기회가 주어졌다.

2018년은 영국 여성에게 참정권이 부여된 지 100년이 되는 해이다. 지금은 너무도 당연한 일이 100년 전 법으로 보장되기까지 많은 이의 노력과 고통이 있었다. 이 혼란의 시기보다 100여 년을 더 거슬러 올라가야 역사 속 나이팅게일의 탄생을 접할 수 있다. 부유한 집안에서 태어난 나이팅게일은 명문가 여성에게 보장되는 풍족한 삶 대신, 전쟁터 간호사라는, 당시만 해도 천시되고 위험할 수밖에 없는 일을 택했다.

순식간에 뉴스와 사진을 전송하고, 지구 반대편에 있는 반가운 얼굴을 화면으로 보면서 얘기할 수 있는 지금과 달리, 모든 소식을 편지와 전보에만 의존해야 하던 160여년 전의 삶은 어떠했을까? 당시 런던의 타임스 편집장인 존 딜레인과 최초 종군기자가 되어 크림반도에 주둔하던 윌리엄 러셀은 그 어떤 사진보다도 생생하게 크림전쟁의 불편한 진실을 글로 펼쳐나갔다.

원 저자의 숨결 그대로 전하기 위해 내 존재는 최대한 숨기고 원문 뒤를 그림자처럼 좇아다니며 우리 글로 옮기는 것이 번역자의 의무라고 생각했다. 그래서 이 '펜의 힘'을 탄생시키는 과정에서 최대한 원문과 일치시키고자 노력하였으나 본문에 수시로 등장하는 160여년 전의 신문기사와 편지 등 지금과는 사뭇 다른 표현과 문어체가 주를 이르는 부분은 독자의 이해를 돕기 위해 자연스럽게 의역했다.

역사서인만큼 무수히 많은 인물이 언급되다 보니, 헷갈리기 쉬울 듯하여 성(姓)과 이름 순으로 주요 인물을 정리하여 '인명사전'에 담았다. 또한 19세기 영국과 유럽의 배경이나 문화가 익숙하지 않은 독자를 위해 본문 이해에 도움이 될 만한 배경이나 문구 등은 각주로 남기고, 책 뒤편 '찾아보기'에도 담았다.

책에서 인용한 역사적 사건의 날짜나 인물에 관해 약간의 오류가 발견되어, 저자로부터 양해를 구한 뒤 바르게 고친 내용을 번역본에 실었다. 원서와 비교하여 읽는 독자가 있다면, 영문과 상충되는 내용이 있을 수도 있다는 점 이해 바란다. 물론 꼼꼼한 내용 검증에도 한계가 있을 터라 발견치 못한 오류가 있다면 이에 대한 지적도 겸허히 받겠다.

크림전쟁이 벌어진 곳과 나이팅게일이 근무하던 지역을 찾아볼 수 있는 지도는 원본의 것 대신 이해가 더 쉽고 선명한 이미지로 바꾸었고 이 또한 저자의 동의를 구한 바이다.

학교 수업시간에 배우던 영국사의 한 자락이 담긴 책을, "영국에서 학교도 안 다닌" 엄마가 번역한다는 말에 약간의 의심과 함께 신기하다는 반응을 보이던 아들에게 부끄럽지 않은 책이었으면 하는 작은 바람으로 글을 마무리했다.

2018년 5월

정 숙 진

FOREWORD

서문

얼마 전 크림반도를 다녀왔다. 필사적인 전투가 벌어졌던 전장은 처칠이 얄타회담으로 방문했을 때와 마찬가지로 지금도 당시 분위기를 그대로 유지하고 있는 듯 했다. 알마에서 벌어진 첫 번째 유혈의 현장은 러시아의 방어 진영 주변에 세워진 벽을 제외하고는 대부분 그대로 남아있었다. 이 방어 진영은 전투가 끝난 후 주변의 땅을 파내어 사망자를 묻을 공동묘지로 쓰였다. 한편 발라클라바의 경우, 우크라이나와 영국 두 나라 모두 그곳에서의 전투에 큰 의미를 두는 데다 상업적인 가치까지 고려하여 기념물이 곳곳에 세워졌다. 반면 잉케르만은 영국 군이 당시 전쟁에서 가장 많은 피를 쏟았던 장소임을 침묵으로 증언하고 있었다. 이제는 부서지고 덤불로 뒤덮인 산비탈이라 농부와 부동산 개발업자에게도 쓸모 없는 공간이 되어 피로 얼룩진 이곳 땅에는 아무것도 변한 것이 없다.

150년이 지난 지금도 이곳에서 뼈와 총알, 녹슨 총검은 물론 사망한 영국 병사의 제복 단추가 발견되기도 한다. 물론 이러한 모든 내용은 타임스 지면에 당시의 용맹과 자부심을 세세히 잘 나타낸 존 딜레인의 기록 중 극히 일부에 불과하다.

크림반도에서 단기간만 체류한 딜레인 대신, 장성들의 부실한 능력과 전투 상황 등을 타임스의 전쟁특파원인 윌리엄 러셀이 화려한 글 솜씨로 지면에 폭로하였다. 그의 글이 딜레인의 사설을 통해 지면에 실리면서 전쟁기사의 효시가 되는 등 중요한 역할을 했다.

오늘날의 전쟁보도 방식과 비교해도 손색이 없을 정도로 뛰어난 수준이다. 크림반도는 부실한 물류와 교통수단의 부족, 인원 부족은 물론 무엇보다 혼란에 빠진 지휘체계와 장성과 각료들의 무능력으로 고통을 받고 있었다. 1854년 6월에 러시아 병력이 다뉴브 공국인 몰다비아와 왈라키아로부터 철수하면서 전쟁 명분이 사라졌는데도 무엇 때문에 연합군은 크림반도로 병력을 보냈을까? 연합군은 흑해에 있는 바르나에 주둔하면서 러시아 병력을 자신들의 영토에서 몰아내려는 터키 정부를 지원하기 위한 준비를 했다. 하지만 러시아 병력이 철수할 무렵, 새로운 임무가 떠오르는 바람에 전체 병력이 항해를 시작하여 세바스토폴에 상륙했다.

이 모든 설명은 명확하게 이해가 된다. 실제로 딜레인이 했던 명언 중 하나가 당시 상황을 생생하게 묘사한다.

> 이 나라의 자존심과 신뢰는 물론 정권이 크림반도에서 벌어지는 전투 양상에 가늠할 수 없으리만치 크게 의존하고 있다는 사실은 어떤 말로도 쉽고 간단하게 설명할 수가 없다. 고국을 위해 동방에서 싸우고 있는 우리 병력이 어느 때보다 더 심각한 역경 속에서 사상자를 내고 있고, 역사상 가장 끔찍한 전쟁으로 이어질 가능성에 처해 있음을 관련 당사자에게 상기시키고자 한다.

세부 내용은 다를지언정 이 말은 오늘날 이라크나 아프가니스탄에 주둔하는 영국 군과 관련해 타임스가 반복해서 외칠 수 있는 문구가 되지 않을까?

딜레인과 러셀은 고국의 각료는 물론 전장에 있는 지휘관들의 전략과 능력에 대한 질문도 과감하게 던졌다. 물론 이들의 보도가 국민의 알 권리를 충족시키는지 혹은 이들의 무능력을 폭로하는 것이 적군에게 위안을 줄 수 있는지 등의 질문이 나올 수 있다. 지금 이 시대에도 이와 똑같은 논쟁이 이어지고 있지 않는가? 포클랜드 전쟁 당시 아르헨티나의 무기에 관해 너무나 상세한 정보를 흘렸다고 언론이 비난 받은 것은 어떤가? 1차 걸프전에도 동일한 비난이 쏟아져 나왔다. 이제는 '임베디드 저널리즘'이라는 말이 나오고 언론과 출판의 자유에 관한 온갖 토론이 이어진다. 1854년에는 러셀과 딜레인의 자유를 구속할 방안이 없었지만, 당시 정권에서는 그렇게 할 수 없는 현실을 아쉬워했을 것이 틀림없다.

플로렌스 나이팅게일의 일과 성공은 딜레인과 타임스의 후원이 큰 힘이 되었다. 크림전쟁에서 사망한 병사와 민간인 모두 안치되어 있던 묘지는 제2차 세계대전의 무참한 공격과 그 뒤를 이은 소련의 정책으로 지금은 거의 흔적도 없이 사라지고 말았다. 다행히 나이팅게일과 그녀가 지휘하던 간호사들이 주로 근무하던 스쿠타리에는 흔적이 남아있다. 러시아군의 총탄이 아니라 질병으로 죽어간 병사의 숫자만 보더라도 그녀가 알리고자 했던 문제점을 충분히 대변한다.

존 딜레인의 글은 물류 수송 문제에만 국한된 것이 아니다. 1855년 봄에 케르치(Kerch)로 향한 원정군과 6월에 있었던 세바스토폴 공격은 여느 군사적 명령과 마찬가지로 언론의 압력이 크게 작용한 것이라고 믿는다. 분명 후자는 실패로 끝났지만 적어도 연합군 고위 장교들의 안일함에 따끔한 충격은 주었으리라.

존 딜레인은 당대의 거인 같은 존재로 이 책은 크림전쟁 전후와 은퇴할 때까지 이십여 년간 그가 어떻게 한 시대를 풍미해왔는가를 보여준다. 외무장관직도 제안 받았지만 출중한 실력으로 사설을 쓰고 분석하던 그의 직위에 그대로 머물기로 결정했다. 언론의 힘을 제대로 보여주는 이 책은 진정한 펜의 힘을 파악하고자 하는 오늘날의 군인과 외교관, 정치인 등이 특히 관심을 가지고 볼 필요가 있다. 딜레인은 즉각적인 의사소통이 가능해진 현대와는 전혀 다른 시대를 살던 사람들의 마음을 사로잡은 존재였다. 그는 제4계급*의 중요성을 깨우치는 본보기가 되어 역사 속 중요한 인물로 언제나 기억될 것이다.

패트릭 머서(Patrick Mercer), 대영제국 4등 훈장 수훈, 국회의원
2009년 9월

*제4계급: 정치, 사회적 영향력을 미치는 신문, 언론을 가리키는 말

PROLOGUE

들어가며

'We must begin with the simple but basic observation that democracies do not survive unless public officials do what they are supposed to do and unless citizens maintain vigilance over them.'

This sentence is taken from the report of the Special Prosecutor into the Watergate affair, of which one outcome was the resignation of the President of the United States, Richard Nixon, in August 1974.

"공직자가 자신에게 주어진 임무를 다하지 않고, 시민들이 이들을 감시하지 않는다면 민주주의는 존속되지 않는다는 간단하면서도 기본적인 명제로부터 우리는 시작해야 한다."

이 말은 1974년 8월에 미국 대통령 리차드 닉슨을 사임하게 만든 워터게이트 사건을 조사하던 특별검사의 보고서에서 발췌한 것이다.

1장

노상강도

700척의 함대에 나누어 탄 영국, 프랑스, 터키*의 육·해 연합군이 1854년 9월 15일 흑해 북쪽에 위치한 러시아의 크림반도를 침략하였다. 런던 타임스 편집장 존 딜레인(John Delane)은 군 수송선인 브리타니아(Britania)호의 책상에서 당시 상황을 기사로 전했다.

이 책에서 다시 조명되는 그리고 딜레인이 아주 중요한 역할을 했던 사건은 크림전쟁이 시작된 후 첫 겨울인 1854년 말부터 1855년 초까지 몇 개월에 걸쳐 일어난 것들이다. 이 사건에 관련되는 사람들의 범상한 행동을 이해하기 위해서는 그들의 출신 배경, 그리고 그에 앞서 일어난 일과 당시 지배층 사람들의 사고방식을 어느 정도 이해하는 것이 도움이 될 것이다.

1820년대에 유년 시절을 보낸 딜레인의 고향 백샷(Bagshot)에는 증기기관차가 없었다. 버크셔 히스(Berkshire Heath)는 완전히 황무지였다. 그 누구도 지금처럼 에그햄(Egham)이나 브랙널(Bracknell)에서 출발하여 피커딜리(Picadilly)와 런던을 아침에 갔다가 당일 저녁에 돌아올 수 없었다. 대도시로 나가려면 마차를 타고 하루 종일 가야 했으며 마땅한 이유가 있어야만 그것도 가능했다. 근처에는 애스컷(Ascot)**이라는 마을이 있었다. 이

*터키: 당시는 오스만 제국

**애스컷(Ascot): 300년이 넘는 역사를 자랑하는 로열 애스컷(Royal Ascot) 경마대회가 매년 개최되는 곳이다.

마을은 지역 농부들과 말 사육사들이 부자와 귀족들과 함께 정중히 어울리는, 이미 그 당시부터 경마대회로 유명한 곳이었지만 런던 주민들에게는 쉽게 갔다 올 수 있을 만큼 가까운 거리는 아니었다. 초밤 커먼(Chobham Common)과 라이트워터(Lightwater), 버로우힐(Burrow Hill)은 야생화로 뒤덮인 산골짜기 깊숙한 시골 마을이었다. 그러한 곳에서 자란 어린 딜레인은 말 타기만을 좋아했다. 그는 노상강도가 되어 비가 오나 눈이 오나 달밤에 혹은 동이 트는 새벽까지 여기저기 매일 미친 듯이 질주하기를 꿈꿨다. 지금은 고속도로가 들어선 런던과 영국의 서부 항구를 오가는 길에서 우편물을 가로채고 마차를 강탈하는 모습을 흉내 내며 놀았다. 그의 유년 시절의 기억은 덤불과 늪지, 양치식물, 고사리로 덮인 황무지의 향수로 가득했다.

그는 똑똑하고 활동적이었으나 수업에 충분히 집중하지 않아 필요한 교육을 제대로 받지 못했다. 딜레인이 열세 살이 되었을 때, 아들이 말 놀이에만 너무 많은 시간을 보낸다고 생각한 그의 어머니는 자신의 부주의와 방임으로 아들이 마구간에서 평생 살게 되거나, 대장장이나 되지 않을까 걱정했다. 그래서 아들을 런던의 킹스 칼리지(King's College)에 보내서 제대로 된 교육을 받도록 하였다. 하지만 이마저도 기대에 못 미쳤다. 청년 딜레인은 런던에서 산다는 즐거움에 너무 매료되었기 때문이다. 그는 지식인이 아닌 스포츠맨이 될 것 같았다. 일 년이 막 지났을 즈음, 인내심에 한계를 느낀 그의 어머니는 남편을 부추겨 딜레인이 옥스퍼드셔(Oxfordshire) 서쪽에 위치한 페링돈 홀(Faringdon Hall)의 제레미아 보울스(Jeremiah Bowles) 박사에게 개인교습을 받게 하였다.

버스컷(Buscot)과 페링돈(Faringdon) 사이에 위치한 오래된 산울타리나 부드러운 들판에서는 달콤한 공기와 심오하고 편안한 빛깔과 색조를 마음껏 경험할 수 있었다. 켈름스코트(Kelmscott)에서 템스 강은 천천히 그리고 어떤 이유나 목적도 없이 졸졸 흘러가는 여행을 시작한다. 레치레이드(Lechlade)의 세인트로렌스(St Lawrence) 교회 뜰에 새겨진 시인 셸리

(Shelley)의 글에서 분위기를 짐작할 수 있다. “여기서 어린 시절의 달콤한 비밀과 사랑스러운 꿈들을 찾을 수 있을 것이다.” 햇살 좋은 날 아무것도 하지 않고 하루 종일 누워만 있기 좋은 최적의 곳이 바로 페링돈이었고, 이 주변 마을과 농장이 모두 딜레인에게 학문의 장이 되었다. 이곳의 길과 빈터들은 지구가 회전하고 세월이 가도 좀처럼 변하지 않았다. 이러한 환경은 지나치게 활동적인 딜레인이 침착성을 기르는 배경이 되었다.

16세의 딜레인이 초록이 무성한 영국 시골에서 경험한 여유로움은 일평생 그에게 영향을 미쳤다. 페링톤 홀에서 보울스 박사와 함께 지내면서 자신의 학문적 나태함을 극복함은 물론 문제의 본질에 접근하는 무서운 집중력도 키우게 되었다. 아들에게서 이러한 재능을 이끌어내려던 어머니의 노력은 헛되지 않았던 것이다.

보울스 박사는 소년 딜레인이 이따금 방황을 하기는 했지만 문제를 파악하고 이해하는 데 놀라운 재능이 있다는 것을 알아차렸다. 그는 복잡한 주제를 파악하는 속도가 남달랐다. 법률 공부가 적성에 맞았을지 모르지만, 그는 흥미가 없었다. 2년 동안 박사는 제자에게 라틴어와 그리스어, 고대사를 가르쳤다. 헤로도토스(Herodotus)와 투키디데스(Thucydides), 유베날리스(Juvenal), 소포클레스(Sophocles)를 탐독하면서 언어의 기본기가 갖추어졌고 이는 딜레인이 성인이 되었을 때 그의 강력한 무기가 되었다.

어린 딜레인은 거의 매일 말을 타러 나갔다. 말을 타는 즐거움에 충동적으로 60여 킬로미터의 거리를 달려 여동생을 만나고 오기도 했다. 18세가 되자 아직도 훌륭한 학생은 아니었지만, 페링돈에 처음 왔을 무렵 제멋대로였던 시골 촌뜨기 때보다는 자신만만하고, 호기심 많은, 신중하고 명랑한 젊은 신사가 되었다. 1838년 9월, 보울스 박사의 소개장을 얻은 딜레인은 모들린 홀(Magdalen Hall)의 대학생으로 등록하기 위해 말을 타고 30여 킬로미터 떨어진 옥스퍼드로 향했다.

대학생이 된 그는 런던의 킹스 칼리지에서 만난 친구이자 룸메이트인 조지 다선트(George Dasent)에게 까칠하고 거만한 편지들을 썼다. “파머스턴(Palmerston) 경은 편지에 답장을 하지 않는다는 말이 있다고 하네. 그렇다고 해서 자네도 그렇게 해도 된다는 뜻은 아니야."라고 다선트에게 썼다. 옥스퍼드에서 만난 딜레인의 담당 교수는 그를 그리스 신화에 나오는 켄타우로스(Centaur)*라고 했다. "딜레인이 반인반마(半人半馬)라는 사실을 잊어서는 안 된다."라고 기록하였다. 파머스턴 자작은 당시 외교와 식민지 문제를 담당하던 장관이었고, 이 두 학생에게는 멀고도 높은 위치에 있는 사람으로 느껴졌겠지만 이 유명 정치인과 가까워지게 된 것은 얼마 지나지 않은 뒤의 일이다.

딜레인과 다선트 모두 1841년에 졸업하였다. 다선트는 잠시나마 아이슬란드 문학에 매진하다, 이후 세계적인 전문가가 되었다. 딜레인은 아직 미래에 대한 확신을 가지지 못한 채 가족이 있는 버크셔(Berkshire)로 돌아갔다. 그는 구레나룻을 풍성히 길러 시골 농부 같은 모습으로 나타나 어머니를 언짢게 했다. 그럼에도 불구하고 자식에 대한 어머니의 애정은 지극했고 그의 꿈 실현과 행복에 대한 희망을 잃지 않았다.

존 월터(John Walter)는 브랙널에 사는 딜레인의 이웃으로 타임스 신문사와 인쇄소를 소유하고 있는 유명한 부자였다. 그의 아버지가 창간한 이 신문사는 그 당시부터 이미 영국 전역에 큰 영향을 미쳤다. 딜레인의 아버지는 월터 밑에서 신문사 재무관리자로 일하고 있었다.

딜레인 어머니의 치밀한 계획과 소개로 존 월터는 청년 딜레인의 지적인 능력과 재능, 패기를 알아보고 그에 매료되어 그를 타임스에서 일하게 해주었다. 딜레인은 기자로서 능력 발휘를 하였다. 놀랍게도 입사한 지 일 년 만에 23세의 나이로 세계에서 가장 영향력이 큰 신문사의 편집장으로 위촉되었다. 이러한 빠른 진급은 종종 실수로 판명 나기도 하지만, 월터는 다른 사람의 말에 휘둘리기보다는 자신의 판단을 믿을 만큼 성숙해 있었다. 그 역시 아주 어린 나이에 그의 아버지가 편집장을 시켜주었기 때문이다.

---

*켄타우로스(Centaur): 그리스 신화에 나오는 반인반마(半人半馬)

"맙소사, 무슨 일이 일어났는지 아니?" 젊은 딜레인이 친구에게 물었다. "내가 타임스의 편집장이 되었다고!"

전임 편집장인 토머스 반스(Thomas Barnes)가 사망한 후였다. 반스는 타임스의 정치적 평판을 아주 크게 끌어올린 인물로 24년 동안 편집장으로 근무했다. 1828년 한 외교관의 자살에 대한 내용을 은폐한 영국 정부를 반스가 맹비난한 결과, 지금껏 타임스의 애칭이 된 '뇌신(雷神, The Thunderer)'이라는 이름이 탄생하였다. 반스가 죽기 직전인 1840년 11월, 부편집장인 프란시스 베이컨(Francis Bacon) 역시 젊은 아내 프란세스(Frances)를 남겨두고 사망하였다. 따라서 편집장의 자리가 비어 있는 데다 유력한 후임자도 없었던 것이다. 이러한 상황에서 월터가 딜레인을 편집장으로 임명하였던 것이다.

그에 대한 기록에 의하면, 대담하고 모험심이 강한 소년 노상강도 존 딜레인은 뛰어난 사교성과 통찰력을 지닌 데다, 정직하고 잘생긴 청년으로 성장하였다. 그는 박식하고 자신감으로 가득 차 있었으며 영국의 젊은이가 남자 동료들 사이에서 보이는 특유의 침착함도 유지하면서, 학생 시절의 습관과 행동을 중년과 노년에도 계속 이어 갔다. 그의 어머니는 아들의 성장에 무척이나 자랑스러워했을 것이다. 남편은 자식만큼의 성공을 거두지 못했기 때문이다. 어머니의 고집이 아니었더라면 그들 부부는 부모로서의 중요한 기회를 잃었을지 모른다. 신문의 역사를 다룬 책들은 존 딜레인을 역사상 가장 뛰어난 신문 편집장으로 평가한다. 갓 편집장이 됐을 무렵에는 전임자인 반스보다 잘 할 수 있다고 증명하기는 어려웠으나, 포부가 강하고 자기 자신을 믿는 성격이 딜레인을 성공으로 이끌었다. 또한 어머니의 분별력과 고용주인 존 월터 2세의 지혜도 딜레인의 업적에 큰 기여를 하였다.

당시의 기자도 지금 우리가 인식하는 것과 다를 바 없이 구급마차의 뒤를 쫓거나 쓰레기 더미를 뒤지는 일을 했다. 반스는 정치적 논평과 권위로 신문의 차원을 끌어올렸고 국제적인 명성을 얻게 했지만 사람들 앞에 나서는 것을 꺼리는 은둔자로 알려져 있었다. 그에 비해 딜레인은 사교적이고 붙임성이 좋은 사람이었다.

존 월터의 대쪽 같은 성격과 용기는 가히 놀랄만하다고 할 수 있다. 그의 아버지 존 월터 1세가 젊은 시절, 신문 기사 때문에 영국 황태자에 대한 명예훼손 혐의로 수감된 적이 있는데, 뉴게이트 교도소 안에서 16개월 동안이나 신문사의 경영을 맡기도 하였다. 존 월터 2세는 이십 대 때부터 신문 편집을 시작한 베테랑 언론인으로서, 기사의 중요성과 영향에 대해 누구보다 강한 신념을 가진 인물이다. 오늘날 뉴스 편집장이란 영화나 텔레비전 방송 제작진의 경험과 영상 장비의 도움으로 그들이 전하고자 하는 사건이나 이야기에 대한 사실과 인식에 대한 충실한 전달은 물론 인간적인 이해를 더하는 역할자로 생각될 수 있다. 즉 속도와 명확성, 인간적 시선으로 사건을 전 세계로 전달하는 직업적 전문가로 인식될 것이다. 월터와 딜레인 역시 같은 기준을 가지고 있었지만 이미지가 글로 전달되어야 하며, 지금 우리가 사진을 통해 전달 받는 정보를 글만으로 이해할 수 있을 정도로 뛰어난 집필 능력이 필요하다는 점에서 달랐다. 그들은 가장 빠르게 정보를 취할 수 있는 모든 기술을 추구했다. 이는 경쟁에 따른 결과가 아니라, 월터가 말년에 느꼈던 신문의 사명이라고 생각했기 때문이다. 그가 경영하는 동안 타임스는 전 세계를 대상으로 하는 '기록의 신문'이 되었다.

타임스의 편집장과 직원들이 방대한 업무를 해오던 건물을 프린팅 하우스 스퀘어(Printing House Square)라고 부르는 것은 아주 적합한 표현이었다. 건물은 낡았지만 품위 있었으며 250년 전 런던의 아주 아름다운 건물에 자주 사용된 검정 벽돌로 지어졌다. 작고 네모난 모양에다 자갈이 깔린 뜰의 삼면에 기초해 건물이 들어섰고, 멋진 창문 틈으로는 내부 건물의 스타일이나 사람들의 움직임을 엿볼 수 있었는데, 분주하지만 따뜻한 가정집의 인상을 주었다. 이른 새벽마다 배달마차가 인쇄소 입구에서 1만 부의 신문을 수거해 런던을 시작으로 우편을 통해 전국 각지로 배송하였다.

건물은 템스 강변의 세인트 폴 대성당(St Paul's Cathedral)과 블랙프라이어스(Blackfriars) 역 사이의 짤막한 거리에 위치한 세인트앤드루(St Andrew) 수도원과 회랑이 있는 종교 구역에 있었다. 북쪽으로는 재판소와 판사들의 집이 있고, 서쪽으로는 변호사와 법무관들의 사무실이 있는 런던 법학원이 있었다. 강을 따라 동쪽으로는 상인들의 시장과 물건을 실은 배들이 정박할 수 있는 시설이 있고, 그 뒤편으로 런던의 무역인과 상인을 위한 은행과 회계사무소 등이 있었다. 프린팅 하우스 스퀘어는 기사거리를 제공할 중심부에 가까이 있었던 셈이다. 의회와 정부 청사는 플리트가(Fleet Street)와 중앙 관청가(Whitehall)를 따라 가면 금방이었다.

딜레인이 편집장 일을 맡은 지 얼마 되지 않아, 반스와 함께 일했던 부편집장 베이컨의 젊은 미망인 프란세스 베이컨이 신임 편집장에게 편지를 보냈다. 그녀의 아버지는 타임스의 작가로 일하기도 했다. 23세에 미망인이 된 그녀는 블랙프라이어스에 위치한 근사한 집을 상속 받았다. 프란세스의 편지는 학자들이 쓰는 메모처럼 짧았으며, 프린팅 하우스 스퀘어의 딜레인이 수신인으로 표기되어 있었다. 아주 흥미로운 내용이었다.

> 딜레인 씨에게
>
> 남편이 남긴 타임스와 관련된 문서를 귀하에게 공개하고자 합니다. 내일 11시에 오시면 괜찮을 듯합니다. 기다리고 있겠습니다.
>
> 프란세스 베이컨 올림.

"개인적으로 새로운 편집장을 만나고 싶지는 않아요. 하지만 남편이 이룬 것을 그에게 공개하는 것 또한 저의 의무라고 생각합니다."라고 그녀는 아버지에게도 편지를 보냈다. 딜레인이 프란세스나 친구 다선트에게 보낸 편지를 보면 딜레인보다 한 살이나 어린 그녀가, 신임 편집장을 긴장하게 만든 것이 분명했다. 단번에 그에게 큰 인상을 남긴 것이다.

타임스나 크림전쟁의 역사 기록에는 프란세스 베이컨이 기여했던 중요한 임무를 전혀 다루지 않았다. 일개 각주에 불과했다. 고인이 된 남편의 서류를 보여주기 위해 딜레인에게 보낸 그녀의 초대장은 다른 편지들과 함께 낡은 상자 속에 보관되었다. 그녀는 남편을 떠나 보낸 슬픔에 속상해 했고, 전혀 모르는 젊은이에게 남편의 일자리를 뺏겼단 사실에 분노를 느꼈다고 한다. 마치 남편과의 추억을 망쳐버렸다고 보았던 것이다. 그녀는 친구들과 가족에게도 불만을 토로하였다. 그런데도 프란세스는 딜레인에게 연락하여 집으로 초대하였다.

같은 상자에 보관된 다른 편지 하나는 둘의 만남이 있은 직후 딜레인이 프란세스에게 보낸 것이다. 그녀의 아름다움은 말로 표현할 수 없을 정도라고 썼다. 풍성한 금발머리가 등을 타고 흘러내리는 모습이라는 것이다. 조지 다선트에게 보낸 편지에는 천국에 가더라도 이 미망인보다 자신을 더 설레게 할 사람을 만날 수는 없을 것이라고 고백했다.

그녀는 딜레인을 초대해 서류를 보여 준 후부터 그에게서 오는 편지를 모두 무시하였다. "그는 불쾌하고 거슬려요. 남편이 작업해 온 것이 모두 날아가버린 것만 같아요."라고 아버지에게 털어놓았다.

존 딜레인이 타임스에서 직책을 받던 그 해, 파머스턴 경의 집에서 멀지 않은 햄프셔(Hampshire)에서 플로렌스 나이팅게일(Florence Nightingale)은 스물한 살의 생일을 맞이했다. 나이팅게일 집안은 딜레인의 집안보다 부유하고 인맥도 넓었지만, 그녀의 부모 역시 딸의 미래를 걱정했다. 부모로서 당연하지만 딸에 대한 불안과 근심은 딜레인의 어머니보다 더 오랫동안 지속되었다.

세월이 흐른 후 즉 이 책의 이야기가 본격적으로 펼쳐지는 시기에, 플로렌스 나이팅게일의 이름이 영국 전역에 알려질 정도로 유명해지자, 그녀의 교육방식에 대해 조사를 벌인 딜레인이 타임스에 기사를 실었다. 딜레인은 감탄하며 이와 같이 썼다. "나이팅게일의 아버지는 딸에게 매일 신문을 읽도록 했다. 그녀는 수개 국어를 유창하게 구사할 줄도 안다." 그런데 제일 강점은 수학이었다. 숫자와 통계를 다루는 데는 전문가 수준이고, 분석적, 체계적으로 데이터를 정리하고 추론할 수 있었다.

미모 또한 뛰어났고 다소 변덕스럽지만 침착함도 있고 짓궂은 유머로 사람을 놀리기도 했다. 그녀가 쓴 편지를 보면 습관적으로 많은 옷을 사들였음도 알 수 있다. 자기도취와 우울증 경향까지 있었지만 그러한 증세를 앓는 것이 혼자만의 문제는 아니었을 것이다. 모든 일에 확신을 가지고 열심히 했다. 현대적인 기준에서 보면 당시 젊은 여성들의 사회 진출은 아주 제한적일 수밖에 없었다. 능력과 재능이 뛰어난 딸이 가족으로부터 인정을 받지 못하면 가족관계나 사랑에 대한 충돌이 있기 마련이다.

플로렌스 나이팅게일은 당시 다른 여성들과 마찬가지로 대학을 갈 수 없었다. 대신 어머니의 만류에도 불구하고 개인교사를 두고 고난도의 수학을 공부했다.

나이팅게일의 어머니 프란세스(Frances Nightingale)는 남편보다 상위 계급 집안의 출신이었기 때문에 딸 나이팅게일과 언니인 파르테노페(Parthenope) 둘 다 적당한 남자와 결혼하여 대저택의 안주인이 되어 자신처럼 평범하게 살기를 항상 원했다. 어머니의 입장에서 똑똑한 것은 여성의 미덕이 아니었다. 당시 영국 상류층들은 하층민이나 돈을 벌기 위해 일하는 계층들에게 자비로운 마음은 가지더라도, 그들과 동일시하지는 말 것을 중요시 여겼다.

나이팅게일의 아버지는 두 딸이 유능한 사람들을 최대한 많이 만나게 하였다. 종종 유명인사들을 햄프셔에 있는 가족의 저택에 초대하였다.

그 당시 남극탐험과 전기발생 장치 개발, 전기통신 등이 화두가 되었다. 한번은 나이팅게일 아버지가 전기 전신기를 발명한 휘트스톤(Wheatstone) 교수를 집으로 초대해 가족들에게 발명품 시범을 보이도록 한 적도 있었다. 당시 러시아의 탐험가인 미덴도르프(Middendorff) 교수도 동행하였다. 식사 공간이 철선과 대형 전지, 유리 진공관 등으로 가득 찬 강의실로 꾸며졌다. 휘트스톤이 전기력에 대해 설명할 때 플로렌스 가족은 교수가 고안한 장치에서 전기가 원을 그리며 흐르는 속도를 보고 감탄을 금하지 못했다. 미덴도르프는 서투른 영어로 지구 최북단 시베리아의 동토까지 그 누구보다 더 북쪽으로 향한 그의 탐험기를 들려주었다. 휘트스톤은 그의 발명품이라면 지구 어느 곳에서라도 다른 곳으로 메시지를 순식간에 전달할 수 있다는 것을 설명하고 식당 공간을 이용하여 직접 시범을 보였다. 긴 전선과 이를 이어줄 기둥만 있다면 전보를 보낼 수 있다. 편지를 전달하는 심부름꾼이나 조랑말, 마차, 우편 서비스가 필요 없다. 모든 정보를 순식간에 전달할 수 있기 때문이다. 교수가 방에 놓여있는 가스등 사이에 전선을 감고 여기에 신호를 입력하니 식탁 끝에 놓여있던 장치가 곧바로 진동을 하며 탁탁하고 소리가 났다. 다음은 진공관의 전류에 대한 소개로 자석에 의해 전류 흐름이 휘어지고, 전기에 의해서도 같은 현상이 일어나는 것을 보여주었다. 나이팅게일은 사촌에게 보낸 편지에 이날의 경험이 얼마나 신기했고, 특히나 자신의 전공분야에 심취해있는 두 교수의 모습에 큰 감명을 받았다고 서술하였다.

그날 저녁을 먹으며 미덴도르프 교수는 나이팅게일의 아버지에게 러시아인의 관점에서 볼 때 영국에는 아직도 중세 습관이 남아있는 것 같다고 하였다. 특히 어떤 점에서 그런 생각이 들었냐는 질문에, 식탁에서 와인병을 한쪽 방향으로만 전달하는 것을 보고 나이팅게일씨 덕택에 아서 왕(King Arthur)을 떠올렸다는 것이다. 이 말을 들은 플로렌스와 파르테노페 자매는 킥킥거리다 결국 방에서 쫓겨났다. 나이팅게일은 이들 교수들을 '명예로운 과학자들'이라고 칭하며 그들에 관한 이야기를 조카에게도 편지로 보냈다. 편지에는 휘트스톤 교수가 실험을 통해 보여준 정상광선과 편광광선의 차이를 설명하기도 했다. 교수가 편광된 빛(이게 무슨 뜻이건)에서 유리판을 돌리니 유리의 색이 어두워졌다는 이야기와 조카에게 '흥미로운 꼬마 유리관' 시연을 꼭 봐야 한다고 권유하는 내용이었다. 미덴도르프를 괴짜라고 부르기는 했지만 교수의 시베리아 횡단 이야기에는 놀라움을 금치 못했다고 전했다. 극지방에서의 생존을 위해 준비할 식량으로는 소금에 절인 고기 팩 1천 개와 커피 1톤 가량으로, 이 모두를 썰매로 운반해야 한다는 것이다.

가난한 사람들을 위한 공중목욕탕 건립에 관해서도 장시간 토론을 이어갔다고 쓰고 있다. 국가의 위생과 청결 문제를 위해 노력하는 엔지니어로 알려진 채드윅(Chadwick)은 브리스톨(Bristol) 지역 전체의 수돗물에 비누를 사용하여 물의 경도를 조절하는 것보다 웨일스에서 물을 끌어오는 것이 훨씬 유리하고 경제적이라고 했다.

1830년대는 산업 발전에 대한 시선이 좋지 않았다. 공장들이 부를 축적하고 발전하는 만큼 가난과 빈곤도 잇따라 생겨났기 때문이다. 북부지역 사람들이 제조업을 찬양했다면, 남부지역 사람들은 지주들의 힘이 계속 막강하기를 바랐다. 도덕주의자들이 근무환경 개선에 앞장섰다면 전통주의자들은 이 일이 수면 위로 떠오르는 것 자체를 못마땅해 했다. 눈부신 기계화와 부의 이동으로 야기되는 충돌은 그들의 걱정거리였다. 영국 곳곳에서 교육과 참정권, 자유, 보건 등을 주제로 하는 열띤 토론이 벌어졌다. 과학 기술자들의 발명품과 탐험가, 스파이들의 영웅담, 그들이 전하는 외국의 문화와 행동방식은 아주 흥미로운 주제거리였다.

이 책에는 시드니 고돌핀 오스본(Sidney Godolphin Osborne)에 대한 이야기도 나온다. 그는 몇 채 안 되는 농가와 농부들 밖에 없는 도싯(Dorset)에 있는 더웨스턴(Durweston)이라는 아주 조그만 마을의 목사로 직접 농사도 지으며 검소하게 사는 전형적인 영국인이었다. 직함에서 알 수 있듯 오스본은 아주 멀긴 하지만 왕족과의 인연이 있는 사람으로 텅 빈 교회에서 설교를 하고, 마을 학교에서 학생을 가르치면서 틈틈이 런던에 있는 타임스에 뛰어난 기고문을 내기도 했다. 신앙에 몸담은 이에게 걸맞은 최소한의 임금으로 처자를 부양하는 상황이지만, 그의 철학적 사고의 범위는 타의 추종을 불허했고, 타임스에 쓴 기고문들은 1840년대의 자유주의적 정직성을 강변하고 있었다. 교회 기념명판에 새겨져 있는 목사들의 명단에 이름만 남겨져 있을 뿐, 크림전쟁 기간 동안 그가 남긴 말이나 이룬 업적은 안타깝게도 잊히고 말았다. 그는 후세가 기억해야 할 만큼 이 시기에 중요한 역할을 했다.

딜레인은 브리타니아호에서 친구이자 동료인 타임스 특파원 윌리엄 러셀(William Russell)이 병력과 함께 칼라미타 만(Kalamita Bay)에 상륙하는 것을 지켜보았다. 러셀은 하인과 말을 데리고 왔다.

타임스는 군대의 해안상륙이 지연된 점을 비판하며 특히 함대의 사령관이었던 던다스(Dundas) 제독의 평가에 가혹했다. 딜레인과 러셀은 사령관의 무능함과 통찰력 부족은 물론 불필요하게 지연된 상륙에 대해 자세히 적었다. 던다스 사령관에 대해 그들이 우려하는 목소리는 지금 이 순간에도 느낄 수 있을 것 같다. 영국은 이러한 일에 최고이기를 바랐고, 공격적인 신문기사가 영국의 우월주의 사상을 반영할 수밖에 없었다. 프랑스나 러시아인들 누구도 자국의 신문이 그러한 보도를 하는 것을 용납하지 않았겠지만, 딜레인과 타임스는 영국 장성들마저도 잠시나마 모국의 전통을 자랑스러워하게 만들 만큼 경이로운 존재였다. 타임스는 공개적으로 전쟁을 지지했고 전쟁이 합리적이고 효율적인 방법으로 수행되기를 단호하게 바랐던 것이다.

존 월터와 딜레인은 타임스가 최고의 신문사가 되기 위해서는 당대 최고의 기고가와 학자, 비평가를 채용해야 한다는 신념을 동일하게 가지고 있었다. 그렇게 찾아낸 인재 중의 한 명이 아일랜드계 변호사인 윌리엄 하워드 러셀이었다.

러셀은 딜레인보다 3살 아래였다. 1840년대 타임스에 실린 그의 첫 번째 기사는 아일랜드 기근의 처참함과 농산물 수확량이 매년 감소함에도 소작료를 계속 요구하는 영국 지주들의 잔인한 행동에 관한 것이었다. 수천 명이 목숨을 잃고 수없이 많은 사람들이 길바닥에 나앉거나 미국으로 이주하였다. 러셀의 글은 그림을 보듯 상세하고 인간미가 넘쳤다. 개개인에게 집중하고 감정의 표출을 일반화시켰다. 그의 기사는 현장의 내부에서 바라본 관점으로 사람을 조명했다. 딜레인은 러셀의 글을 흠모했다. 그 어떤 영국인도 러셀처럼 글을 쓸 수는 없다고 생각할 정도였다. “러셀의 글은 타임스에도 게재된 찰스 디킨스(Charles Dickens)의 글보다 더 자연스러웠다.”라고 평했다.

아일랜드의 기근은 영국 귀족들에게 상처를 입혔지만 그들의 행동까지 변화시키지는 못했다. 타임스에 실린 러셀의 글은 지주 계급에게는 매우 불편한 것이었다. 크림반도에서 기고한 글로 다시 한 번 그의 이름이 부각되자, 아일랜드 사건으로 창피를 당한 장성과 각료들은 고약한 아일랜드 땅딸보의 조롱을 다시금 떠올렸다. 그들은 타임스 독자에게 영국 군의 활약상을 알려주기에는 러셀의 자질이 부족하다고 비판했다. 딜레인은 러셀만큼 적합한 이는 없다고 했다.

아래는 칼라미타 해안에서 러셀이 보낸 첫 번째 진보다.

> 크림반도: 9월 15일 금요일: 우리는 어젯밤 일을 결코 잊지 못할 것이다. 27,000여 명의 영국 군인에게 이보다 더 비참한 일은 없을 것이다. 해변이 다시금 소용해졌다. 병사들은 각자의 숙소를 향하고 경보병대는 10여 킬로미터를 앞서 간 상태에서 잔류병은 절벽과 언덕을 향해 전진했다. 해안가에 천막이 전달되지 않았다. 밤이 되자 칠흑 같은 어둠이 깔리고 바람은 거세지고 비까지 쏟아졌다. 자정 무렵부터 소나기가 맹렬하게 퍼부었고 새벽녘에는 숙소는커녕 천막도 없이 노숙하고 있던 병사들의 담요와 방한외투 속

까지 물이 흠뻑 젖어 들었다.

딜레인보다 서른세 살이나 많은 외무장관 애버딘(Aberdeen) 경은 존 딜레인이 편집장 직무를 맡은 초기만 해도 다른 어느 고위 관료보다 그에게 호의적이고 지지를 해주었다. 애버딘은 정부 정책과 정보를 신문사에 몰래 알려주었다. 그는 전형적인 학자로, 공격성을 배제한 지적인 토론을 선호하는 온화하고 사려 깊은 신사적 면모를 갖추고 있었다. 타임스가 정부 활동을 잘 파악해야 한다는 점도 인지하고 있었다. 젊은 나이에 외교관으로 일하면서 헝가리의 전쟁을 목격했고 잔혹성에 대해 비난한 기록도 있다. 빅토리아 시대 정치사에서 볼 수 있듯 영국 군의 힘을 과시하기 위해 군대와 함정을 파견했던 행동파 파머스턴과는 대비되는 모습이었다. 애버딘과 파머스턴은 천성적으로 상반되는 성격이었다.

애버딘은 정치적 수완이 좋았다. 1845년 그는 곧 추진될 곡물법 폐지에 대해 비밀리에 딜레인에게 정보를 누설하고 뜻을 같이하는 정치인과 동료는 물론 자신에게까지 상황이 유리하도록 만들었다. 이 사건은 여러 가지 이유에서 기억되고 있다. 당시 정당들이 함께 뜻을 모으게 했던 협치의 전환점이 되기도 했지만, 무엇보다 딜레인의 질 높은 정보력으로 그를 언론계의 영웅으로 만들었다는 점에서다. 이 사건 이후 딜레인은 정부에 대한 파악 능력과 정치 상황에 대한 예견으로 크게 존중을 받게 된다. 사건이 일어나기도 전에 딜레인은 이미 알고 있었고, 타임스는 어떤 신문보다 먼저 관련 내용을 보도하였다. 존 월터는 이미 늙고 쇠약해졌지만, 이 사건은 딜레인을 편집장으로 임명한 그의 안목이 탁월했음을 입증한 셈이다. 60여 년 간, 이 사건의 내막을 딜레인에게 제보한 사람은 거액의 대가를 바라고 비밀을 누설한 여성으로만 알려져 있었다. 빅토리아 시대 유명한 소설의 주제가 되기도 한 이 소문은 매번 부인되었음에도 불구하고 애버딘이 딜레인에게 직접 누설했다는 진위 여부는 관련 당사자들이 살아있는 동안에는 밝혀지지 않았다. 애버딘은 일어날 일에 대한 진실을 흘림으로써 자신의 정적들이 비밀을 털어놓도록 하는 데 적극적이었다. 사건의 전말이 밝혀지기까지 보통은 관련자 모두 입장을 부인하는 것이 전례였기 때문에, 이는 영리한 언론 조작이었다고 볼 수 있다.

크림전쟁 직전까지 애버딘과 딜레인은 협력관계를 유지했다. 그들은 삼촌과 조카 혹은 교사와 모범생 관계와 같았다. 애버딘 경은 이 책 이야기에서 아주 중요한 역할을 한다. 정치적 목적을 달성하기 위해 의도적으로 신문을 이용했던 것도 마찬가지다.

1842년, 플로렌스 나이팅게일은 사촌에 대한 짝사랑으로 인생의 전환점을 맞이하게 된다. 출중한 두 신사에게 구애를 받았지만, 그녀는 마리안 니콜슨(Marianne Nicholson)과 깊은 사랑에 빠져버린다.*

온실 속 화초마냥 나이팅게일은 사랑과 신념을 찾아 정열과 상상력을 동원했고, 오직 한 여자를 향해 자신의 애정을 쏟아 부었다. 마리안의 오빠인 헨리는 나이팅게일에게 구애한 신사 중 한 명이었고, 나이팅게일은 마리안에게 접근하기 위해 의도적으로 그를 유혹한 것이다.

나이팅게일이 스물두 살 때 쓴 일기와 편지를 보면 그녀를 착한 사람으로 보기는 어렵다. 완전히 자기도취적이고 산만하고 특히 어머니에게 순종하지 않았다. 하지만 매우 영리하고 본능적으로 남을 도우려는 기질이 강했다. 가난한 사람을 돕고자 하는 열망도 진심으로 꾸준히 이어갔다. 그런데 그것이 자기 자신을 위함이었는지 아니면 타인을 위한 것이었는지는 불분명하다. 남자들은 나이팅게일을 좋아했다. 상당히 부유한 집안 출

*마리안은 여성이다. 이것으로 인해 나이팅게일은 동성애자로 알려져 있다.

신이고 인맥도 넓은 데다 미모까지 출중했기 때문이다. 그녀의 어머니마저 품위 있고 사교적이어서, 남자가 흠모할 수 있는 장점이 많았다. 그 누구와도 견줄 수 없는 놀라운 지능을 가졌지만, 실상은 제멋대로이고 버릇없는 애 어른이었던 만큼 영국 상류층으로 태어난 것이 행운이었다. 나이팅게일이 사람들로부터 존경 받고 많은 사랑을 받게 된 면모는 추후에 길러진 것이며, 이와는 거리가 먼 그녀의 초기 삶을 이해하는 것도 값진 것일 수 있다. 나이팅게일의 도덕적 색깔은 흰색이 아닌 다소 거슬리는 회색이었다.

마리안 니콜슨은 나이팅게일을 좋아하지 않았고, 그녀의 구애도 받아들이지 않았다. 자신의 오빠를 대하는 그녀의 태도에도 매우 화가 나있었다.

파머스턴 부부는 집안 수준이 비슷한 나이팅게일을 당연히 좋게 보았고, 이웃으로도 나이팅게일 가족을 좋아했다. 파머스턴은 평범한 사람들을 상당히 경멸했다. 그는 비슷한 부류의 사람들과 클럽에서 어울리며 시간을 보내는 전형적인 영국 귀족이었다. 따라서 그가 살아가면서 겪는 어려움은 그보다 못한 사람들의 처지와는 전혀 다른 것이었다.

이 책에서 다루는 대부분의 내용은 1854년과 1855년 사이의 4개월간의 일로서 이는 판도라의 상자에 넣어둔 물건과 같다. 편집실에 앉아있는 존 딜레인의 모습은 상자의 제일 윗부분에 놓여있는 작은 궤짝이라고 상상할 수 있다. 지금까지 언급되었던 인물들 외에도 다른 수많은 이들이 이 상자에 내용물을 채웠고, 그 뚜껑이 열리면 그들 각자가 기울인 노력이 무엇인지 확인할 수 있을 것이다.

하지만 이 상자에 들어갈 만한 귀중한 이야기가 만들어지기 전, 이들의 삶을 돌아보는 다양한 순간들도 이 책에 나온다. 그 중 일부를 공개하는 것은 이야기의 본질을 흐리게 하는 것이 아니라 본격적으로 이야기가 시작되었을 때 발견할 수 있는 것을 암시하기 위해서다.

미망인 프란세스에 대한 존 딜레인의 집착은 그녀를 점점 분노케 했다. 이 분노는 설명이 되지 않았다. 분노가 커질수록 이유나 형태가 불분명했다. 다른 사람들은 그 원인조차 이해할 수 없었다. 아버지와의 대화에서 그녀는 새로운 편집자가 저지른 도둑질은 수치스럽고 끔찍하다고까지 말하기도 했다. 딜레인이 남편의 유산과 추억, 행복했던 삶 모두를 빼앗아 가버렸다는 것이다.

그러나 존 딜레인은 더욱 더 그녀에게 사로잡혀 그녀에 대한 생각으로 가득 차 있었다. 하루에도 서너 차례 그녀에게 장문의 편지를 썼다. 이 편지들은 프란세스가 딜레인에게 애초 보냈던 편지와 함께 개인 소장품으로 보관되어 있다. 그녀에겐 비밀이었음에 틀림없는 이 편지들은 무관심하고 호기심 없는 사람들의 손을 수없이 거쳐왔다. 편지는 상당히 은밀한 내용이고 대다수는 그녀가 처음 끈으로 묶었던 상태 그대로 유지되어 있었다. 딜레인이 타임스에서 근무하면서 생긴 일들에 대해 적은 편지도 있었으나, 대부분은 그녀에 대한 자신의 감정을 표현한 것이었다. 그는 침착하려고 했지만 프란세스의 침묵과 무반응, 분노가 이어지자 그녀를 향한 감정과 심지어 욕망까지도 격하게 요동쳤다. 용서를 빌고 죄를 뉘우치는 동시에 결백도 주장했지만 상대는 아랑곳하지 않았다. 너무나 많은 편지를 쓰는 것에 의구심을 가지면서도 계속해서 써 보냈다. 편지를 하도 많이 보내서 프란세스가 답장을 하고 싶어도 못할 것이라는 생각조차 하지 못했다.

그는 프란세스의 피부와 팔, 얼굴, 어깨, 목의 생김새에 대해서 적었다. 그녀의 머리카락 색깔을 그리고 싶었지만 그림을 그릴 재능이 부족하다고 말했다. 자신이 찾은 좋은 기사거리나 이야기로 그녀의 마음을 사려고 했다. 그는 매일 밤 습관처럼 책상에 앉아 프란세스에게 보낼 편지를 옆에 두고 신문 인쇄실의 식자공에게 전달할 일간신문의 교정을 보며 밤을 지새웠다. 그는 신문 교정이 완전히 마무리될 때쯤인 새벽 5시에 녹초가 되어 일을 마치는 날도 많았다. 그러고 나면 블랙프라이어스에 있는 프란세스의 집 대문 안에다 편지를 밀어 넣곤 했다. 잠자리에 들기 전에 쓴 또 다른 편지는 오후에 출근하는 길에 똑같은 문에다 넣어두고 갔다. 1842년 몇 달 동안이나 이러한 일상을 반복했다. 마치 그녀에 대한 집착을 절대 멈출 수 없다는 것을 상기시켜 주려는 것처럼 계속해서 편지를 써 보냈다. 자신이 멈추면 열정이 식었다고 프란세스가 여길지도 모르기 때문이다.

그녀의 생각이 옳았다. 딜레인은 프란세스가 소유한 것을 가지고 싶어 했다. 그녀 남편의 죽음만으로는 충분하지 않았는지, 딜레인은 남편 생전에 아내가 베풀었던 마음과 존경까지 가지고자 했을 뿐만 아니라, 둘 사이의 재혼을 사람들이 인정하고 축복해주기를 원했다. 이러한 추억을 그녀만 간직하거나 최악의 경우 다른 사람의 것이 되는 것을 막으려 했다. 그 누구도 아닌 둘만의 기억이 되어야 했기 때문이다. 이뿐만이 아니라 그녀를 원한다고 반복해서 말하곤 했다. 프란세스는 이를 완전히 무시했다.

노르웨이에 있던 조지 다선트가 돌아와 타임스에서 일자리를 요청했다. 다선트와의 면접을 진행했던 존 월터가 딜레인에게 그와의 관계에 대해 묻자, 친분이 두텁고 그를 전적으로 신뢰한다고 답했다. 경영방식이 극도로 단순한 월트는 타임스에서의 경력이 전무한 다선트를 딜레인의 밑에서 일할 수 있도록 부편집장으로 임명했다.

고인이 된 부편집장의 미망인과 사랑에 빠졌다고 딜레인이 털어놓자 다선트는 그의 여동생을 사랑한다고 고백했다.

다선트의 임명은 원로 직원들의 비난을 샀지만 이후 몇 년이 지나고 딜레인과 다선트가 수년간 각자의 위치에서 성공을 이어갈 때까지 공개적으로 불만은 없었다. 여태까지 그래왔듯이 딜레인에 대한 원로들의 비판은 없었지만, 다선트는 신뢰할 수 있는 인물은 아니었고 세월이 흐르면서 골칫거리가 된다. 이 둘은 계속해서 친구와 매제 관계로 지내왔고 딜레인이 다선트에게 보낸 많은 편지들 역시 상자 안에 보관되어 지금 우리가 하려고 하는 탐험에 필요한 정보를 제공하게 된다. 보관되지 않은 편지들에는 무슨 내용이 담겨 있었는지, 기록되지 않은 대화에는 어떤 이야기가 주를 이루었는지 알 수는 없지만, 어느 정도 예측할 수는 있다.

프란세스 베이컨이 어떤 생각을 했는지 그녀의 속마음을 알기는 어렵다. 존 딜레인에 대한 그녀의 견해는 누가 봐도 확고했지만, 그와 동시에 또 다른 시선이 있었던 것 같다. 그녀의 머리 속에는 두 가지 생각이 동시에 일어나고 있었다. 딜레인을 미워하면서도 그와 사랑에 빠진 것이다. 이것은 보통 연인들 사이에서 간혹 볼 수 있는 점잖은 체하려 내숭을 떠는 수준은 아니고 심각한 정신 질환의 반응이었다. 그녀는 딜레인에게 아무런 반응을 보내지 않았지만 딜레인은 명확한 반응을 확인했다. 그들 사이를 이어주는 연결 고리는 그들 각자가 가지고 있는 화학적 반응일 뿐만 아니라 전기적 힘과도 같은 것이었다. 그의 편지에서 알 수 있듯이 그녀는 자신의 말이나 감정과는 전혀 다른 신호를 그에게 보낸 것으로 보인다. 단순히 신호만 보낸 것이 아니라 딜레인의 청혼을 받아들여 둘은 결혼하였고, 이후 프란세스가 미쳐버렸나. 다방면에서 매력을 드러내는 아름답고 온전한 정신의 현명한 여성이 고통과 모순에 지쳐 자신의 행동이나 감정을 더 이상 주체하지 못하게 된 것이다.

딜레인의 사랑이 그녀를 미치게 한 것으로 보인다. 그녀는 오늘날 우울증이라고 부르는 병에 시달린 것이다. 당시만해도 우울증은 본인은 물론 그 누구조차도 통제할 수 있는 병이 아니었다. 그녀가 자신에게 보이는 반응과 행동을 딜레인은 이해할 수 없었다. 아내를 더 사랑해주고 헌신적인 모습을 보이면 나아질 것이라고 생각했지만, 실상은 상황을 더욱 더 악화시켰다.

딜레인의 어머니 메리(Mary)는 아들의 결혼을 찬성하지 않았다. 그 이유는 간단하다. 이른 나이에 결혼하는 것은 남자의 경력에 도움이 되지 않을뿐더러, 관심을 바라는 것 같다가도 이내 뿌리치는 비정상적이고 수수께끼 같은 프란세스의 행동에 대한 우려가 컸기 때문이다.

마리안 니콜슨을 향한 나이팅게일의 흠모는 부잣집 소녀의 자기집착에 지나지 않았다. 그녀는 사랑을 간절히 원했고 자기만족을 위해 마리안을 선택한 것이다. 당연히 마리안은 이를 귀찮아 하고 당혹스러워 했다. 마리안의 오빠 헨리는 불행히도 매 순간 고통스러워 했다. 나이팅게일에 대한 그의 구애는 무시당했고 비웃음을 샀으며 마리안이 그런 냉담한 대우를 받는 오빠를 보호하고자 한 것은 당연한 일이다. 니콜슨과 나이팅게일 집안은 영국에서 최상류층 가문으로 두 집안이 가까운 친척이기도 했다. 나이팅게일이 두 가문에 마찰을 일으키고 불화를 야기시킨 셈이다.

10년 동안 플로렌스 나이팅게일은 누구에게나 괴로운 존재였다. 불행히도 헨리 니콜슨은 익사 사고로 젊은 나이에 죽음에 이르게 되었다. 이후 부모님의 환심을 사고 배우자감으로도 충분한 리처드 몽튼 밀른즈(Richard Monckton Milnes)의 청혼도 거절하였다. 언니 파르테노페도 별반 다를 바 없이 우울감에 젖은 동생이 인형인 마냥 그저 곁에 딱 붙어있을 뿐이었다. 딸의 사윗감을 구하는 것은 측은할 만큼 명예를 중시하는 아버지에게는 큰 골칫거리였고 어머니의 신경질과 분노의 근원이 되었다. 남겨진 수많은 일기와 편지는 영영 세상에 공개되지 않았을 수도 있었던 나이팅게일의 이해할 수 없는 이기적인 행동까지 많은 것을 보여주고 있다.

그러다가 1847년 로마여행을 계기로 나이팅게일의 달라진 모습과 함께, 외부 세계의 경이로움을 글로 표현하는 그녀의 솜씨도 엿볼 수 있다. 그녀가 본 모든 아름다운 풍경에 대해 흥분을 감추지 못하고 언니와 어머니에게 편지를 썼다.

티볼리(Tivoli) 마을에 있는 언덕 맞은 편에서 멋진 풍경을 즐기며 산책을 했어요. 그곳에서 나무 밑에 둥그렇게 모여서 웃고 떠들며 올리브 열매를 줍는 사람들을 만나기도 했지요. 아드리아나 별장에서는 시클라멘 뿌리를 캐왔고, 다음 날은 나보나 광장에서 빈둥거리며 시간을 보냈어요. 새로이 친구가 된 시드니 허버트(Sydney Herbert) 가족은 교회에 설치할 그림이 그려진 창문을 구하기 위해 코르토나(Cortona)에서 협상을 했고, 이들과 함께 산타 프라세데(S. Prassede) 교회에 가서 모자이크 장식을 구경했어요. 세인트 피에트로(S. Pietro)에서 린제이(Lindsay) 경을 만났고 브레이스브리시(Bracebridge) 가족과 모세의 동상을 보고 콜로세움도 구경했답니다. 윌멋 호튼(Wilmot Horton) 가족과는 저녁을 먹었어요. 눈부시게 아름다운 드레스 네 벌을 샀어요. 허버트 가족은 매닝(Manning) 대주교와 유명 고고학자이자 최면술사인 브라운(Braun) 박사도 소개시켜주고, 함께 카피톨리니 박물관(Capitoline Museum)도 가고 타르페이아의 바위(Tarpeian Rock)에서 석양을 감상했어요.

아버지에게는 이렇게 썼다.

화요일은 티베르 강이 범람했음에도 불구하고 브레이스브리지(Bracebridge) 부인과 함께 바티칸의 조기 기독교인들의 명문(銘文) 진시관을 갔어요. 수요일에는 바티칸의 에트루리아 박물관(Etruscan Museum)에 갔고요. 목요일 허버트 가족이 주최하는 저녁 파티에 갔고, 새해 전야에는 아침을 먹기 전에 성베드로 대성당(St. Peter's)에도 가고 제수 교회(Chiesa del Gesu)에서 교황이 함께 하는 저녁 기도에 참석했어요. 그분의 모습에서 위엄과 평화, 겸손을 한꺼번에 볼 수 있었어요. 모두 독감에 걸려 위층에서 지내던 아이들에게 선물도 주었답니다.

언니에게 보낸 편지도 있다.

> 언니에게
>
> 한 달 더 로마에 머물 수 있도록 허락 받았어. 천국과 같은 한 달이 될 것 같아. 이곳에 깨어 있고 살아 있다는 이루 말할 수 없는 즐거움으로 하룻밤은커녕 단 한 시간이라도 잠이 들 수 없을 것 같아. 인생을 어떻게 살아야 하는지에 대한 고민은 로마의 건물과 주위를 둘러보고 있으면 사라져버려. 저번에 우리가 했던 얘기 기억해? 동일한 집과 장소에서의 영혼과 감정이 어떻게 서로 다를 수 있는지 말이야. 마치 보이지 않는 영혼이 선한 행동을 하다가 기뻐하다가 혹은 슬퍼하기도 탄압하기도 하면서 건물이나 광장과 거리에 돌아다니는 것 같아. 여기서 내가 느끼는 모든 만족감을 글로 표현할 수는 없지만, 어디를 가도 행복한 기분이 들고 가는 곳마다 새롭고 신기해. 나 여기에서 평생 살아도 될 것처럼 말하지? 한 달이라는 시간이 처음에는 길지 몰라도 나중에는 너무 짧게 느껴질 거야.
>
> 시드니(Sidney)와 그의 부인 엘리자베스 허버트(Elizabeth Herbert) 가족과는 이제 친구 이상의 좋은 관계가 되었어. 오늘은 도시 남쪽에 있는 성 세바스찬의 카타콤베(Catacombs of Saint Sebastian)에 함께 갔단다.

나이팅게일이 영국으로 보낸 많은 편지들을 보면 누가 봐도 친해지고 싶은 매력적이고 사려 깊을 뿐만 아니라 쾌활하기까지 한 아가씨라 생각할 수 있을 것이다.

허버트와 브레이스브리지 가족 역시 앞으로 전개될 이야기에서 중요한 비중을 차지한다. 셀레나 브레이스브리지는 아이가 없는 대신 재능 있는 젊은이들을 곁에 두곤 했다. 나이팅게일은 그 중에서도 가장 빛을 발하는 사람이었다. 셀레나는 나이팅게일의 어머니를 설득하여 집에서 억눌려 있던 나이팅게일을 데리고 부부가 함께 로마여행을 떠났다. 매우 친절하고 사려 깊은 제안이었다. 나이팅게일의 과도한 자기도취 정신이 누구도 따를 수 없는 자선활동을 가능케 했다. 그녀는 명분이 있는 일이라면 찾아 달려들었다. 로마의 고아원에서 어린 아이를 입양한 후 교육비를 평생 대주기로 약속도 했다.

시드니 허버트는 아내 엘리자베스와 결혼하던 당시 이미 각료의 지위에 오른 상태로, 부유하고 야심 찬 젊은 정치인이었다. 로마에서 보낸 시간은 그들에겐 신혼여행이었다. 그는 똑똑하고 매력적인데다 잘생긴 외모를 자랑했고 가난한 이들을 향한 관대한 인간미가 넘치는 사람이라 장차 총리감으로 손꼽히고 있었다. 시드니 허버트는 해가 갈수록 더욱 장래가 촉망되었다. 로마여행에서 엘리자베스 허버트와 플로렌스 나이팅게일은 친한 친구가 되었다.

존 딜레인의 전기는 그를 런던에서 가장 사교적인 인물로 평가한다. 그는 부자와 영향력 있는 사람들과 교제하며 타임스의 대명사가 되었다. 타임스가 자기 인생의 전부이며 이 일을 그만두면 그에게 남는 것은 아무것도 없을 것이라고 했다. 그에 대한 글은 넘쳐난 반면 그의 부인에 대한 언급은 거의 없다. 딜레인은 프란세스를 만난 후부터 거의 매일 그녀에게 편지를 썼다. 사랑에 대한 그의 열정은 40년 동안이나 지속되었다. 딜레인의 사랑과 그 외에도 다른 많은 이유로 미쳐버린 그녀는 정신병원에 수감되었다. 오늘날에는 프란세스가 앓았던 병에 대한 정확한 병명과 치료법이 있겠지만, 당시에는 이유 없는 방황에서부터 통제가 필요할 정도의 난폭하고 폭력적인 행동들을 유발하는 당혹스러운 광기로밖에 보지 않았다. 그녀는 딜레인보다 10년이나 더 오래 살았다. 딜레인은 블랙프라이어스의 집을 팔아 병원비를 내고 플리드가에서 방을 구해 생활하는 한편, 그의 누이가 집안 일을 도맡아 했다. 런던에 머물 때는 매일 펠멜가(Pall Mall)에서 말을 타곤 했다. 딜레인이 프란세스 외에 다른 여자와 관계를 맺거나 불륜을 저질렀다는 이야기는 어디에도 찾을 수 없다. 제정신이 아닌 아내의 곁을 평생 지킨 남편이었던 것이다.

1840년대의 초창기 타임스는 특이한 지면 배치와 형식, 집필 방식으로 읽기가 쉬운 신문은 아니었다. 하지만 이러한 양식에 점차 익숙해지면 대부분의 영국 지식인들처럼 서서히 흥미를 가지고 신문을 찾아가면서 읽을 수 있게 된다.

첫 세 페이지에는 작은 광고들이 나열되어 있었다. 요즘 신문에서 볼 수 있는 큰 지면 공간이나 서체는 당시에 없었다. 당시 신문 광고는 정중하게 관심을 유도하는 몇 줄짜리 글귀가 써져 있었는데 아래 글은 1850년대에 작성된 것임에도, 지금 봐도 대중적인 반응을 일으킬만한 내용이다.

> 특허 받은 새뮤얼 헤밍(Samuel Hemming)의 이동형 지붕 제작소, 브리스톨에서 런던에 가까운 보우(Bow) 지역으로 이전, 보우 기차역 근교. 이제 교회와 예배당, 사격장, 오두막, 상점, 화려한 별장, 가정집, 농장, 내화 창고 등 다양한 건물을 언제든 볼 수 있음. 또한 기차역과 화물차, 기차 등도 단시간에 계획대로 제작 가능.

보우 지역까지 찾아가 헤밍씨의 공장을 살펴보고 그의 방대한 주식이 아직 남아있는지 혹은 그의 공장에서 생산하고 남은 원자재가 있는지 확인해야 한다고 생각할 사람이 있을지도 모른다. 이 광고를 통해 헤밍이라는 사람이 어떻게 공장 전체를 브리스톨에서 옮겨 왔을까를 생각해보면, 그는 이미 이전할 만반의 준비가 되어있었고 필요한 장비를 모두 갖춘 당시 최고의 전문가였다고 추측할 수 있다.

어떤 광고는 일반 대중이 아닌 특정 인물을 겨냥하거나, 누군가를 대신하여 제작된 것도 있었다. 이러한 광고들을 통틀어 타임스의 '개인 소식란'이라 불렀고 광고 속 수수께끼 같은 내용 때문에 유명세를 타기도 했다.

> 분실물 — 수요일 시드넘(Sydenham)행 일등석 마차에 오페라글라스 두고 내림. 습득 시 펜튼(Pentonville) 교도소 목사 사택으로 돌려주기 바람.

다음 광고는 더욱 해석하기가 난해하다.

> 북켄트선(North Kent line) — 9월 20일 저녁 7시. 해리엇(Harriet)에게 고함. 아직 받지 못함. 공원으로 연락할 것.

아마도 보냈던 편지가 분실되었거나, 비슷한 불륜 관계에서 서신을 주고받던 이가 실수로 들고 간 편지에 대한 언급일지도 모른다. 물론 기다리던 편지는 애초에 보내지도, 쓰지도 않았을 수 있다. 해리엇과 그녀의 애인 그리고 편지를 주웠을지도 모르는 어떤 두 연인까지 네 사람만이 진실을 알고 있을 것이다. 아니면 전혀 다른 내용의 암호화 된 메시지일지 그 누가 알겠는가?

기다리는 소식이 있든 없든 '개인 소식란'은 많은 이들이 매일 찾아보는 곳으로 인기를 누렸다. 모두가 읽기 때문에 비밀을 유지하기 위해선 단어 선택이 매우 중요했다.

> D. F.에세 고한다. 고대했던 일이 실페로 돌아갔다. 한 말을 잃었다. 시한이 거의 끝날 만큼 일이 지연되었으니, 니민이 우리에게 남은 유일한 희방이다. 가서 너의 영향력을 발휘해주기 바란다. 작전이 들킬지 모르나 잘하면 우리를 당항스럽게 했던 이 사건도 끝날 것으로 보인다. 여행 중이라 하니 연락할 방범이 없다. 너의 답신을 애타게 기다린다. 답신은 내가 사는 곳으로 보내거라. 10월 7일이면 집에 돌아와 있을 것이다.
> 10월 4일.

참으로 많은 상상력을 불러일으키는 전갈이다.

이 이야기가 담긴 가상의 궤짝을 열어보면 안에는 조심스레 오려진 신문광고와 함께 타임스의 여러 기사와 정부 문서는 물론 다른 사람들이 주고받은 편지와 메모, 대화 기록 등이 함께 보관되어 있을 것이다. 이러한 광고에는 일반인들이 쉽게 알 수 있는 정보는 없지만, 해당 내용이 언제 어디서 작성되었고 인쇄됐는지, 또한 여기에 나오는 인물들이 어떤 곤경에 처했는지 어렴풋이 예측할 수 있다.

1846년에 존 월터 2세는 타임스 인쇄소의 재정보고를 듣고 매우 화가 났다. 상당한 흑자가 났다고 생각했는데 그 해 적자를 기록한 것으로 나왔기 때문이다. 한눈에 봐도 회계 방식이 고의적으로 잘못 기입되어 있었고 딜레인의 아버지에게 책임이 있다는 사실을 밝혀낼 수 있었다.

신문사가 흑자를 냈다고 보이게끔 조작한 수치로 딜레인의 아버지를 포함한 고위 관리자들이 배당금을 받아갔지만, 적자가 난 인쇄소의 손실은 고스란히 월터가 지게 되었다. 딜레인의 아버지는 서류를 준비한 직원에게 책임을 돌렸지만, 월터에게는 그 어떠한 변명도 통하지 않았다. 딜레인의 아버지는 주식을 몰수당하고 회사를 떠나야만 했다.

딜레인의 어머니는 절망에 빠졌다. 남편의 어리석은 행동은 곧바로 아들의 경력에까지 직접 해를 미칠 수 있기 때문이다. 월터는 딜레인을 고용했을 때 그랬던 것처럼 한순간에 그를 내쫓을 수도 있었다. 어머니는 바보 같은 남편에게 소리를 지르며 집의 창문을 깨부쉈다. 그리고는 딜레인에게 언제든 타임스에서 해고될지 모르니 서둘러 다른 직장을 알아보라고 했다. 딜레인은 다른 신문사에 지원을 하고 변호사 공부도 시작하였다. 타임스 회사 내부에 회색의 분노 가득한 기운이 돌고 있다는 소식은 이미 업계에서 파다하게 소문으로 퍼져 있었다. 원인은 몰라도 사주가 화나있다는 사실은 모두가 알고 있었다. 심지어 모닝 크로니클(Morning Chronicle)지에서는 "유명 신문사에서 회계 문제가 일어났다는 건 이해하기가 힘든 일이다.

작년까지만 해도 아무 석정거리가 없었는데 말이다. 관련자끼리 조용히 상의하여 해결하기를 바란다." 라고 기사를 내기까지 했다. 월터는 늙고 몸이 편치 않았다. 그를 모르는 사람들은 그가 고령에다 병에 걸려 이런 행동이 나왔다고 생각했지만 사실이 아니다. 그의 의식만큼은 또렷했다.

변호사를 시켜 딜레인의 아버지 일을 처리하도록 했지만, 딜레인을 어떻게 할지에 대해서는 쉽게 기준이 서지 않았다. 딜레인의 아버지는 월터에게서 받았던 타임스 지분을 회수당했다. 그리고 이에 대한 내용이 담긴 서류에 서명을 해야만 다른 곳으로 이직할 수 있도록 했다.

월터는 식도암에 걸려 말을 거의 못 했고 결국 이 병 때문에 죽었지만, 말을 할 수 있는 동안에 두 번의 중요한 만남을 주도했다. 첫 번째는 버크셔에 있는 자신의 집으로 딜레인의 어머니를 초대해 가졌던 개인적인 만남이다. 그녀는 이날의 대화에 대해 아들에게 편지를 썼다. 제대로 발음하기도 어려운 상황에서 그는 딜레인의 어머니에게 와줘서 고맙다고 아주 '정중하고 품위 있게' 말했다. 또한 어떤 상황이 일어나도 탁월한 능력을 가진 부인의 아들을 곁에 두고 싶고 그렇기 때문에 안심하시고 또한 지금까지 그래왔듯이 아들을 자랑스러워해도 된다고 '자신의 입'으로 직접 말하고 싶었다고 했다.

그 다음 만남은 존 딜레인과 월터의 아들까지 셋이 모인 자리였다. 존 월터 3세는 딜레인과 동갑이었고 옥스퍼드에서도 같은 시기에 수학하였다. 월터는 그 자리에서 존 딜레인이 타임스 편집장 일을 계속 맡고 신문사의 소유권은 아들에게 물려주겠다는 뜻을 명확히 전했다. 그 후 얼마 되지 않아 존 월터 2세는 사망했다. 딜레인의 아버지는 타임스를 떠나 그로니클시의 관리자가 되었다. 이 사건은 딜레인의 전기 내용으로 옮기기에 고민스럽고 당혹스러운 부분이어서 생략되었을 수 있다. 딜레인의 경력에 어머니의 역할이 컸음에도 불구하고 등한시 되었다고 할 수 있다. 월터는 딜레인 아버지와의 관계가 어찌되었건 딜레인 어머니는 존경해마지 않았다.

로마여행을 마치고 1848년 봄에 런던으로 돌아온 플로렌스 나이팅게일은 유럽 전역을 뒤덮는 혁명의 물결을 목격했다. 자신의 눈으로 본 것들에 대해 편지를 써서 집으로 보냈다. 이탈리아에서는 지역 국가들 사이에 혼란이 가중됐고 결과적으로 하나의 나라로 새로이 탄생되었다. 오스트리아 군대는 강제로 철수해야 했다. 그녀가 파리에 머물던 시기에 마침 프랑스 정부가 몰락했고, 파리의 시민들이 나무에다 빨간색, 흰색, 파랑색으로 된 국기를 장식하던 모습과 독재자를 무너뜨린 시민들의 환희를 지켜본 그녀의 목격담을 생생하게 적어 집으로 보냈다. 그러나 비슷한 경험을 했던 파리의 친구들은 이날 있었던 폭력의 대가는 언젠가 긴 시간을 가지고 지불해야 될 것이라고 나이팅게일에게 경고하듯 말했다.

유럽에서 혁명이 일어난 그 해 영국의 관심과 반응은 타임스가 큰 역할을 했고, 그 중에서도 정치적 사건을 다룬 것은 딜레인이 핵심 인물이었다. 그 때 이미 그는 타임스와 동급으로 인식되는 핵심 인물로 확실히 자리매김한 상태로 막강한 영향력을 발휘했다.

영국의회의 개혁을 원하는 사람들이 주축이 되어 헌장(Charter)이 제정되었다. 당시의 탁월한 사상가들이 초안을 작성하였고 소수의 특권층에 의한 귀족정치의 종식을 선포했다. 모든 성인 남성에게 투표권이 주어지고 의회는 국민의 말에 귀 기울일 수 있도록 매년 재선출 되도록 했다. 1848년도의 헌장은 혁신 그 자체였다.

세 가지 이유로 이 헌장은 영국법과 헌법에 포함되지 못했다. 첫 번째로 헌장 지지자들이 막판에 용기를 잃어버렸다. 두 번째로 헌장에 포함시킨 서명의 많은 부분이 날조된 것으로 판명되어 의회에서 조롱거리가 되었다. 세 번째로 딜레인은 당시 모든 상황을 감안할 때 영국이 이러한 급진적 변혁을 받아들이기에 아직 이르다고 느꼈고, 타임스에 실린 이러한 입장은 많은 이들의 주목을 받았기 때문이다.

이 책의 이야기를 전개하기 앞서 인민 헌장주의자들에 대해 언급하는 이유는 당시 존재했던 귀족 통치자들에 대한 시민들의 불만 정도를 보여주기 위함이다. 부모와 가문 덕분이 아닌 스스로의 노력과 능력으로 신분 상승에 성공한 많은 사람들은 권력자들이 휘두르는 불합리한 힘에 점차 불만을 가지기 시작했다. 동시에 권력자들은 이 문제를 인지하고 해결을 갈망하고 있지만, 혁명적인 방식이 아닌 점진적으로 개선해 나가자고 역설했다. 예로서 어린이 의무 교육과 위생시설의 개선 등은 사회에서 영향력을 발휘하지 못해 불만에 찬 혁명파들을 누그러뜨리기 위한 시도였다. 이러한 유화 정책은 다른 나라에서는 먹히지 않았고, 부자들이 살해당하기까지 했다.

급진적인 의회 개혁을 추진한 헌장이 웨스트민스터에 전달된 4월 10일, 군중을 통제하기 위해 경찰들이 추가로 런던에 집결하였다. 군대까지 동원되지는 않았지만, 런던 시내는 물론 복스홀(Vauxhall)과 국회의사당 광장을 연결하는 다리 위로 20만 명의 경찰이 배치되었다. 군대는 만일을 대비해 여왕*을 보호할 준비가 되어 있었다. 그날 시위는 큰 일 없이 조용히 넘어갔는데, 딜레인과 타임스가 이들에 대한 지지를 거부했다는 점이 크게 작용했다. 하지만 딜레인은 4월 10일 오전까지도 인민 헌장주의자의 가치는 존중하나 혁명적인 행동에는 반대하는 등 그날의 편집 방침을 확고히 정하지 못했다. 자신이 사람들의 감정을 휘두를 수 있는 매우 영향력 있는 위치에 있다는 사실을 알고 있었기 때문이다.

그날 아침, 그가 다른 방침을 선택했다면 그날의 사건은 다르게 전개되었을 수도 있고 역사도 다른 길로 흘러갔을지 모른다. 시위가 평화적으로 끝나긴 했지만 당시 해결해야 할 일들이 많은 데다 이를 다룰 효과적인 방법도 없었다. 잊고 있었던 이 1848년의 사건은 앞으로 다루어질 크림전쟁에 의해 다시금 수면 위로 떠오르게 된다. 딜레인은 사람들이 기억하고

*여왕: 당시의 영국은 빅토리아 여왕이 재임하던 시절이다.

있는 기록에서 알 수 있듯이 당시 영국의 정치에 중요한 역할을 한 사람이다. 귀족들은 딜레인을 혁명 지지자로 기억하고 인민 헌장주의자들은 시위를 망친 이로 기억하지만 독자들은 그의 견해를 존중했다.

1854년 9월 15일. 프랑스, 영국, 터키 정부가 연합하여 700척의 함대를 이끌고 크림반도를 침략한 이유가 담긴 이야기 상자에 대한 최종 점검을 외부로부터 할 필요가 있다.

크림전쟁은 전년도부터 시작된 러시아의 터키 침략을 막기 위한 두 거대 서구 세력의 시도에서 시작되었다. 니콜라스 황제(Czar Nicholas)는 러시아 정부가 터키의 이슬람교도로부터 터키 기독교인을 보호해야 한다고 주장했다. 프랑스와 영국은 러시아가 터키를 점령하는 것을 반대했고 흑해 주변의 전략적 군사항을 지배하는 것도 원치 않았다.

영국과 프랑스의 신문들은 러시아가 약한 터키인들을 괴롭히는 큰 곰이라고 조롱했다. 하지만 1853년, 이제 총리가 된 애버딘 경과 타임스의 편집장 딜레인은 이 문제를 외교와 평화적 협상으로 해결해야 한다고 주장했다. 그들은 전쟁에 반대했다. 막강한 오스트리아 제국이 프랑스 및 영국과 동맹을 맺고 터키를 돕는다면 러시아가 더 이상 군사개입을 하지 못할 것이라고 믿었다.

애버딘은 1852년에 교육과 보건 제도 개선에 앞장선 복수 정당 연립정부를 구성했고 그의 고위 각료들은 청렴한 지식층으로, 호전적인 외교 정책에 휘말리고 싶어 하지 않았다. 해외에서 전쟁을 벌이는 것보다 더 중요한 일들이 국내에 산적해 있었기 때문이다. 당시 "위대한 사상을 가진 이들의 동맹"으로 알려진 모임 구성원 중 눈에 띄는 인물로는 글래드스턴(Gladstone)과 파머스턴, 클라렌든(Clarendon), 시드니 허버트, 뉴캐슬 공작(Duke of Newcastle), 존 러셀 경(Lord John Russell) 등이 있다.

"누가 주인공이고 그들이 무슨 행동을 하든 간에 국가간 문제는 대화로

풀어야 한다."는 것이 그들의 존경 받을만한 모토였고, 애버딘은 이를 고수하고자 했다. 애버딘과 함께, 그의 가장 오랜 동지이자 세계적 권위를 자랑하는 신문 편집장인 딜레인 역시 이 정책을 지지하였다. 그러나 여름이 되자 러시아의 위협은 더욱 거세어졌고, 이에 많은 각료들이 각기 다른 시각을 구축하였다. 무엇보다 외교 문제에 깊게 관여한 각료들, 특히 당시 외무장관 클라렌든 경과 내무장관 파머스턴 경이 함께 군사 행동을 옹호하기 시작했다. 딜레인은 내각 분열에 대해 알고는 있었지만 총리를 계속 지지했다.

러시아 해군이 시노프(Sinope)에 있는 터키 해군기지를 파괴하고 수많은 민간인을 학살했다는 보고가 1853년 12월에 도달하자, 딜레인은 여론이 달라졌음을 감지했다. 그들은 방관하고 있을 수 없었다. 해외에서 끝없이 진행된 논의는 쓸모 없는 답변만 돌아왔을 뿐이다. 러시아인들이 영국의 외교관들을 도발하게 했다. 영국이 절대 보복할 일은 없을 것이라는 전제에서 그런 행동을 취했음에 틀림이 없다. 딜레인은 애버딘이 희망하던 평화로운 해결은 점점 현실이 될 수 없음을 깨달았다. 사회 운동의 목적은 솔직하고 제한적이어야 한다고 신문이 역설했다. 막강한 영국 해군이 상트페테르부르크(St Petersburg)와 세바스토폴(Sebastopol)에 있는 러시아 해군기지를 파괴하기 위해서는 흑해와 발트 해의 무역로를 확보해야만 했다. 이렇게 될 경우 러시아 군대는 어쩔 수 없이 퇴각할 수밖에 없을 것이다. 작전이 단시간 안에 끝날 것이고 더 이상 문제는 없을 것으로 생각했다. 아무도 문제가 생기리라 생각하지 않았다. 당시 전 세계 모든 바다에 주둔하고 있는 영국 해군과 영국 상선의 주도적 역할을 강조하는 것은 중요했다. 전 세계 모든 항구와 수많은 외진 곳까지 존재감을 드러내고 있는 무적의 함대가 바로 영국의 확고한 신념에 대한 토대가 되었다. 영국은 선박을 운영하는 법과 선원 양성, 훌륭한 해군이 되기 위한 수칙을 잘 알고 있었다. 그것은 이 나라의 문명을 건립한 주춧돌이었다.

타임스는 이제는 전쟁을 할 때라고 천둥같이 외쳤다. 노상강도가 활약할 때가 온 것이다.

2장

완벽한 승리

신문은 전쟁을 즐긴다. 특히 전운이 고조되고 전쟁이 발발할 때가 더욱 그렇다. 써야 할 기사는 넘쳐나고 정치인들이 내놓는 성명과 발표에 긴장이 고조된다. 신문을 좀처럼 읽지 않는 사람들도 관심을 갖기 시작할 정도다. 이전에 들어본 적도 없는 머나먼 나라의 소식을 듣게 된다. 노병들은 자신이 몸소 경험한 험난한 전쟁에 대한 이야기를 나누고, 노인들은 전쟁이 어떤 것인지 아이들에게 들려준다. 사람들은 서로 서로에게 동조의 분위기를 찾고, 애국심을 떠벌리기 몹시 싫어하는 영국 사람들조차 전쟁 시작과 함께 뭔가 모를 보이지 않는 강력한 힘에 의해 중력에 이끌리듯 하나가 된다.

딜레인은 전쟁을 보도할 만반의 준비를 했다. 해외에 파견된 타임스 특파원은 어느 나라에서건 자국에게 유리한 기사를 써 주길 원하는 사람들의 관심의 대상이다. 이 때문에 특파원에게 특별한 대우를 제공할 뿐만 아니라 온갖 종류의 향응까지 하면서 진실을 왜곡시킬 수 있는 유혹을 느끼도록 한다. 존 딜레인과 타임스 운영관리자 모브레이 모리스(Mowbray Morris)는 이런 위험성을 잘 알기에 특파원 교체 시 발령 일 직전에 알려주곤 했다. 군대가 지중해를 향해 승선 준비를 하는 가운데 타임스는 젊은 변호사 토머스 체너리(Thomas Chenery)를 콘스탄티노플에 파견했다. 그의 임무 중 하나는 터키 주재 영국대사인 스트래트퍼드 드 레드클리프

(Stratford de Redcliffe)경과 우호적인 관계를 유지하는 것이었다.

군대의 진격 상황에 대해서도 알고 싶었던 딜레인은 사우샘프턴(Southampton)을 출항하는 군함에 특파원을 태우기로 결정했다. 윌리엄 러셀이 특파원으로 연대와 같이 움직일 수 있도록, 딜레인이 육군성에 허가증을 신청하자, 이에 대한 허가는 물론 러셀 일행이 전투식량을 배급 받을 수 있는 혜택까지 주었다. 일반 장교가 하는 것처럼, 러셀 일행은 병력과 함께 지내기 위해 필요한 장비와 말 두 필도 실었다. 함대는 사우샘프턴을 출항하여 1854년 3월 몰타에 도착했다. 딜레인은 부활절에는 집으로 돌아가 가족과 함께할 수 있을 거라고 러셀을 안심시켰다. 러시아가 이들 함대의 움직임과 영국·프랑스 연합군의 지중해 진격을 보게 되면, 공격적인 전투를 멈추고 후퇴할 것이며, 이로서 세계의 평화가 다시 찾아올 것이라고 예측했다.

그러나 코사크(Cossack) 기병의 터키 침공은 흑해 서쪽 해안을 따라 콘스탄티노플까지 이어졌다. 영국 군은 몰타를 떠나 남부 유럽 두 개의 대

크림전쟁의 배경이 된 당시 콘스탄티노플(Constantinople)과 바르나(Varna), 크림반도(the Crimea), 칼라미타 만(Kalamita Bay), 세바스토폴(Sevastopol), 발라클라바(Balaklava), 잉케르만(Inkerman) 등을 보여주는 지도이다.

양을 잇는 보스포러스(Bosphorus) 해협으로 향했다. 러셀은 배에서 바라본 장면에 감탄하며 작성한 기사를 런던 사무소로 보냈다.

> 군 사령관의 저택과 키오스크, 술탄의 궁전, 부호들의 별장이 해안을 따라 이어졌다. 증기선이나 카이크*를 타고 이곳을 지나는 이방인이 있다면, 그 지역에서 약탈로 성공한 자 혹은 백발의 군 사령관, 탐관오리 출신 등이 담배를 피우고 있는 모습을 볼 수도 있다. 이들은 서로 너무 닮아 모두가 형제처럼 보일지도 모른다. 수많은 저택 중 한 곳에 빽빽한 격자로 고정되어 있는 창이 보인다. 곳곳에 울긋불긋한 빛깔의 옷이 비치는 것으로 보아 하렘**에 누군가 있는 듯하다.
>
> 하이드 파크 코너(Hyde Park Corner)에서부터 해머스미스(Hammersmith) 거리까지 죽 이어진 주택 행렬만큼이나 많은 수의 주택들이 보스포러스 해안을 따라 이어져 있었다. 테라피아(Therapia)와 버주크디어(Bujukdere) 같은 곳은 큰 마을을 형성할 만큼 건물이 밀집해 있고 호텔과 상점, 카페, 숙박시설까지 갖추고 있었다. 터키인들은 카이크를 타고 이런 곳에 와서 물위로 뻗어난 배 끄트머리에 자리를 잡고 앉아 담배를 피우며 원시의 행복을 느꼈다. 터키인들이 평생 꿈으로 간직하며 목표로 삼는 것은 보스포러스 해안에다 별장을 짓고 거기에서 즐기는 것이기 때문이다. 물고기로 가득한 물속에 돌고래가 뛰놀고 물 밖으로 모습을 내보이며 물을 흩뿌리고 있다. 유연한 몸짓으로 거센 물살을 가로지르거나 넘쳐나는 에너지와 위험을 모르는 모험심에서 여기저기로 돌아다니다가 황새치의 주둥이 공격을 받고는 해마처럼 코를 힝힝거리며 달아나버린다. 매와 솔개, 독수리, 흰꼬리수리가 수없이 날아다니고 프랑스어로 '지옥에 떨어진 영혼'이라 불리는, 결코 육지에 머물며 쉬는 법이 없다고 알려진 짙은 빛깔과 흰 가슴의 슴새 여러 무리가 끊임없이 물 위를 날아올랐다 내려오곤 했다.

---

*카이크(Caique): 왕족들이 타던 작은 범선

**하렘(Harem): 이슬람 국가의 여성(아내, 첩 등)이 격리된 생활을 하는 곳으로 남성의 출입이 엄격히 제한된다.

군대는 상륙한 후 흑해로의 진격에 앞서 기지를 설치했다. 전투 중 발생할 환자와 부상병을 위한 병원시설이 마련되었다. 이를 위해 터키 측은 콘스탄티노플 반대편 해안에 있는 도시 스쿠타리(지금의 위스퀴다르)의 대형 막사를 영국 군이 사용하도록 허락했다.

러셀이 초기에 보낸 글은 이러한 조건에 비판적이었다.

> 병사들이 겪는 곤경이 갈수록 더 악화되고 우리 군의 비효율성은 이루 말할 수도 없었다. 탁월한 행정력을 발휘하는 프랑스 군과는 극렬한 대조를 이루었다. 군이 직면했던 여러 비판 중 가장 눈에 띄는 것은 갈리폴리(Gallipoli) 주둔 병력 전체에 보급품을 지원하기 위해 파견된 두 장교에게 씌운 범죄 혐의였다. 그들이 비난 받을 이유가 하나도 없었기 때문이다. 정말 비난받아야 할 사람은 적절한 인력도 없이, 최소한의 상황 예측과 계획도 없이 이들을 보낸 자들이다.
>
> 함대가 항해하는 동안 이질로 고통당했던 병사를 치료하기는커녕 숙소와 식량조차 제공하지 않았다.

타임스가 이러한 논평을 쓰기 전까지, 영국 군은 부대운영의 세부 내용이 이런 식으로 세상에 알려지는 것을 결코 허락하지 않았다. 러셀은 목격한 바를 기사로 쓰는 일 뿐만 아니라 비판을 통해 문제의 원인을 직접 조사했던 것이다. 군이 해당 기사를 보고 이에 반박하려면 타임스에 편지를 보내야 했다. 콘스탄티노플에서 배로 편지를 보내면 2주가 걸려야 런던에 도착하기 때문에 자신들의 반박이 반영되려면 수 주나 소요되는 셈이다. 따라서 러셀이 비판 기사는 몇 주 동안 어떠 반박도 없었으며 반박 기사가 실린다 해도 이것이 다시 콘스탄티노플에 도착하려면 또 다시 2주가 필요했다. 러셀이 어떤 기사를 쓰든 영국과 프랑스, 오스트리아, 러시아에 있는 타임스 독자는 모조리 믿었을 것이다. 늦게라도 고위 장성이 기사 내용을 부인한다 해도 그 때는 이미 영국 국민들의 마음에 의심의 뿌리가 깊이 박혀 있을 것이다. 무엇보다 러셀의 분석 기사를 군인들 스스로도 철저히 읽고 있으며, 그의 논평 하나도 놓치지 않았다.

딜레인은 진실을 알리고 싶었다. 의도가 아무리 좋다 하더라도 영국군의 목적에 부합하는 기사만 싣고 싶지는 않았다. 러셀은 거짓말을 할 이유가 없었고, 딜레인도 그가 사실을 과장하거나 꾸며내지 않는다는 것을 잘 알고 있었다. 러셀을 전적으로 신뢰했으며 그의 기사를 아낌없이 응원했다. 이후 몇 개월의 시간이 흐르면서 단 한 순간도 그에 대한 신뢰가 흔들리지 않았다. 딜레인은 러셀이 어떤 기사를 쓰든 믿었고 수정 없이 발행했다. 확실한 증거자료가 없는 상태에서는 사람의 말을 믿지 않는 성향의 딜레인이기 때문에 이는 놀라운 일이다. 존 딜레인과 윌리엄 러셀은 전쟁 발발 당시 둘 다 삼십 대의 나이였다.

군대는 흑해 서쪽 해안을 따라 바르나(Varna)까지 진격했으며 러시아까지 진입할지에 대해 정치적 결정을 기다렸다. 부대의 상황은 너무나 열악했으며, 콜레라와 이질로 인해 수천 명의 병사와 장교들이 사망했다. 사실 군이 주둔했던 지역의 대사관 지도에 '전염병'이라는 표시가 있었지만 병참장교는 알지도 못했다. 결정을 기다리며 군이 수개월 동안 공격을 미루는 틈을 타 러시아는 5만 명의 군을 보강하고 세바스토폴의 해군 기지에 상당량의 보급품을 공급했다. 여름이 지나고 가을이 되었다.

1854년 여름, 런던에는 끔찍한 수준의 콜레라가 창궐했다. 빈민가인 소호(Soho)와 이스트엔드(East End)에서 매주 사망자 수가 폭증했다. 과거에도 수천 명이 콜레라로 사망한 적이 있지만, 여전히 누구도 이 끔찍한 질병의 원인을 알지 못했다. 타임스는 전문가들의 조언을 기사로 실었다.

런던 동부에 있는 화이트채플(Whitechapel)의 한 목사가 타임스에 보낸 편지에는 자선단체가 제공하는 보건 서비스에 관한 내용이 담겨있었다.

콜레라 발병과 함께 목사 자신이 어떻게 약을 처방하는 의사의 역할을 하게 되었는지에 대한 설명과 다른 사람에게도 자신과 동일한 방식을 권장하는 내용이었다.

> 편집장 귀하에게
>
> 제가 몸담고 있는 지역은 극빈자들이 밀집해 있는 곳으로, 저는 콜레라의 확연한 여세를 걱정스럽게 관심을 가지고 지켜보고 있습니다. 그 이유는 전조 증세가 나타날 때 콜레라를 뿌리 뽑을 수 있는 최고의 치료법을 이들에게 공급할 수 있는 신속하고 효율적인 방법을 찾고자 노력하고 있기 때문입니다. 지난 번 이 의문투성이의 질병이 또 한번 휩쓸고 갈 징조가 확연히 드러나는 시점에, 더 극심한 극빈층 지역에서 하느님의 뜻을 전하고 있는 제 오랜 친구가 저를 깨우쳐주었습니다. 이 불쌍한 사람들에게 지금 당장 아무런 조건 없이 최상의 치료약을 주지 않는다면 수많은 이들이 무서운 재앙에 희생되고 말 것이라는 것이죠.
>
> 이러한 확신을 가지고 저는 최초로 전염병이 창궐했을 때 수백 명을 치료했던 유망한 의료계 친구에게서 전조 증세로 나타나는 설사를 치료할 최고의 처방전을 얻었지요. 능숙하고 덕망있는 약사를 통해 이 약을 주민들에게 밤낮 관계없이 무제한 공급할 수 있도록 조치를 취했습니다. 이러한 방법으로 제가 몸담고 있는 교구의 600여 건의 발병 사례가 즉각 해결되었고 한두 건 정도만 콜레라로 발전되어 사망 사례가 발생했을 뿐입니다.
>
> 업무 도중 급하게 작성한 편지라 두서가 없음을 사죄 드립니다.
>
> 읽어주셔서 감사합니다. 웰던 챔프니스(Weldon Champneys) 올림.

1854년 가을, 플로렌스 나이팅게일은 허버트 부인이 이사로 있던 할리가(Harley Street)의 작은 요양병원에서 관리자로 근무했다. 엘리자베스 허버트를 비롯한 많은 여성들의 도움으로 나이팅게일은 자신이 그토록 원하던 일을 할 수 있는 기회가 마련된 것이다. 나이팅게일은 어머니의 기대를 저버리고 그 자리를 맡았다. 34세의 나이에 요양시설 관리자로 탁월한 실력을 보여 주었다. 그녀가 근무하던 요양병원은 런던이 겪고 있던 혹독한 질병의 영향으로부터 다소 떨어져 있었는데 나이팅게일은 시간이 날 때마다 콜레라가 발병한 런던의 다른 지역 병원에서도 일을 했다. 위험한 일이었던 만큼 나이팅게일은 어머니가 이 사실을 알지 못하도록 특별히 신경을 썼다. 자신이 일하는 곳에는 콜레라가 전혀 없다고 어머니에게 항상 이야기했다. 정부 각료인 시드니 허버트는 나이팅게일에게 런던 의료시설에 관한 상세한 의견을 달라고 요청했다. 엘리자베스 허버트의 격려로 나이팅게일은 사망률을 비롯한 각종 통계 자료를 체계적인 방법으로 비교 분석한 뒤 자신의 견해를 시드니에게 제시했다. 개인적인 보고자료를 마련한 나이팅게일은 자신이 제공하는 정보가 콜레라 치료 개선과 원인 파악을 위한 정부의 노력을 돕는 데 사용되기를 원했다. 그녀는 환자 위생과 치료 개선에 관한 다른 정부 사업과 보고서에 대해서도 잘 알고 있었다. 병원에서 근무하면서 일체 보수를 받지 않았지만, 아버지가 매년 500파운드 가량의 생활비를 주었기 때문에 보수에 연연하지 않고 풍족한 생활을 할 수 있었다. 허버트는 그녀의 자질과 능력이 정부 사업에 큰 가치가 있다고 확신했다.

미망인 프란세스 베이컨을 탐탁지 않아 하던 딜레인의 어머니는 주변 사람 모두에게, 특히 남편에게 노골적으로 자신의 생각을 드러냈다. 어머니의 격한 증오는 아들에게는 물론 이 사실을 아는 다른 가족에게 굉장한 압력과 불안감을 안겨주었다. "그 애는 시어머니에 대한 마땅한 예의를 갖추지 않아.", "마치 나는 시골 출신이고 자기는 고위층인 것처럼 말이지."라고 늘 되풀이 했다. 딜레인의 어머니는 자신의 이러한 감정 표출이 초래하는 스트레스가 어떤 영향을 일으킬지 생각하지 않았다.

그녀는 프란세스를 만난 지 얼마 안 되었을 때, 이 젊은 미망인이 실제로 감정을 드러내기 전에도, 자신의 아들에게 애정을 품고 있다고 억측했었다. 프란세스에 대한 감정이 확실치 않은 상태에서, 어머니의 이러한 태도는 딜레인에게 혼란만 가중시켰다. 딜레인의 어머니는 자신의 남편이 고부간 문제에 간섭하려 들지 않자, 남편도 같이 며느리를 미워하도록 압박했다. "여우 같은 그 여자가 아들의 앞길을 망칠 거라고요." "모르시겠어요?" 남편은 이러한 대화에 진절머리가 난 나머지 자리를 피하곤 했다.

프란세스의 정신 이상이 선고되고 정신병원에 수용할 필요가 있다는 얘기가 있자, 딜레인 어머니는 젊은 두 사람에 대한 연민과 걱정 대신, 오히려 잘된 일이며 유일한 해결책이라고 말했다. "당연히 보내야지. 그 여자가 무슨 일을 저질렀고, 어떻게 행동했는지 생각해봐." 게다가 상황을 악화시킬 의도로 프란세스에게 들리도록 말했다. 딜레인의 어머니는 프란세스의 우울증과 광기가 아들의 앞날을 망치려는 의도적 행동이 결코 아니라는 것을 믿지 않으려 했다. "이제 아들에게서 떨어지겠지." 아무도 듣지 않는 듯 큰 소리로 내뱉었다.

딜레인과 다선트가 타임스에서 함께 일한 지 얼마 안 될 무렵, 훌륭한 기사란 무엇인가에 대해 토론하고 분석하며 편지를 주고받곤 했다. "감각이 정의보다 낫고, 스캔들이 도덕주의보다 나으며 폭로가 미덕보다 낫다." "기자는 정치인의 과거 발언을 문제 삼아 그가 말 바꾸기를 한다며 지적하지. 그러나 신문은 매일같이 견해를 바꾸어도 아무 문제가 없어." "신문은 그날의 진실만 얘기하면 돼. 다음 날이 되면 진실은 달라질 수 있기 때문이지." 신문의 첫 번째 의무는 뉴스거리를 찾는 것이고 다음으로는 신문이 표현한 견해에 대한 독자의 느낌을 이해하고 반영하는 것이라고 그들은 생각했다. 이것이 신문사의 원칙이었다. 타임스의 독자는 교육 수준이 높은 10만 명의 국민이었다. 1854년 전운이 감돌면서 신문 판매 부수도 증가했다.

윌리엄 러셀의 기사는 영국 군의 부실한 행정능력과 병을 앓는 병사에 대한 적절한 치료가 부족함을 여실히 드러냈다. 기사 내용에 매우 우려한 딜레인은 군에 합류하여 상황을 직접 보기 위해 떠났다. 딜레인은 콘스탄티노플에서 스트래트퍼드 드 레드클리프 대사와 대사관 직원을 만난 후, 대사관측의 말투에 역겨움을 느꼈다고 다선트에게 전했다.

> 대사관은 원정군에게 어떠한 도움과 정보도 제공하지 않았고, 어처구니 없는 실수로 천여 명의 생명을 앗아가게도 했다. 지금은 재치 있게 사령관과 장교, 병참부에게 농담을 걸고 있다. 러시아 군인이면 차라리 나았을 것이다. 누구 하나 데브나(Devna) 부대에서 발생할 일에 대해 장군에게 경고해 주지 않았으며 아무 것도 들려주지 않았다. 바르나에서 수송편이 올 때마다 처참한 상태의 환자가 수백 명이나 왔고, 이들은 영국 병력에 치명적 손실을 입힌 열병과 콜레라를 겪은 후였다.

딜레인은 침공 함대에 합류하기 위해 콘스탄티노플을 떠났다. 저술가 알렉산더 킹레이크(Alexander Kinglake), 탐험가 오스틴 헨리 레야드(Austen Henry Layard)와 동행했다. 딜레인은 유명 전쟁역사서를 집필한 킹레이크와 페르시아, 팔레스타인, 이라크, 인도를 두루 여행한 레야드, 이 두 사람과 함께 하는 것이 좋았다. 레야드는 현역 국회의원으로 전쟁 상황을 보기 위해 왔지만, 1847년에는 메소포타미아 모술 근처에서 고대 도시 니네베(Nineveh)를 발굴한 고고학자이기도 하다. 레야드는 딜레인과 동년배였으며 각자의 일에 뛰어났다. 그들은 현장에서 직접 목격한 혼란스러운 군 조직을 혐오하고 있다는 점에서도 비슷했다.

레야드, 킹레이크와 함께한 여정 이후 딜레인의 생각이 확고해졌다. 이후 몇 달 간 그는 다양한 진실에 직면했다. 군대 개선을 위해 무엇이 필요한지, 정부를 개선하기 위해, 영국의 국제적 평판을 개선하기 위해 필요한 일은 무엇인지 등 다양한 의견을 들었다. 딜레인의 기준, 즉 주변에서 토네이도처럼 압력이 불어닥칠 때 자신을 확고히 붙잡아 줄 기둥과 같은 역할을 하는 이 기준은 바로 레야드, 킹레이크와 함께 직면하였던 그 진실이었다.

같은 상황에서 레야드도 자신과 동일한 생각을 했을 것이라고 확신하며 군의 결정을 비판하곤 했다. 킹레이크와 같은 시각으로 군 장성에 대한 의견을 표출하였다. 그 두 사람은 전장에 남아서, 런던으로 돌아온 딜레인에게 편지를 보냈다. 딜레인은 회사로 곧 복귀할 예정이었다. 러셀은 전선을 담당하고, 체너리는 콘스탄티노플을 맡아 각각 타임스 특파원으로서의 임무를 충실히 진행하는 한편, 킹레이크와 레야드는 세 명의 동지애를 계속 이어가면서 현장 자료를 보충해주었기 때문에 딜레인은 타임스 독자를 위한 침략 정보와 전쟁에 관한 기사로 낼 내용이 충분했다.

레야드, 킹레이크, 딜레인 삼총사는 침공 함대에 합류하고자 콘스탄티노플에서 출발하는 군 수송선에 승선하였으며, 자신들의 운명을 군대에 맡기고 예프파토리아(Eupatoria) 상륙 과정에 같이 할 수 있도록 허락해달라는 요청을 하였다. 드디어 이제부터 상자를 열고 이야기를 시작하려 한다.

크림반도 해역이 내려다보이는 브리타니아호에서 딜레인은 런던에 있는 다선트에게 편지를 썼다. 사령관들은 전혀 단합되지 않았고 결정도 하지 못했으며, 심지어 더 이상 결정할 것이 없는데도 우왕좌왕했다. 다행히 항해를 하는 동안 신선한 공기를 쐬면서 정신을 차린 건지 전투를 벌여야 한다고 다들 아우성이라는 내용이있다.

예프파토리아 서쪽 연안과 수평한 곳에 700척의 함대가 서 있는 가운데, 기함 엠퍼러(Emperor)호에서 영국 사령관 래글런(Raglan) 경의 명령이 내려졌다. 모든 부상병을 캥거루(Kangaroo)호로 옮기라는 것이다. 함대에 승선한 환자가 수천 명인지라 이는 순진한 명령이었다. 딜레인은 브리타니아호만해도 콜레라로 황폐해진 상태라고 직접 글로 전했다. 1주일도 채

안 돼 140명이 사망했고, 한 때 950명 중 600명이 감염된 적도 있다. 이제 남은 병사로는 함대를 움직이기에도 충분하지 않다. 환자를 태운 배가 캥거루호 주변을 몇 겹으로 둘러쌌다. 함대는 죽어가는 병사로 발 디딜 틈이 없었지만 배에는 단 두 명의 군의관이 있었을 뿐이다.

첫 부대와 함께 해안에 도착한 러셀은 거기서 상황을 파악할 수 있었다. 분노에 찬 상태에서 첫 상륙 경험을 글로 써 내려갔다.

> 나는 최악의 비판을 받아 마땅한 가장 이해할 수 없는 일을 목격했다. 엠퍼러호는 모든 함대의 환자를 캥거루호로 보내라는 신호를 보냈다. 저녁이 되기 전 캥거루호에는 다양한 증세와 상태의 환자 1,500여 명이 들어찼다. 많은 사망자가 발생했고 끔찍한 장면도 수없이 일어났다. 아... 말로 표현할 수 없을 정도의 일이다.
>
> 그러나 분명한 것은 선상에도, 지상에도 의료진이 턱없이 부족했다는 점이다. 해변에서도, 행군 중에도, 야전장에서도, 아무런 치료도 받지 못하고 죽어가는 병사를 직접 눈으로 보았다. 500척의 함대와 군 본부가 코 앞에 있는 상황에서 벌어진 일이다. 해군과 육군 모두에 훨씬 더 많은 의료진이 절실히 필요한 상태다. 종종 의료진이 전혀 오지 않거나 오더라도 대부분 너무 늦게 도착했다.

3만여 명의 영국 병사가 3월과 9월 사이에 영국에서 파병됐고 2만 명이 추가되었다. 이 중 1만 1천 명은 크림반도에 도착하여 전투를 하기도 전에 질병에 걸려 부적합 병사가 되었으며 대부분은 전투가 불가능한 상태였고 사망자도 많았다. 조직화되지 못한 의료지원 체계와 지원 실패는 무시할 수 없는 문제다. 그러나 상륙 당시 런던에 있는 누구도 사망자와 환자 수를 알 수 없었을 것이다. 수치가 각 연대 및 장성에게 보고되었다 해도 래글런 사령관 측에서 전체 상황을 보고할 수 있도록 각 수치가 취합되지는 못했을 것이다. 사령관의 머릿속에는 앞으로 있을 침공에 관해 생각해야 할 것이 많았기 때문에 질병으로 인한 전체 피해 상황을 물어볼 필요를 느끼지 않았음이 분명하다. 그가 이 문제를 파악한다 해도 육군성에 그 내용을 전달할 필요를 느끼지 못했을 것이다. 개별 부대와 함선에 직접 들어가본 자 외에 누구도 사망자 수를 알 수 없었다.

딜레인은 아쉬움을 뒤로 하고 런던으로 복귀하기로 결정했다. 앞으로 며칠 동안 흥미진진한 사건들이 벌어질 것이고 이를 놓치기는 싫었지만 특파원들을 적절히 배치해 놓았기 때문이다. 러셀이 최적의 위치에서 제 몫을 해내고 있는 상태에서 자신이 할 일은 사무실로 돌아가는 것임을 깨달았다.

런던에 있는 누구도 무슨 일이 일어나는지 알지 못했다. 희소식이든 비보이든 함대의 소식이 타임스에 도착하려면 최소 10일이 걸렸다. 전할 소식을 베오그라드(Belgrade)의 전신국에 보내면 오스텐드(Ostend)로 전달되고 거기서 해협을 건너 런던으로 메시지가 도착한다. 전신은 비싸고 유럽 내 전선이 통과하는 곳에서만 읽을 수 있기 때문에 메시지는 간단하게 작성해야 했다. 군 사령부와 정부 간 연락 등 장문의 통신문은 배로 전달했다. 주로 두 개의 항로가 이용되었다. 하나는 마르세유(Marseilles)를 출발한 전령이 프랑스를 가로질러 칼레(Calais)로 가는 것이다. 다른 하나는 좀 더 빠른데, 트리에스테(Trieste)를 출발한 전령이 알프스를 넘어 오스트리아, 독일, 벨기에를 통과하는 것이다. 이렇게 하면 2-3주가 걸린다. 서신을 실은 배에 콜레라 감염자가 발견되기라도 한다면 항구 밖에서 며칠 간 격리될 수도 있다.

영국에서는 자국 군이 속전속결로 세바스토폴에서 대승을 거둔 것으로 짐작하고 있는 가운데, 언제든 승전보가 전해지리라 애타게 기다리고 있었다. 시민들이 대승리의 기사를 기다리는 동안, 자리를 비운 딜레인 대신 타임스의 편집장 일을 맡고 있던 다선트는 포츠머스(Portsmouth) 항의 해군 함대에서 일어나고 있는 가증스럽고 말도 안 되는 혐오스러운 행위들에 대한 기사로 독자의 욕구를 채워주고 있었다. 어제는 아무 죄 없이 살해된 딸에 대한 증거를 내놓은 여성에 관한 기사를 실었다. 어떤 상황에서 어떤 식으로 살해되었는지, 아무도 알 수 없었다. 오늘은 입항한 군 부대가 선상에서 술에 취해 매춘을 일삼는 끔찍한 행위를 기사로 실었다. 더욱 심각하게도, 포츠머스 사람들은 이런 행위들이 놀랍지도 않은 듯, 별 문제 없는 정상적인 행위라고 간주하는 것이다. "퀸스호가 항구에 정박한 상태에서 술에 취해 인사불성이 된 장교와 매춘부가 갑판 위에서 옥신각신하며 두세 시간 뒹굴고 있었다."

타임스는 육군과 해군을 대상으로 선상의 간음 행위를 중단하도록 촉구했다. 집단 따돌림이나 위증, 음주에 대해서는 말해서 무엇 하겠는가. 살해당한 여성의 어머니 레베카 로지(Rebecca Lodge) 부인은 자신의 딸은 아무 죄가 없다고 주장했다.

> 집을 나설 때만 해도 딸아이의 옷은 찢긴 곳 없이 말쑥했습니다. 다시 딸을 본 것은 수요일 아침 식사 후 포트시(Portsea) 경찰서에 가서 수사관을 만났을 때였습니다. "얘야, 도대체 어디서 이런 일을 당했니? 경찰이 네가 배에 있었다고 하더구나."라고 제가 말을 건넸습니다. "누가 절 죽이려 했어요. 엄마, 나 죽어가고 있어요." 딸 마틸다 로지는 그 날 사망했습니다.

개인 소식이나 광고로 가득하던 타임스의 상업주의도, 포츠머스 해군 사건 이후, 전쟁에 대한 국민적 관심으로 방향을 돌리기 시작했다.

> 콜린스의 초대형 세바스토폴 지도. 그레이트 만(Great Bay)의 둑에 다양한 요새가 위치해 있고 각각의 요새에 포가 설치되어 있음. 정부 당국이 보냄. 1S 주머니 케이스에 보관. H. G. 콜린스(H. G. Collins), 패터노스터 로우

(Paternoster Row) 22번지.

크림반도: 하이드 파커(Hyde Parker) 대령의 흑해 그림, 첫 부분은 크림반도 남부 해안의 전경을 담고 있음. 디킨슨 브라더스(Dickinson Brothers), 뉴본드가(New Bond Street) 114번지.

딜레인이 집에 도착할 무렵 전쟁은 끝나는 듯 했다. 다음은 10월 2일 월요일, 당시 분위기를 전하는 타임스 기사다.

지난 호 기사에서 위풍당당한 승리를 거두리라 확신에 찼던 우리의 예측이 전혀 빗나가지 않았다. 오히려 승리 그 이상의 것을 얻었다. 신이 주신 풍부한 자연의 선물에 감사하도록 나라에서 정해 놓은 장엄한 추수감사절에 먼 전장으로부터 첫 번째 승리의 함성을 듣게 되었다.

베오그라드를 거쳐 보낸 콘스탄티노플 주재 영국대사의 9월 23일자 통신문을 정부가 토요일 수령하였다. 이 통신문은 "9월 20일 오후 1시 연합군은 알마(Alma) 고지에서 수많은 포병과 기병 등 5만 군사를 갖추고 있는 러시아 군 부대를 습격하였다. 1시간 반 가량의 전투 끝에 1,400명의 영국 군 사상자가 발생했고 프랑스 군과 러시아 군도 피해 규모가 비슷했다. 러시아 군은 완전히 후퇴하고 있다."라고 전했다.

이 정보는 래글런 경이 전쟁장관 뉴캐슬 공작에게 보내는 전신 통신문으로 9월 30일 토요일 밤 런던 가제트지의 부록으로 실렸다. 토요일 저녁 추가로 수령한 전보에 따르면 9월 20일 전투 후, 22일에도 전투가 한 번 더 있었으며 그 날 멘시코프(Menshikov) 왕자가 칼란타이(Kalantai) 평원에서 연합군의 공격을 받았다. 몇 시간 동안 유혈이 낭자한 전투를 치른 후 러시아 군은 완전히 패배하고 세바스토폴에 이르기 전 참호까지 추격 당했다. 이와

> 함께 25일 연합군이 세바스토폴을 탈환했다고 전했다. 불로뉴(Boulogne)에 있던 나폴레옹 황제에게도 토요일 파리로부터 유사한 내용의 전보가 전해짐에 따라, 이 정보의 진위가 더욱 확실해졌으며, 수비대가 항복했다는 사실도 알렸다.

이러한 전보가 런던에 도착하고 딜레인이 전장에서 돌아온 시점에 윌리엄 러셀이 보낸 첫 번째 장문의 편지도 우편으로 도착했다. 악천후에 펼쳐진 군의 상륙작전에 대한 내용이었다. 동일한 날의 신문에 이토록 다른 상황의 기사를 읽는다는 것이 이상했다. "보급품은 많아지고 있다."라고 그는 썼다.

크림반도는 현재의 우크라이나에 속한 곳이지만 그곳 거주자들은 지금과 다를 바 없이 그 당시에도 누군가에게 속한다고 느끼지 않았고, 심지어 러시아의 지배를 받고 있었지만 거기에 속한다고도 생각지 않았다. 역사적으로도 크림반도는 수많은 나라의 지배를 받았다. 러셀은 상륙작전이 펼쳐졌던 주변 지역 사람들의 반응을 기사로 쓰고 싶었다. 거친 저항이 아닌, 다소 현실적인 거래가 현지에서 일어났다.

> 어제, 세바스토폴로 보낼 밀가루를 실은 수레 60대를 확보했다. 수많은 물건과 사람이 시장에 나왔다. 말을 끌고 나온 사람도 있고, 자신을 하인으로 써달라는 사람도 있었다. 육류 및 채소 시장이 형성되었다. 이 나라 사람들은 새로이 들어온 고객들이 물건값도 금방 치르고 인간적인 대우를 해주는 편이라 그들에 대한 신뢰도가 높았다. 우리 연합군에 대해서도 동일한 평가를 할 수 있다면 좋았을 것을. 어제 프랑스인이 이곳 마을 하나를 약탈하여 끔찍한 잔혹함과 포악성으로 갈갈이 찢어놓았다. 구체적인 내용을 표현하기도 어려울 정도이다.

연합군에 관한 이러한 기사는 독자의 선입견을 부추긴 면도 있지만, 한

편 현지의 생활 환경을 알리고자 하는 의도도 있었다. "계란은 24개에 6펜스, 닭 한 마리는 5-6펜스, 칠면조는 18펜스, 양은 마리 당 1실링이다." 당시 화폐의 가치를 살펴보자. 당시 6펜스는 2000년도 기준으로 2.5파운드이고 1실링은 약 5파운드에 해당한다. 따라서 당시 계란 두 꾸러미(24개)나 닭 한 마리 값은 2.5 파운드, 칠면조는 7.5파운드에 해당하는 셈이다.

전쟁을 지켜보기도 하고 전장에도 직접 갔던 러셀과 딜레인, 레야드, 킹레이크는 군의 실수와 멍청함을 목격했다. 전투 지휘 방식이 비상식적이고 어처구니없다고 느꼈던 그들은 특히 늙은 장교들의 어리석음을 폭로하고자 노력했다. 신문의 정책 방향은 아니었지만, 그들의 어리석음은 감춰질 수가 없었다. 러셀은 조지 브라운(George Brown) 장군과 그의 모자에 얽힌 사건도 같은 편지에서 전했다.

> 우리는 와! 수평선 위로 삼각모가 떠오르는 것을 보았다. 비슷한 모자를 쓴 또 다른 사람도 눈에 들어왔다. 첫 번째 모자는 경보병대 사령관 조지 브라운 경의 것이었고, 두 번째는 병참장교 에어리(Airey) 장군의 것이었다. 참 흥미로운 장면이었다. 러시아 군과 코사크 군은 조지 경을 분명히 보았지만 조지 경은 이들을 발견하지 못했다. 위험에 처한 자신의 처지를 알아차리지 못한 것이다. 풍경을 보면서 병참장교에게 여기저기를 지목하느라 정신이 없었던 것이다. 시력두 썩 좋지 않았던 조지 경은 포로로 잡힐 뻔한 위기를 가까스로 모면했다. 그는 전초기병이나 일반 병사 등 누구도 보내지 않고 자기가 가장 먼저 상륙했다. 코사크 기병이 그를 향해 내달리고 100여 미터 앞에까지 이르렀을 때야 이를 알아챈 조지 경이 도망갔다. 소총수가 사격을 하는 바람에 겨우 위기에서 벗어난 것이다.

장교의 제복과 모자는 비난을 받았다. 러시아 군은 영국 군의 제복과 모자가 표적으로 아주 적격이어서 상당수의 장교를 집중 공격할 수 있었다고 떠들어댔다.

속전속결로 세바스토폴을 포위할 것이라고 예상한 나머지, 모든 장비와 방한복, 외투를 함대에 두고 상륙하라는 명령이 있었다. 함대가 해안을 따라 이동하면서 항구 주변에 있다가 모든 물품들을 뭍으로 실어 나른 후 병사들에게 나누어줄 계획이었다. 본 계획을 위해 선택한 항구는 세바스토폴 남쪽의 발라클라바였다. 이는 날씨가 좋고 남쪽으로의 행군이 며칠 만에 가능하다는 가정 하에 내려진 결정이었다. 장교들은 하인과 말을 보유한 상태라 그럭저럭 이동할 수 있겠지만 문제는 아직 바르나에서 도착하지 않은 말도 있다는 것이다.

육군원수 래글런 경은 영국 군 총사령관으로 67세의 인물이었다. 그는 40여 년 전에 웰링턴 공작의 최측근으로 워털루 전투에 참전했다가 전투에서 한쪽 팔을 잃었다. 당시 의사에게 "손가락에서 반지를 빼기 전까지 팔을 자르지 말라"라고 고집을 피웠다.

동인도회사 군대라고도 불리던 인도 주둔 영국 군은 전투에 자주 투입되었던 반면, 유럽 주둔 군은 40년 전 나폴레옹과의 반도 전쟁 이후 중대한 전투에는 가담하지 않았다. 워털루 전투를 승리로 이끈 웰링턴 공작은 오랜 세월 동안 영국의 영웅으로 추앙 받았다. 그는 총리로서 왕도 보좌했으며 수십 년 동안 확고한 영향력을 발휘했다. 1852년 그의 죽음으로 국민과 장병들의 리더십에 공백이 생겼다. "철의 공작*님이었다면 어떻게 하셨을까?"라는 말은 수많은 국내외 사안에 대한 논의의 출발점이 되었다. 그의 명성과 행동, 그가 했던 말이 널리 인용되고 회자되었다. 영국군 역사상 그와 같은 지휘관이 없었고, 그에 견줄만한 인물이 없었다. 새로운 세대의 장관이 재임함에 따라 공작이 말년에 했던 말들 대부분이 현실과는 부합하지 않음에도, 여전히 그의 명성에 도전할 만한 인물은 나오지 않았다. 그는 영국의 도덕적 기반이 되기도 한 군대식 용맹과 도전, 웅장한 쇼맨십에다 엄격한 규율, 에너지, 거침없는 저돌성을 두루 갖춘 인

*철의 공작(Iron Duke): 웰링턴 공작의 별명

물이었다. 이제 그는 분명이 영국인의 곁을 떠났고 오직 그리워할 수밖에 없다. 국민이 신뢰할 수 있는 강인한 성품의 지도자를 찾게 되듯이, 병사들도 그와 같은 인물을 다른 장성에게서 찾고자 했다.

딜레인이 업무에 복귀한 다음 날인 10월 3일 화요일, 세바스토폴 함락에 대한 의구심이 생겨났다. 이를 뒷받침해 줄 소식이 도착하지 않았기 때문이다. 그러나 수요일 아침 모든 혼란이 사라졌다. 1만 8천 명의 러시아 병사가 사망하고 러시아 전체 함대와 주요 요새의 함락 끝에 멘시코프 왕자가 항복했다는 전보가 비엔나로부터 도착했기 때문이다. 연합군의 깃발이 성 블라디미르 교회의 꼭대기에 나부꼈다.

파리에 도착한 별도의 전신에도 이와 같은 소식이 담겨 있었다. 신문은 연합군이 바라는 이번 전쟁의 정치적 목표가 곧 달성될 수 있을 것이라고 발표했다. 세바스토폴의 탈환으로 러시아 해군이 더 이상 흑해를 지배할 수 없음은 분명했다. 수개월의 준비 끝에 전쟁은 이제 며칠 이내에 승리로 마무리 될 것 같았다.

놀라운 음악적 기교와 인쇄 기술을 활용한 광고가 같은 날인 10월 4일 수요일에 개인 소식란에 실렸다.

> '세바스토폴 함락': 항구 어귀에 들어선 연합군 함대와 요새의 광경으로 화려하고 웅장하게 꾸며진 곳에서의 신 개선행진곡. 가격: 피아노 독주, 2실링 6펜스; 크라머 빌(Cramer, Beale) 상회, 리젠트가 201번지.

세바스토폴에서 러시아 군대를 격퇴하고 대승을 거두었다는 뉴스를 듣자마자, 타임스 발행인 존 월터는 딜레인에게 편지를 썼다. "포로들에게는 어떤 조건도 아닌 무조건적 항복과 적절한 처우가 제공되기를 희망합니다. 그러나 그 도시의 돌 하나도 돌 위에 남기지 아니하리니.*" 영국은 역사상 최고의 승전 소식을 맞을 준비를 하고 있었다.

딜레인은 크림반도에 충분히 머물지 않아 전투를 며칠밖에 지켜보지 못했다는 사실을 아쉬워했다. 이제 집으로 돌아온 상태이니 자신이 떠난 후 어떤 일이 일어났는지 러셀로부터 소식이 오기만을 기다려야 했다. 그가 떠나있는 동안 아내는 런던 남부에 있는 서리(Surrey)에 위치한 새로운 정신병원으로 옮긴 상태였다. 그는 흑해에서의 모험을 함께 했던 동지들을 떠나 현실의 책임을 다시 떠맡았다.

아내는 방에 혼자 있었다. 그곳에는 의자와 침대 외의 모든 가구가 치워져 있었다. 한쪽 구석의 작은 가방에는 딜레인에게서 받은 편지가 들어있었다. 큰 여닫이창 아래로 9월의 시작과 함께 초가을의 햇빛을 받아 온통 노란색과 갈색으로 물든 잎들로 가득한 서리 지역의 숲이 내려다보였다. 아내가 차분한 상태라 방 전체에 얼마간 정적이 흘렀다. 아내와의 대화가 어려웠던 탓에 그 자신도 침묵이 필요했다. 덕분에 아내 옆에 있는 것이 수월했다. 그녀는 아무 말도 하지 않고 딜레인이 무슨 말을 하든 전혀 반응하지 않았다. 그녀가 무슨 말을 하는지 알 수 없었다. 딜레인에게만 그랬는지 모르지만, 아내는 가장 명백한 일에도 혼란을 주었다. 그녀가 하늘이 어두웠으면 할 때, 병원 관리인들(아내는 '그 사람들'이라고 함)이 하늘을 파랗게 해놓는다고 비난했다.

"콘스탄티노플에 갔어요." 딜레인이 아내에게 말했다. "그 사람들에게 차를 마시자고 해야 해요." 아내의 대답이었다. "우린 사람들과 더 어울려야 해요."

---

*돌 하나도 돌 위에 남기지 아니하리니: 성경(누가복음) 구절의 인용. 돌 하나도 돌 위에 남기지 아니하리니 이는 권고 받는 날을 네가 알지 못함을 인함이니라.

그녀의 이런 모습에 딜레인은 죄책감으로 괴로워했다. 자신은 크리스마스 선물 주머니보다 더 풍족한 삶을 살고 있지만 아내는 온전치 못한 정신으로 의미 없는 말을 횡설수설하면서 무기력하고 텅 빈 삶을 살고 있기 때문이다. 그녀의 마음에 닿을 방법이 도저히 없기에 그는 좌절했다. 자신이 방문해도 아내가 전혀 차도를 보이지 않았지만, 딜레인 입장에서는 큰 안도가 되었다. 어린아이를 돌보다 보면 자신의 바쁜 일정과 계획을 내려놓게 되듯이 의미 없는 대화이지만, 아내와 보내는 시간은 신문사 일에 얽매인 긴장감을 늦추고 자신을 차분하게 해 주는 효과가 있었기 때문이다.

딜레인은 병원을 떠나 런던으로 돌아가기 전에 한참 동안 숲 속에서 혼자 앉아 있곤 했다. 아내를 만날 때마다 그는 마치 둘 사이에 아무런 장벽이 없는 상태에서 아내와 대화를 나누듯 편지를 썼다. 언제나처럼 그녀의 변치 않는 아름다움을 얘기하고 신문사에서 일어나는 일을 얘기했다. 이러한 소식이 담긴 그 작은 가방 안에 들어간 편지는 거의 펼쳐지지도 않은 채 가지런히 쌓여 있었다. 편지를 읽었는지조차 알 수 없다.

10월 첫 주는, 전쟁보도와 영국 전역의 모습을 담은 타임스 기사로 인해 혼란과 놀라움으로 가득할 수 있었다. 이러한 글은 10월 5일 목요일자 신문에서 발췌한 것이다.

신문은 세바스토폴 함락을 알리는 전보를 재보도했다. 영국·프랑스 연합군이 세바스토폴을 함락시켰고, 해군이 현재 상트페테르부르크 주변 항구를 공격하기 위해 발트해에 머물고 있다는 내용이었다. 러시아 해군의 두 번째로 큰 기지를 공격하기 위함이었다. 그러나 세바스토폴 함락을 확인해줄 만한 확실한 정보를 여전히 받지 못했음을 지적했다. 이와 동시에 영국 병사가 현재 위험에 처해있다는 뜻이 아님을 강조했으며 가능한 빠른 시일 안에 확실한 정보와 구체적인 내용을 보도할 수 있기를 희망했다.

딜레인은 들어오는 소식에 확신을 갖지 못하자 신뢰할 만한 사람으로부터 직접 소식을 듣고자 했다. 그가 쓴 기사다.

> 크림반도에서 들려온 자랑스러운 승전보로 인해 발생한 모든 의구심을 없애고자 애쓰고 있는 영국 정부로부터 우리는 아직도 공식 허가와 확인을 받지 못하고 있다. 만에 하나라도 이토록 중요한 정보의 전달이 지체될 이유가 있다면, 이에 대한 해명은 누군가가 나서서 해야 할 것이다.

신문은 포츠머스 항에서 일어난 사건도 보도했다. 해당 사건의 증거를 바탕으로 한, 통신원의 기록이다.

> 젊은 여성 중 한 명이 아팠던 것으로 기억한다. 그녀는 술에 만취되어 있었다. 여성이 만취되기 전에 나이트(Knight) 중위가 그 방에 들어갔는지 여부는 알지 못한다. 내가 있는 동안 3/4 정도가 들어찬 포트와인 한 병이 그 방으로 제공되었다. 쿼트*짜리 병이었다. 한 잔이 건네어졌다. 테이블에 와인 잔이 있었다. 와인 옆에는 브랜디 병이 있었는데, 와인 잔으로 한 잔 정도가 비어있었다. 이 병은 45분 정도 후에 나이트 중위가 들고 들어간 것이다. 흰옷을 입은 여성이 나와서 노래를 부르더니 셰익스피어를 읊조리기 시작했다. 12시가 약간 지난 시간이었던 것 같다. 여자를 다시 만난 건 갑판에서였다. 대혼란이 펼쳐지는 가운데 사슬 같은 것이 부딪히는 소리가 들렸다. 잘 모르겠다.

신문은 그 날의 일에 대한 또 다른 기록을 남겼다.

> 어제 있었던 매클즈필드(Macclesfield) 시민공원 개장식을 기념해 축제가 열리고 참가자들도 매우 만족해 보이는 등 흥미로운 행사가 펼쳐졌다. 매년 일

---

*쿼트(Quart): 부피 단위로 약 1.14리터이다.

요일에 시작하여 보통 3일 연속으로 진행되는 연례 행사 기간에 맞춰 이번 축제 날짜가 정해진 것이다. 거대 산업도시에 살면서 공공 산책로나 휴양지를 갖고자 하는 열망은 요즘 시대정신과도 일맥상통하기 때문에 상당한 대중적 공감을 얻을 수 있었다. 이러한 공감은 노동자 계층에서 더욱 확연히 드러났으며 이들이 매클즈필드에서 인내심을 가지고 꾸준히 오랫동안 정성을 기울인 끝에 탄생한 시민공원인 만큼 그 성공의 최대 공로도 이들 노동자에게 있다고 해야 한다. 매클즈필드 사람들은 부유층과 고위층으로부터 어떤 지원도 얻지 못했기 때문에 극복하기 어려운 문제들에 많이 봉착했다.

런던에서 온 기사다.

소호와 골든 스퀘어(Golden Square) 지역에 끔찍한 수준의 콜레라가 발생했다. 금요일 아침 10명의 환자가 미들섹스(Middlesex) 병원에 입원하였으며 같은 날 밤 22명이 추가로 들어왔다. 다음 날 환자 53명이 더 늘었고 3일째에는 91명의 환자가 입원했다. 모두 콜레라로 확진되었다. 그 중 48명이 사망했다. 그 다음 주 환자는 160명이 되었고, 이 중 92명이 사망했다.

10월 6일 금요일, 딜레인이 가졌던 의심은 분명해졌고, 소문은 사실로 확인되었다. 콘스탄티노플 주재 영국대사관이 어처구니 없는 실수를 저질렀고, 고도로 무능한 외무부로 인해 상황은 더욱 악화되었다. 딜레인의 기사가 독설을 내뿜었다.

어제 콘스탄티노플에서 전해진 공식 발표자료는 지난 5일간 열렬한 환호를 받고, 온 세상이 믿어왔던 이야기와는 전혀 딴판이었다.

세바스토폴은 함락되지 않았고 영화 같은 멋진 기습작전도 없었다. 다만 9월 28일 저녁에 일어난 상황은 모두 연합군에게 유리했으며 이들의 작전에도 점진적으로 진전이 있었을 뿐이다.

[본 정보가 새어 나온 이전의 문서를 보면 외무부 직원이 콘스탄티노플에서 전보를 보내기 6시간 전에 부쿠레슈티(Bucharest)에 전보가 도달하도록 했다는 사실을 알 수 있다. 부쿠레슈티는 항구가 아니기 때문에 전보가 그곳에서 콘스탄티노플로 발송되었을 리 없고 두 지역 사이로 이동하는 시간이 6시간이 될 수도 없다는 사실을 충분히 알고 있어야 할 외무부에서 그런 보기 드문 삐뚤어진 실수를 한 것이다.]

야간에 신문발행 작업을 하던 프린팅 하우스 스퀘어로 문서 하나가 도착했다. 딜레인은 설명의 여지도 없이 작업 중이던 신문의 칼럼란에 이 내용을 바로 입력했다.

새벽 2시에 중요한 전보가 잇달아 도착했다.
마르세유: 알마강 전투의 영국 군 사망자는 2천 명에 달함. 프랑스 군 피해는 그리 크지 않음. 세바스토폴 함락은 여전히 미확인.

외무부의 멍청함을 꼬집은 딜레인의 논평은 귀족들의 사교 모임에서 논쟁을 일으켰다. 3일 후 외무장관 클라렌든 경은 존 월터를 소환하여 이러한 엄중한 상황에서 타임스가 쓴 기사의 표현에 대해 불쾌감을 표시했다. 장관과의 만남 후 존 월터가 딜레인에게 쓴 편지다. "장관이 비난하려 들 때, 나는 문제가 된 타임스 기사에 관해서만 문제 삼고자 했으며, 그 실수가 신문에 써진 대로 '삐뚤어진(perverse)' 것이었는지, 아니면 '지나친(extreme)' 것이 더 적절한 표현이었는지 묻고자 한다고 말씀 드렸지." 그러나 존 월터는 사안이 다루어지는 때가 늦은 시간임을 고려하여 이를 전적으로 편집자의 판단에 맡긴다고 딜레인에게 전했다.

존 월터는 특히 관찰자적이고 조용한 문체의 글을 쓰는 편인데, 이는 굉장히 강렬하고 단호한 성향의 언론인들과 어울리다 보니 생겨난 습성일 것이다. 그럼에도 불구하고 딜레인이 러셀을 대하는 것처럼 월터도 딜레인에게 무조건적 지지를 보냈다. 이는 딜레인이 어려운 주제를 다루어야 할 때 분명 큰 격려와 힘이 되었을 것이다. 딜레인과 친구들이 모이면 일상적인 격식의 벽이 허물어질 무렵, 학창시절의 장난처럼 정치인과 심지어 장성들까지 놀려대는 장난을 쳤다. 이들이 쓰곤 했던 글 속에는 정교한 풍자적 요소가 있었다.

이번 타임스 기사는 알마강 전투에 관한 첫 보고였고, 2천 명이라는 사망자 수는 경악을 금지 못할 수준이었다. 사람들은 당연히 자세한 소식을 다급히 요구했다. 어느 부대가 전투에 참여했는지, 어느 가문 사람이 참전했는지, 부상자 수는 얼마인지 등. 주말 동안 온 나라는 경악과 불확실성에 빠져있었다. 우리가 전쟁에서 승리한 건가? 아니면 영국 군이 갑작스런 패배의 위기에 몰린 건가? 갑자기 모든 것이 멀리 달아나버린 것 같았다.

전투에 관한 자세한 소식을 기다리는 것은 새로운 유행이 되었다. 1815년 워털루 전투 때, 전쟁에 관한 소식은 전투가 진행되는 동안 매일 저녁 런던에 전해졌다. 불과 하루거리면 도달할 수 있었기 때문이다. 인도에서 전투가 있있을 때는 몇 달 동안 누구도 전쟁 소식을 기대하지 않았다. 1842년 1월의 아프가니스탄 전투 사망자 소식은 그 해 4월 타임스에 실렸다. 누구도 전쟁 소식을 빨리 듣고자 하지 않았다. 그러나 러시아와의 전쟁에 있어서는 전쟁을 자기 눈으로 보고 돌아왔기 때문에 어떤 일이 일어나고 있는지 딜레인 자신이 듣고 싶었던 것이다. 계속 전투지에 있을 수 있었는데, 그러지 못한 것이 안타까울 뿐이었다. 영국 국민 역시 동일한 바람이 있음을 깨달았다. 엄청난 관심과 불안을 불러일으켰다. 하루라도 전쟁 기사가 없는 상태로 신문을 발행하는 일은 생각조차 할 수 없었다. 이러한 이유 때문에 몇 달 동안 신문에 매일 전쟁 소식 하나씩은 실었다. 출처가 어디든 유럽의 어떤 경로로 얻은 정보이든 상관하지 않았다.

전쟁 소식을 전해주는 유일한 정보원은 타임스 뿐이었다. 방송이 없던 당시에는 다른 신문사에서조차 자체 견해를 담기만 할 뿐 대부분의 정보는 타임스가 매일 아침 전달하는 기사에서 얻었다.

상황이 이렇게 진행된 시점에서, 1854년 10월 7일과 8일 주말 동안 알마강 전투의 승패 여부를 말한다는 것은 오해의 소지가 있을 것이다. 전투가 일어났고 많은 영국 병사가 사망했다는 사실은 분명하지만, 전쟁의 결과가 무엇인지에만 모두가 신경을 쓸 뿐이었다.

그 주 일요일, 딜레인은 전쟁장관 뉴캐슬 공과의 면담을 요청했으며, 그 내용은 조지 다선트에게 보낸 편지에서도 확인할 수 있다. 딜레인은 자신이 예프파토리아 항에서 병사들의 하선을 직접 지켜보았으며 부대와 함께 이동 중인 사람들과의 서신을 통해 군의 진격 사항을 파악하고 있다고 장관에게 말했다. 자신이 판단하기에 세 가지 이유 때문에 세바스토폴이 군의 예상만큼 빨리 포위되지 못할 수 있는 위험성이 있다고 했다. 첫째, 러시아가 지난 달 수만 명의 군사를 세바스토폴로 보내 육상 및 해상 포위에 대비해 러시아 군의 보급로를 만들었다는 보고가 많이 있었다. 둘째, 예상했던 것보다 훨씬 많은 수의 병사가 질병으로 사망한 것이다. 셋째, 현지 정보에 밝고 군대에도 자문을 해주고 있는 또 다른 여행가인 로렌스 올리펀트(Lawrence Oliphant)와 레야드가 10월부터 닥쳐올 이 지역의 혹독한 추위를 경고했기 때문이다. 이러한 이유 때문에 딜레인은 장관에게 장기전에 대비할 필요성을 언급했고 특히 병사들이 곧 닥칠 혹한에 노출될 것이라고 언급했다. 또한 부대에 전달될 의료물품과 의료진이 부족하다는 보고가 여럿 있는 등 의료장비 공급에도 혼란이 있는데, 이는 병참부가 원활히 운영되고 있다는 보고와는 전혀 딴판이라는 사실도 지적했다. 부대에 수레와 같은 이동 수단이 부족하고 목재로 된 숙소나 쓸만한 천막 등도 부족하다고 전했다. 뿐만 아니라 추가 병사가 필요하며 군사를 준비하여 파견하는데 소요되는 시간을 고려하면 가능한 빨리 보강 병사를 보내야 한다고 강조했다.

병사들이 처한 상황에 대한 딜레인의 우려는 사실이었고, 중대한 것이었다. 뉴캐슬 공과의 만남에서 딜레인은 러셀의 편지 중 신문에 싣기에는 부적절하지만 도움이 될만한 정보로 보일 경우 편지를 발췌해서 각료들에게 계속 보내겠다고 약속했다. 그는 정부를 돕고 싶었다. 전쟁의 현장에서 군의 능력이 부족함을 확인하였고 이것을 폭로할 필요가 있다고 믿었기에 군대에는 도움을 주고 싶은 생각이 없었다. 딜레인은 이들이 군대 기강이라는 장막 뒤에 숨어 국민이 알아야 할 위험을 숨기고 있다고 느꼈다. 이러한 자신의 우려를 이번에는 개인적으로만 표명하고 신문에는 싣지 않겠다고 뉴캐슬 공에게 전했다.

공작은 딜레인에게 확실히 준비된 답을 주었다. 그의 정보는 신문보다 몇 시간 앞섰다. 영국 정부는 토요일 저녁에 상세한 정보가 담긴 전보를 받았다. 알마강 전투는 영국·프랑스 연합군에게 압도적인 승리였다. 그는 콘스탄티노플 대사관으로부터 타임스가 기사를 내도 좋다는 전보를 받았고, 일요일 오전 만남에서 딜레인에게 그 내용을 전했다. 승리는 모든 우려를 불식시킬만한 수준이었다. 정부전략과 군대의 전투수행이 전쟁을 승리로 이끌었다. 이것은 워털루 전투와 비교될 만한 영광스러운 성취였다.

이러한 공작의 확신에 찬 대답에 딜레인은 자신감이 없어졌다. 그는 월요일자 신문 작업을 위해 프린팅 하우스 스퀘어로 돌아갔다. 자신이 우려했던 사항은 보류하고 승전보를 독자에게 전해야 하기 때문이다. 딜레인은 저널리스트로서의 경계를 잠시 넘어 국민을 대변하는 정치인 같은 일을 해 왔고 이는 정의와 명예 때문이었다. 하지만 자신의 노력이 물거품이 된 이상, 이제 본연의 임무로 돌아갈 수밖에 없었다. 공작의 어리석은 대처로 면담은 터무니없는 방향으로 끝나고 말았다.

10월 9일 월요일자 주요 기사에서 보도된 내용이다.

> 어제 런던에 도착한 래글런 경과 세인트 아노드(St Arnaud) 프랑스 육군원수의 전보는 9월 20일 발생한 역사적으로 길이 남을 전투를 우아하고 명료한

문체로 전하고 있다. 그 날은 최초로 동부 전선에 있던 영국 병사들이 확고부동한 결의와 정예부대의 열정으로 적진에 뛰어들었을 뿐만 아니라 프랑스 연합군과 함께 격전의 전투를 벌여 명예로운 승리의 기쁨을 같이 한 날이기도 하다.

이 전투 소식을 알리는 전보가 파리에 도착하던 날, 세인트 아노드의 죽음에 대한 비보가 동시에 전해짐으로써 전보 내용에 비애감이 더해졌다.

알마강 전투의 승리로 인해 연합군이 크림반도에서 앞으로 벌일 전투는 세바스토폴에서 아주 크게 치를 하나의 전투로 작전이 변경되었다. 러시아 군의 철제 무기와 화력만이 우리 군을 무력화했던 유일한 이유였을까? 불행히도 래글런 경의 문서에 따르면 콜레라와 열병이 전투 현장에 있는 우리의 용감한 병사를 덮치는 바람에 전장의 곤경과 위험을 1천 배나 배가시켰다.

유럽 전역에서 다양한 경로를 통해 여러 전보가 런던에 도착했는데, 러시아에서 가져온 소식도 있다.

상트페테르부르크 발신, 베를린 경유: 멘시코프 왕자의 부대가 북쪽 요새 근처까지 진격해왔다. 프랑스 군은 전투 한번 없이 북부를 떠났고 발라클라바에 상륙한 영국 군과 합류하였다. 9월 30일까지 새로 시작된 전투는 하나도 없었다.

다소 신뢰성이 떨어지는 비공식 전보가 오데사(Odessa)에서 베를린으로 도착했다. 10월 4일까지 세바스토폴에서 어떤 결정적인 사건도 발생하지 않았다고 한다.

파리 발신: 세인트 아노드 육군원수의 사망 소식이 도착했다. 시나이(Sinai)호가 10월 1일까지의 소식을 가지고 마르세유에 도착했다. 알마강 전투 이후 러시아 군은 지나는 곳마다 마을을 모두 불살랐다. 이들은 6천 명의 자국 병사를 내버려두고 떠났다. 부상병 치료에 필요한 린넨과 린트 직물이 태부족하다.

> 다음은 10월 7일에 도착한 콘스탄티노플 대사의 문서를 번역한 것이다. 콘스탄티노플 발신, 9월 30일: 밤 10시: 세인트 아노드 육군원수 사망. 그의 유해가 이곳 베르톨레(Berthollet)에 막 도착했으며 프랑스로 운구될 것임. 연합군은 포위를 시작하는 시점에 있음. 캉로베르(Canrobert) 장군이 프랑스 군 지휘를 인계 받음.
>
> 서명: 스트래트퍼드 드 레드클리프. 10월 6일 저녁 7시 베오그라드에서 발신. 잠수함과 유럽 전신 경유.

> 비엔나 발신, 10월 6일 금요일 오진: 9월 28일, 콘스탄티노플 통신원에 따르면 연합군은 어떤 대치도 없이 카차(Katcha) 강을 통과함. 세바스토폴을 남쪽에서 공격할 예정임. 러시아 군은 함선 5대와 구축함 2대를 침몰시켜 세바스토폴의 항구 진입을 막음. 9월 20일 알마강 전투 사망자는 영국 군 352명이며, 이 중 32명은 장교임. 부상자 수는 1,412명이고 이 중 73명이 장교임.

러시아 군은 세바스토폴을 나와 영국·프랑스 연합군과 대치했다. 프랑스 군은 해안 가까이에 머물고 영국 군은 육지에 있으면서 프랑스 군과 보조를 맞추고 있다.

알마강 전투에서 방어에 실패하자 러시아 군은 도시를 방어하기 위해 돌아갔다. 영국·프랑스 연합군 함대는 연안을 따라 진격하였고, 러시아 군은 세바스토폴 항 입구에서 함대를 침몰시켜 진격을 막았다. 프랑스와 영국 군 모두 세바스토폴 주변을 맴돌다 남쪽으로 물러났다. 프랑스 군은 카미슈에 기지를 마련하였고 영국 군은 발라클라의 폐쇄된 항구로 들어갔다.

딜레인이 우려하던 바가 현실이 되었다. 영국 군은 이제 무적의 군대에 대항하여 긴 겨울을 보내야했다. 영국 군의 원래 계획은 세바스토폴 북쪽으로 곧장 진격하는 것이었지만, 프랑스 군으로 인해 변경되었다. 연합군은 북쪽으로부터의 공격을 피하기 위해 세바스토폴을 남쪽에서 공격해야 한다고 결정한 장본인이 바로 그들이었으며, 이제 러시아 군을 앞뒤로 두고 끼인 형국이 되었다. 프랑스 군은 장기전에 대비한 상태라 준비태세가 좋아 보였다. 반면 영국 군은 추위에 대비할 장비도 없었다. 정부는 승리를 바랐겠지만, 알마강 전투는 분명 시작에 불과했다.

신문의 강조점을 볼 때 편집장의 두려움이 무엇인지 분명했다. 토머스 체너리는 알마강 침략 및 전투에서 발생한 부상병이 처음으로 스쿠타리에 도착했던 내용을 초기에 기사로 적었다. 그는 러셀이 전한 전투 기사에도 언급되었던 캥거루호 이야기의 마무리 부분을 기사의 첫머리로 인용했다.

> 캥거루호에서 일어난 끔찍한 광경이 전해진다면 온 국민이 경악할 것이다. 1,500명에 달하는 환자와 부상병을 칼라미타 만에 정박한 캥거루호에 태웠다. 죽어가는 병사와 시신으로 가득한 갑판을 바라보며 절망에 빠진 선장은 항해가 완전히 불가능함을 알고 정박한 상태 그대로 두었다. 범선 던바(Dunbar)호가 마침내 지원 차 도착했고, 그 때까지 처참한 상태로 살아남은 병사의 절반 정도를 싣고 떠났다. 캥거루호가 던바호를 예인하는 형태로 항해한 끝에 두 함선이 22일 오전에 스쿠타리에 도착했다. 캥거루호에 있던 600명과 던바호의 500명을 즉각 병원으로 이송했다. 다음 날 300명이 추가로 병원에 도착했고, 병원에 수용된 병사의 수는 총 2,200명에 달했다. 캥거루호에 그대로 두었다면 몇 명이 더 사망했을지 실제 사망자 수는 얼마나 되는지 알 길이 없다. 그러나 현장에서 본 바로 항해 도중 두 척의 배에서 사망한 병사의 수가 엄청나게 많았다는 점은 의심할 여지가 없다. 그런데 이런 끔찍한 상황에서도 한 가지 위안이 되었던 사실은 보스포러스의 공기 덕분에 병사의 건강이 놀랍게 회복되었다는 것이다.
>
> 크림전쟁이 벌어지는 동안 한가지 실험이 진행되었는데 완벽한 실패로 끝나고 말았다. 전쟁이 시작될 무렵, 첼시왕립병원(Royal Hospital Chelsea)*에 입원 중인 퇴역군인을 야전 의무대로 파병하여 환자를 간호하도록 하자는

*첼시왕립병원(Royal Hospital Chelsea): 영국의 퇴역군인이 지내는 요양소로, 이곳에 지내는 노인을 첼시병원 입원자(Chelsea Pensioner)라고 했다.

계획이 있었다. 몸이 불편한 노인을 활용하여 예산을 절감하려는 계획이었는지 혹은 노인의 수명을 단축시켜 그들이 받을 연금을 축소하려는 목적이었는지 알 수는 없지만, 그들 스스로가 간호를 필요로 하는 환자인지라 누군가를 간호할 수는 없었다. 군 병원의 고된 일을 힘없고 나이든 상이군인이 할 수 있으리라는 생각을 해 낸 사람이라면 병원이 어떤 곳인지 최소한의 상식도 없었음에 틀림 없을 터이고, 이 일로 돈도 벌지 못했을 것이다. 그나마 살아남은 노인들도 전혀 도움이 되지 않았다.

이것이 바로 나날이 위험성이 커져만 샀넌 선투의 현실이었다.

3장

부인(否認)

장기간에 걸친 전쟁 보도 중 10월의 첫 주에는 영국 군의 부실한 전쟁준비에 대한 윌리엄 러셀의 기사가 타임스 독자들의 이목을 집중시키고 있었다. 전쟁이 벌어지는 동안 사전준비가 부족했음이 낱낱이 드러났다. 살아남아 건강하고 튼튼한 육체를 보전하는 것이 그들의 정확한 존재 이유임에도 불구하고 위험한 전투와 죽음의 병에 끊임없이 노출된 5만여 명의 병사를 위한 기본적인 의료지원은커녕 일상적인 물품조차 제대로 제공하지 않았던 것으로 드러났다. 체스판에서 기교나 부리려고 그 먼 곳까지 파견된 사람들이 아니라, 치열한 전투에서 싸우러 간 것이다. 이와 유사하게 기병에게 말을 제공하지 않거나, 그나마 바르나에서 보낸 말을 실어 나르던 선박이 항해 도중 파손되기까지 했다. 영국 군 장교가 사육하고 훈련시킨 최상급 말이었다. 그런 명백한 어리석음은 졸병들의 부실한 처우보다 더 심한 노여움을 샀다.

> 시티 오브 런던(City of London)호가 바르나에서 장교들이 탈 말을 태우고 오늘 도착했다. 아주 나쁜 소식도 가져왔다. 에니스킬런 기병대(Enniskillen Dragoons) 소속 78필과 로열즈(Royals) 소속의 100여 필의 말을 며칠 전에 워크라우드(War Cloud)호와 윌슨 케네디(Wilson Kennedy)호에 실었는데, 이동

> 중 강풍을 만나 거의 이틀간 시달렸다고 한다. 높은 파도를 뚫고 무리해서 항해를 하느라 배에 과도한 압력이 가해진 것이다. 이 때문에 배 곳곳과 말을 실어놓은 화물칸까지 부서지고 말들이 갑판에 흐트러졌다. 이러한 끔찍한 상황에 처한 배의 선장은 자신의 책임하에 맡겨진 귀중한 군마를 구할 방도를 전혀 생각해내지 못했다. 총 178필의 말 중에서 170필의 말을 잃었다.

러셀 특파원은 이번 전쟁에서 영국 군대와 다른 나라의 군대가 보인 정신 상태와 분위기를 비교 한 기사도 보내왔다.

> 세바스토폴인들은 흥이 많은 사람이라고 한다. 군의 요새와 선상에서까지 파티와 무도회가 매일 밤 열릴 정도다.
>
> 우리 부대의 침울하리만큼의 고요함은 매일같이 시끌벅적한 프랑스 부대와 확연히 달랐다. 음악은커녕 북이나 소집나팔 소리도 우리 막사에서는 들을 수 없었던 반면 이웃 부대는 둥둥거리는 소리와 팡파르가 끊임없이 들리고 저녁마다 군악대의 근사한 공연소리를 들으며 하루를 마무리한다. 군악대는 주둔 도시의 주민들이나 막사에 있는 장교들의 연회를 위해서만 존재하는 것이 아니다. 전장에서의 멀고 험한 행군이 이어지거나 포위작전이 펼쳐지기 전 지루함을 달래야 하는 병사들에게도 필요한 것이다. 이웃 부대는 밤마다 멋진 음악이 이어지며 활기를 띠고 있다.

딜레인은 영국 군이 직면하고 있는 어려움에 대해 런던에 있는 고위 관리들이 문제해결을 위해 진지한 관심을 가지고 있지 않자 걱정이 되기 시작했다. 의회는 휴회 중인데다 고위 각료들은 지방에 있는 본가에 내려가 연락이 닿지 않는 상황이었다. 딜레인은 독자들도 영국 군의 처우에 대해 점차 우려의 목소리를 내고 있을 뿐만 아니라 속전속결로 대승을 거두었다는 추정에 이어 실제 무슨 일이 있어났는지에 관한 자세한 정보와 정확한 내용을 알아야 된다고 느꼈다. 10월 12일 딜레인은 토마스 체너리를 포함해 전장에 나가있는 특파원이 보낸 장문의 기사를 신문에 여럿 실었다. 스쿠타리에 배치 받은 후 알마강 전투로 부상 당하거나 콜레라나 이질을 앓고 있는 병사들이 겪고 있는 온갖 곤경에 대한 내용을 다룬 기사였다.

> 병사들은 편지를 전혀 받지 못한다. 어떤 장교는 편지가 발송된 것이 분명함에도 불구하고 5주 동안이나 가족에게서 소식을 들지 못했던 경우도 있다. 전쟁이라는 특수 상황에서는 가족에 대한 불안과 걱정이 어느 때보다 더 커지기 때문에 이러한 문제는 더욱 비난 받아야 한다. 가족으로부터의 소식을 애타게 기다리다 못해 지친 병사는 식사 한끼보다 가족의 편지가 더 아쉽기 때문에 절망할 수밖에 없다.

지독한 향수병이리라.

> 과연 알마강 전투가 세상을 놀라게 할 만한 사건이라고 할 수 있는가? 크림반도 원정이 지난 4개월 여 간의 주요 화두가 되지 않았는가? 또한 터키가 대형 막사를 병원과 창고로 활용할 수 있도록 내놓은 것은, 너무나 위험한 전투에 뛰어드는 만큼 영국 병력의 손실이 클 수밖에 없다는 계산이 있었기 때문이지 않을까? 뿐만 아니라 부대가 전장에서 6개월을 주둔하는 상황에도 아주 간단한 수술조차 할 만한 시설도 갖추지 못했다. 고통을 완화시켜주거나 병을 치료할 만한 만반의 준비가 되어 있다고 했으나, 실은 구빈원(救貧院)*에서나 볼 수 있는 저급한 의료장비조차도 갖추지 못하고 있었다. 심지어 상처를 감싸는 붕대로 쓸 낡은 천조차 챙기지 않은 영국의 의료진 때문에 병사들이 죽음을 맞이하는 경우도 있었다. 의회가 회기 중이라면 많은 이들의 우려를 자아낼 만큼 심각한 이 사실들에 주목하겠지만, 이 문제는 정부가 나서서 직무소홀이 크게 의심되는 자들에 대한 조사를 실시하는 것으로 풀어야 할 것이다.

---

*구빈원(Workhouse): 형편이 어려운 사람들에게 주거지와 일자리를 제공하는 시설이다.

체너리가 보낸 이번 기사는, 이러한 과실이 결코 작은 일이 아니며, 온갖 종류의 근무태만이 우연찮게 발생할 수 있는 혼란스러운 군 작전에 따른 결과라고 일축해서는 안됨을 분명히 강조하고 있다. 그는 책임 당사자의 명단공개를 요구했다. 이는 큰 반향을 일으킨 주장이었던 만큼 정부 관계자는 전시 상태의 기밀이라며 즉답을 회피했다.

딜레인은 병사들의 안녕이 최우선적으로 고려되어야 한다는 뜻을 전하는 사설을 요구하였다. 아울러 목적을 최대로 달성하기 위해서는 좀더 이해하기 쉬운 글로 시작해야 한다는 점도 강조했다.

> 우린 난롯가에 앉아 풍요로운 고독을 즐기며 한가로이 조간신문을 읽어 내려가다가 괴상하고 끔찍한 전쟁소식을 접한다. 애로스미스사(Arrowsmith's)의 고급 지도를 펼쳐 들고 연합군이 점령한 곳의 위치를 찾아가며 세바스토폴이 함락될 날만 손꼽아 기다리고 있다. 우리에게 전쟁이란 나와는 전혀 상관없는 사람들이 치르는 아주 흥미로운 구경거리에 불과하다. 이 불쌍한 군인들은 수많은 고난을 거쳐 러시아 진지 앞에 이르렀을 때 죽음의 고통과 함께 실패를 맛본다. 이 모든 고통은 장병 자신과는 무관한 분쟁으로 우리 국민의 고귀한 명예감을 드높이고 우리의 정당성을 옹호하기 위해 생겨난 것이다. 우리는 러시아에 대한 적대감과 터키에 대한 애정을 불태우며 이번 전쟁에 얽힌 모든 감정에 몰입하고 있다. 우리는 세계의 운명을 결정하고 있다. 우리는 현시대의 가장 강력한 힘을 가지고 한 나라의 운명을 서울질하고 있다. 그런데 우리는 이곳 셋째 하늘*에서 전장의 황홀감에 빠져 지내면서, 그 무거운 짐을 이 불쌍한 병사들에게 모조리 떠맡기는 것이 과연 정당한가? 병사와 선원은 우리가 상상하는 야만적인 악당이거나 횡포를 부리고 파괴를 일삼는 존재가 아니다. 굶주림과 갈증으로 죽음의 문턱을 넘기거나 바로 옆에서 죽어가는 전우를 지켜보기 전까지, 그들도 세상 어디에나 있는

*셋째 하늘(Third heaven): 유대인이 믿는 세 가지 하늘 중, 하나님의 거룩한 보좌가 있다고 하는 세 번째 하늘이다.

한 마리 양에 불과했다. 고국에서 전쟁에 대한 성난 열정을 불태우고 끊임 없는 분노의 고리를 만들어가는 자들이 바로 늑대들이다.

스쿠타리에 있는 터키 병원에서 4천 명의 환자가 몇 시간 혹은 심지어 며칠씩이나 기다리며 병동마다 바쁘게 뛰어다니는 의사를 만나려 절박한 호소를 하고 있다는 소식을 들었다. 이러한 부족현상은 너무도 흔했다. 스쿠타리에는 프랑스 군을 돌보는 여성 봉사자들이 있지만 영국 군을 위한 간호사는 단 한 명도 없다. 그런데 정말 믿기지 않지만 분명 진실인 것은, 상처를 감쌀 린넨이나 린트 직물이 전혀 없다는 것이다. 자국 군의 치료를 위한 붕대조차 마련하지 않았다는 사실만으로도 돌이킬 수 없는 치욕이지만 영국 정부는 그러지 못했다. 열병과 상처 치료 시 끔찍한 갈증을 호소하는 환자에게는 해열제가 필수이다. 부상병을 위한 간호사와 붕대를 내팽개친 정부가 해열제 같은 호사스런 치료제를 챙길 리가 없다.

이제 여기 런던의 선량한 시민들이여, 우리 고국의 전우와 고귀한 동맹국 병사들을 위해 그대들의 심장이 뛰고 있음을 입증해 보일 기회가 왔노라. 4~5천 파운드 정도면 병사의 안위에 필요한 물품을 보낼 수 있고 이는 수많은 병사들에게 크나큰 도움이 될 것이다. 세계 최고의 지성과 효율성을 자랑하는 정부라고 해서 모든 일을 다 해낼 수는 없으니 많은 부분을 개인의 선의로 해결해야 할 것이다.

영국 군의 상륙 소식이 영국에 도달한 이후 첫 10일 동안 딜레인이 한 일을 관찰하면 감탄밖에 나오지 않는다. 전쟁소식을 접할 수 있는 수많은 사람들 중에서 타임스 편집장 단 한 사람만이 현지에서 펼쳐지고 있는 내용을 진정으로 파악하고 있었다. 영국인들이 관심을 가질만한 사안은 정부가 자랑스럽게 내보이고자 했던 것들이 아니었다. 딜레인은 사건 자체에도 흥미가 있었지만 그 뒷배경이 무엇인지 가장 본질적인 방법으로 파헤치는데도 게을리 하지 않았다. 문제를 일으켰던 영국 사회, 특히 군 조직의 특성과 그들에게 동기부여가 되는 요소가 무엇인지 파악하고 이에 대한 해명과 함께 잘못된 부분을 고치고자 했다. 이러한 목표가 설정되자 딜레인에게는 정치적으로 공손한 행동과 외교상의 예의를 차리는 것이 더 이상 의미가 없어졌다.

그러한 결심은 열정이나 예술과도 흡사하다. 그런 순간은 흔치 않지만, 인간의 가장 경이롭고 고상한 능력 중의 하나이기도 하다. 이는 멍청함이라고도 할 수 있다.

군대의 복지를 책임지는 각료는 육군성 장관 시드니 허버트였다. 부실한 전쟁 준비와 물품공급에 관한 타임스의 기사는 허버트를 당혹시켰다. 군수품 보급에서 발생한 문제는 육군성의 조달과정에서 기인한 것이다. 육군성은 지난 40여 년 동안 전시 상태의 군대에 물품을 공급한 적도 없고, 현재 벌어지고 있는 규모의 전쟁에 대비하기는커녕 생각조차 해본 적이 없는 사람들로 채워져 있었다. 지금껏 근무하면서 돈 지출을 피하는 일에만 익숙해 있던 사람에게 갑자기 대규모의 지출을 승인하도록 요구하고 있는 것이다. 그들의 젊은 시절에는 전지전능한 웰링턴 공작의 지휘 덕택으로 상부에서의 지시는 의심할 여지가 없는 완벽함 그 자체였기 때문에, 그들에게 생각이라는 것을 할 필요가 없었다.

정치인들이 늘 그러하듯, 허버트는 신문에 보도된 기사는 내용이 과장되었고 정확성이 떨어질뿐더러 물품은 줄곧 운송되고 있기 때문에 실제 발생한 보급품 전달의 문제는 전체에서 극히 일부에 불과하다고 일축했다. 그가 콘스탄티노플 주재 대사에게서 전달 받은 정보를 설명했다. 스트레트퍼드 드 레드클리프 경은 바르나와 발라클라바, 스쿠타리와 같이 멀리 떨어진 세 지역에서 영국 군의 의료행위가 분산되어 펼쳐지기 때문에 의료부문에 총력을 기울인다는 것이 거리 문제로 인해 때론 어려움을 겪을 수 있음을 토로했다. 그에 따르면 그러한 문제가 있는 것은 사실이지만 아주 쉽게 해결할 수 있다고 했다. 육군성은 이러한 사실을 보도하는 타임스 때문에 격분했다.

딜레인은 허버트의 변명을 완전히 무시했다. 체너리가 진실을 보도하고 있으며, 그가 전하고 있는 사안이 심각해서 현재보다 더 많은 관심을 쏟지 않고서는 문제가 해결될 수가 없음을 깨달았다.

그런데 허버트의 지휘체계는 단순하지가 않았다. 법적으로뿐만 아니라 전통적으로 군대는 정부의 통제를 받거나 정부의 관할 아래에 놓이지 않는다. 군대는 여왕을 위해 존재하기 때문이다. 즉 여왕의 명을 받는 곳이다. 사실 영국 군의 운영예산은 정부와 의회에서 지급되기 때문에 군은 육군성의 명령에 따르고 활동에 관해 답변할 의무가 있는데 상황이 난해할수록 그러한 구분이 중요하게 된다. 영국 군 총사령관인 래글런 경이 명확히 인준한 경우에 한해서만 일반 장교나 병참창교, 군의관 등이 각료의 지시에 따를 수 있다. 그런데 래글런은 총리가 아닌 여왕이 임명한 인물이다. 허버트가 군대에 물품을 공급하는 병참부 운영을 개선하기 위해 강구했었을 해결책과 의료장비 조달업체에 관해서는 관련자가 보기에 애초부터 그가 관여할 일이 아니라고 여겼을 것이다. 그럼에도 불구하고 허버트는 군대의 활동에 대해 의회에 보고할 의무가 있다는 이유로 군에 관한 비난을 감수해야 했다.

딜레인은 최고 권력자에게 가서 복잡한 관료체계와 책임 소재 문제를 해결해 줄 것을 강요하는 편이 낫겠다고 생각했다. 알마에서 너무나 많은 영국 병사가 사망한 사례가 딜레인이 각료 전체를 공격하는 시발점이 되었다. 그도 직접 보았던 부실한 전쟁준비로 병사들이 크림반도의 습하고 차가운 가을을 맞을 무렵, 영국의 각료 자리를 차지한 귀족들은 사냥철을 맞아 각지에서 여유로운 사냥의 묘미에 빠져 있었다는 사실에 분노했다. 그런데 딜레인이 독설을 한층 더 강하게 내뿜었던 대상은 다름 아닌 귀족들의 수장인 여왕이었다. "분명 우리 여왕께서는 수많은 병사들의 죽음을 애도하는 런던의 분위기에 동참하셔야 한다고 봅니다. 이야말로 곳곳에서 터져 나오는 목소리니까요." 이와 함께 신문의 궁정 소식란에 여왕이 주최하는 무도회가 전날 저녁 스코틀랜드에 있는 발모럴 성(Balmoral Castle)에서 열렸다고 발표했다.

이 논설은 런던사무소에 남아있는 두 명을 제외한, 각료 전원의 현재 행방과 지방 거주지, 피서지 등에 관한 내용을 상세히 다루었다. 딜레인으로서는 아주 과감한 행동이었다.

영국의 국민들 특히 그의 독자들은 딜레인이 주장하는 바에 대한 지지를 언제든 보낼 준비가 되어 있었다. 스쿠타리 병원에서 체너리가 보내온 기사에 이어, 병을 앓고 있는 군장병에게 보낼 위문품 마련을 위해 성금을 모으자는 제안이 나가자마자 순식간에 뜨거운 반응을 일으켰다. 첫 답변은 전 영국수상의 아들에게서 왔다.

편집장 귀하에게

모든 내용을 검토해본 결과, 동부 전선에서 병들고 부상당한 우리 장병들이 부당한 대우를 받은 것으로 사료됩니다. 물론 군 당국에서는 최선을 다해 우리 장병들의 고통을 완화하고 필요한 물품을 공급하고자 노력했겠지만 아직도 부족한 부분이 많으리라 봅니다.

방금 읽었던 오늘지의 유시한 기사에서도 느꼈지만 귀사가 저의 제안을 지지해주시리라 믿어 의심치 않습니다. 이에 타임스 갈럼을 통해 모금활동을 즉각 실천할 것을 제안합니다. 1만 파운드 정도는 일주일이면 모일 것입니다.

200파운드 수표를 동봉하였습니다. 저 같은 사람이 40내지 50명 정도가 모이면 필요한 자금이 마련되겠지요. 5인으로 구성된 위원회를 지명하여 위문품 구매과정을 지휘하도록 하고, 진행이 지연되면 구매 물품의 가치가 현저히 저하되므로, 열흘 이내에 이들 물품을 콘스탄티노플이나 세바스토폴의 병원으로 배송할 수 있기를 바랍니다.

성공을 기원합니다. 로버트 필(Robert Peel) 올림.

이 편지로 인해 딜레인의 논설은 영국 신문역사상 최초로 대의명분을 위한 기금 마련에 나서는 사례가 되었다. 로버트 필 경과 유사한 감정적 호소를 하는 편지가 물밀 듯 도착했고, 대부분 5파운드 내지 10파운드 정도를 기탁했다. 현지의 처참한 상황을 묘사한 체너리의 글과 애원하는 듯한 딜레인의 논설에 온 국민이 감동을 받은 것이다.

심지어 여왕까지 딜레인의 호소에 반응하도록 자문을 받을 정도였으며 그의 논설이 나간 지 며칠 되지 않아 전투병 가족을 위한 왕실기금의 창립 행사를 위해 런던에 친히 참석한다고 왕실이 공식 통보했다. 스코틀랜드의 발모럴 성을 출발하여 런던으로 향하는 여왕의 행차에 관한 타임스의 자세한 기사는 당시 시간과 현장을 생생하게 그려내고 있다.

> 전보 발송: 여왕의 행차가 어제 오전 9시에 발모럴을 출발하여 발라터(Ballater)와 애보인(Aboyne)을 거쳐 밴코리(Banchory)까지 이동한 후, 디사이드(Deeside) 철도로 애버딘(Aberdeen)을 향했다. 그런 다음 애버딘에서 기차를 타고 스톤헤이븐(Stonehaven)으로 옮긴 여왕 일행은 그곳에서 점심 식사를 했다. 스톤헤이븐을 떠나 스코틀랜드 중남부 철도로 이동하여 에든버러(Edinburgh)의 홀리루드(Holyrood)에 저녁 7시경 도착했다. 너무나 화창한 날씨였다.
>
> 10월 12일 에든버러: 빅토리아 여왕과 앨버트 공(Prince Albert)을 비롯한 왕실 일가, 수행원, 총리인 애버딘 경과 버거시 (Burghersh) 경이 포함된 일행이 에든버러를 떠나 헐(Hull)시에 오늘 저녁 6시경에 도착할 예정이다. 이들 저명인사 일행은 스테이션 호텔(Station Hotel)에서 저녁을 보낸다. 헐 시민들은 여왕폐하를 진심으로 환영하기 위한 행사 준비에 여념이 없다. 그림즈비(Grimsby)에 새로 들어선 부두를 방문하겠다는 의사를 전한 여왕의 지시에 따라, 왕실전용선이 일행을 싣고 토요일 오전 11시에 험버(Humber) 강을 건너갈 것이다.
>
> 왕실 열차가 다시 그림즈비에서 오후 2시에 출발하여 거쳐갈 역과 도착

시간이다. 월섬(Waltham) 2:04, 홀턴 러 클레이(Holton le Clay) 2:07, 루드버로우(Ludborough) 2:12, 북소스비(North Thoresby) 2:19, 라우스(Louth) 2:20, 렉번(Legbourne) 2:23, 앤소프(Anthorpe) 2:29, 클레이소프(Claythorpe) 2:31, 앨포드(Alford) 2:35, 윌러비(Willoughby) 2:39, 버러(Burgh) 2:44, 퍼스비(Firsby) 2:46, 리틀 스티핑(Little Steeping) 2:49, 이스트 빌(East Ville) 2:53, 올드 리크(Old Leake) 2:56, 이스트 십시(East Sibsey) 2:58에 이어 보스턴(Boston)에 3:05 도착. 철도직원은 극도로 세심한 주의를 기울여 여왕 일행이 탄 열차가 정해진 일정에 맞게 안선하게 운영될 수 있도록 최선을 다해야 할 것이다. 근위대와 기관사 사이의 의사소통을 위해 그레이트 노던 철도회사(Great Northern Company)의 장비를 여왕의 행차에 활용할 것이다. 지역 전기전신 감독관인 에드워즈(Edwards)가 사고를 대비해 전보를 보낼 수 있는 시설을 갖춘 이 열차에 탑승한다. 51 연대 각 150명씩의 병력으로 구성된 두 개의 파견대가 왕실 의장병으로 참여한다.

이 발표문을 통해 영국의 시골 주민들이 지역에 새로이 건설된 기차역 플랫폼에 줄지어 서서, 의장병과 전신운영자까지 한꺼번에 대동하고 나타나는 여왕의 웅장한 증기기관차가 지날 때 손을 흔드는 모습이 그려질 것이다.

10월 13일 동 신문은 세바스토폴에서 빌라클라바로 향하는 남쪽행 행군에 관한 소식을 전했다.

잠수함과 유럽전신을 통한 해외 정보, 10월 13일 금요일.

비엔나, 10월 5일 목요일 오전, 콘스탄티노플, 타임스 통신원 전송: 중포 50개, 해군 650명, 해병 2,000명이 발라클라바 항에 상륙함. 영국 군은 남쪽에 치우쳐있는 세바스토폴에 근접해 있음. 중포의 포대가 지어짐. 적군이 방어시설을 밤낮으로 보강하고 있음.

파리, 목요일 오전: 세바스토폴에 쓰이는 거의 모든 식수가 공급되는 송

> 수로를 연합군이 차지했다고 프랑스 군이 전함. 러시아 군대가 항구에 있는 나머지 함대를 침몰시킬 준비를 하고 있고 세바스토폴이 수일 내에 함락될 것이라는 소식이 들어옴.

타임스에서 전하고 있는 전장의 중계 상황으로 온 국민이 흥분되어 있음이 틀림없다. 하지만 이러한 소식은 영국 정부가 원하는 것은 아니었다. 타임스가 알마 전투의 승리에 대해서만 영광스러운 보도를 하고 세세한 문제점은 들추지 말아야 한다고 생각했다.

도싯(Dorset)에 있는 작은 마을의 목사가 이 모든 과정을 하나하나 유심히 지켜보고 있었다. 시드니 고돌핀 오스본 목사는 딜레인이 12년 전 편집장으로 취임한 후부터 계속 타임스에 기고해왔다. 딜레인은 타임스에 정기적으로 기고하는 사람들 중에서 오스본 목사를 가장 뛰어나고 모범적인 사례로 여겼다. 그는 특정 영국인 계층의 분위기를 간파하는 목사의 능력에 감동했다. 오스본이 보내온 편지를 딜레인이 10월 14일 토요일자 신문에 실었다.

> 편집장 귀하에게
>
> 너무나 감격한 나머지 숨쉬기조차 힘겨워질 정도입니다. 현재 진행 중인 전시상황에서 우리 군이 보여준 용감한 행동에 관한 기사는 단순한 단어로 옮기기엔 절대 만족할 수 없을 것입니다. 영국식 연민의 감정은 아주 충동적입니다. 지금 이 순간에도 활개를 펼치고자 노력 중이죠. 영국의 옛 선인들이 실천한 의로운 삶을 기록한 수많은 자료에서도 알 수 있듯이 알마에서 보여준 우리 군의 활약은 온 국민이 거국적으로 존경의 뜻을 전할 뿐만 아니라, 감사와 감격의 마음을 담아 우리 장병들의 뇌리에 깊이 자리할 수 있도록 함이 옳다고 봅니다.
>
> 경이로운 행위에는 특별한 응대가 필요합니다. '알마 강둑에 선 날'이 온 국민이 기리는 특별한 날로 인정되지 않을 이유가 있을까요? 그들의 고귀한

> 행동을 따를 자가 없습니다. 크림반도의 자국 군이 그 날의 영광에 작은 보탬이 될지언정 전체를 가릴 수는 없지요. 지위고하를 막론하고, 어떤 일에 종사하든 상관없이 우리 국민 한 명 한 명이 하루치 급여를 국민헌금으로 기탁하는 것을 제안합니다. 영국의 모든 근로자가 자신의 하루치 급여를 내놓기만 한다면 그걸로 족합니다. 설교나 연설 등은 필요치 않지요. 대포와 총성이 울리고 포탄이 터지고 화학물질이 죽음의 강물 속에 퍼부어지더라도 용감하게 적진을 뚫고 나간 영국 군의 활약에 관한 기사만으로도 충분하기 때문입니다. 고국에 있는 우리는 전투에는 참여할 수 없지만 이들의 용기에 대한 감사의 뜻은 전할 수 있습니다.
>
> 시드니 올림.

이 편지에서 오스본은, 단순히 타임스 독자만이 아닌 말 그대로 '모든 근로 계층'에 해당하는 각계 각층의 영국인들에게 우리 군이 처한 환경에 대한 관심을 가지도록 했다. 요즘에는 이러한 극렬한 대조를 보이는 어휘를 사용하지 않기 때문에 이해하기 쉽지는 않지만, 당시만 해도 이러한 글의 파급효과는 이루 말할 수가 없었다. 전운이 짙게 드리운 1854년 여름, 타임스의 일간 판매부수가 3만여 부에 달했다. 물론 이보다 훨씬 더 많은 숫자의 사람들이 실제로 읽고 있었다. 10월 첫 째 주 판매부수가 4만여 부로 더 늘자 타임스는 WH스미스(WHSmith)*사와 새로이 보급계약을 맺어 배송을 서두르고 지역마다 기차역에서의 판매 증진에도 힘썼다. 전쟁으로 독자 수는 물론 신문기사에 대한 수요도 늘었다. 크림반도에서 일어나고 있는 일에 대한 우려의 목소리가 귀족계층에서만 나온 것이 아니라 자식을 전쟁터에 보낸 평범한 가정과 빈곤계층에서도 나왔다. 딜레인은 이제 장교들의 전쟁이 아닌 국민들의 전쟁임을 깨달았다. 그의 호소문에 응답하는 편지를 통해 이러한 자신의 생각에 더욱 힘이 실어졌다. 군인들도 러셀과 체너리가 전하는 전장의 소식을 읽고, 자신들이 몸소 뛰어들고 있

---

*WH스미스(WHSmith): 간단한 먹거리와 음료, 신문, 잡지를 판매하는 서점이다.

는 전투에 관한 기사를 보며 이에 매료되고 있음이 분명했다. 비록 장성과 정치인들로부터 점점 더 많은 의혹을 받게 되었지만, 누구보다 러셀은 장교들과 일반 장병들 사이에서 영웅으로 추대 받았다. 이러한 이유 때문에 딜레인은 전시 중 생생한 정보공개가 위험을 초래할 수 있다는 격렬한 반대의 목소리가 있음에도 러셀이 계속해서 진실을 보도할 수 있도록 응원을 보냈다.

타임스가 모금한 돈으로 의사와 간호사, 자선회는 물론 고국에 남겨진 병사의 아내를 돕고, 붕대와 린트, 린넨 직물, 위문용 포트와인, 브랜디, 담요, 천막, 막사, 니트의류를 비롯하여 실용성이 있을 만한 모든 물품을 배로 실어 보내자는 아우성이 퍼졌다. 나라 전체가 고통 받는 병사에게 도움의 손길을 뻗고자 하는 목소리로 살아 꿈틀거렸다.

온 국민들이 인식하는 전쟁 그림에 알마가 확실히 새겨졌다. 병사로부터 받은 편지를 타임스에 기고한 독자들 덕에 딜레인의 그림에는 색채가 더해졌다. 이 편지는 토렌스(Torrens) 준장이 하트퍼드(Hertford) 근방의 수도원에 있는 델메 래드클리프(Delmé Radcliffe)에게 보낸 것이다. 용맹을 떨친 한 장교의 죽음에 관한 가슴 아픈 사연이 담겨있다.

교전지, 알마강, 9월 21일

델메씨에게

제가 전하고자 하는 슬픈 소식으로 귀하뿐만 아니라 래드클리프 부인의 가슴까지 후벼 파는 죄를 지을 것 같아 안타깝습니다. 귀하의 귀중한 자제는 중무장한 러시아 군이 삼엄한 경계를 펼치고 있는 포대를 습격하기 위해 지휘관으로 용감무쌍하게 병력을 진두지휘하던 도중 적군의 총격에 쓰러지고 말았습니다. 이번 포대 습격작전에서 귀 자제만큼 고귀한 전공을 세운 이는 없었으며 누구보다 앞장서 작전 수행에 몸을 아끼지 않았습니다. 이날 희생된 자는 이루 말할 수가 없을 정도입니다. 체스터(Chester), 와인-에반스(Wynn-Evans), 코널리(Connolly), 제 조카인 해리 앤스트루터(Harry Anstruther), 버틀러(Butler), 래드클리프(Radcliffe), 영(Young)까지 모두가 100여 미터 거리 안에서 동시에 전사하고 말았습니다. 주님만이 이런 감당하기 힘든 죽음의 고통에 희생된 이들의 넋을 달랠 것이며 우리는 전지전능한 힘 앞에 고개를 숙일 수 있을 것입니다. 귀 자제는 고통 없이 전장에서 전사하였으며, 죽음의 순간을 같이 한 다른 용감한 전우들과 함께 그들의 마지막 고귀한 숨결이 있던 자리 가까이에 묻어 잠들게 했습니다. 델메씨 가정에 위로와 평안이 함께 하기를 오랜 친구와 전우들이 기도 드립니다.

HW 토렌스(Torrens) 올림.

추신: 해리 토렌스(Harry Torrens)와 불워(Bulwer)가 아드님의 유해를 안장하였습니다. 아드님은 흉부 중앙에 부상을 입었고 망자에 대한 존경의 뜻에서 유해를 훼손하지 않은 상태로 장례를 치렀습니다.
신의 가호를 빕니다. 장례 당시 아드님의 얼굴은 미소가 비쳐질 정도로 평온해 보였습니다. H.W.T.

스쿠타리 통신원이 기고한 기사에 반박하고자, 시드니 허버트와 외무장관 클라렌든 경의 집무실에서, 영국 군병원과 병참부에 보내는 보급품과 물품 전송 내역 등이 기록된 정부자료와 표로 가득한 문서 다발을 타임스에 보내왔다. 클라렌든 경은 타임스가 공무집행을 방해한다고 강력히 항의하고 나섰다. 문서 내역에는 의사와 약품, 붕대, 시트, 담요, 브랜디, 포트와인, 설탕, 저장야채 등 무한대로 공급되는 물품과 인력 등이 나열되어 있었다.

이에 대한 반응으로 딜레인은 반어법을 썼다. 체너리가 없는 사실을 꾸며낼 이유가 없다는 점을 알기 때문이다.

> 콘스탄티노플만큼 병에 걸리기에 안성맞춤인 곳은 없다. 래글런 경의 희망사항대로 전쟁이 단 시일에 끝난다면 약품이 풍족한 나머지 도시 전체가 세계의 약학시장이 될 수도 있으리라. 영국 부대 전체가 같은 날 질병에 걸리더라도 충분히 치료를 할 수 있을 정도로 넘쳐났으리라. 이것이 현재까지 주어진 정보를 통해 얻어낸 결론이다.

하지만 통신원이 직접 보내온 증거로도 정부가 전장에 보냈다고 생각한 물품들이 실제로 필요한 곳에 도착했는지의 여부는 확인할 수 없음을 타임스 독자에게 고했다.

딜레인이 신문에 실은 것과 신문 대신 육군성에 전달하는 편이 낫다고 여긴 체너리의 편지 모두에서 환자와 부상병이 함대 곳곳에 누워있지만 의료진들이 전혀 돌보지도 않고 처참한 상태로 방치되어 있다는 사실을 알 수 있다. 정부와 특파원의 상반된 두 주장 모두를 수용한다는 전제하에 내린 성명은

> 정부는 언제든지 정보력이 확실한 출처를 통해 업무가 제대로 진행되고 있는지 확인할 수 있다. 그러나 목표를 삼는 것과 목표에 도달하는 것은 완전히 다르다. 확실한 목표와 수천여 명이 일에 매달리고 몇 백만 파운드씩 지출하면서 완벽한 계획을 만들었던 일 조차도 우리는 실패를 경험한다.

정부의 발언을 의심해서는 안 된다는 원칙을 고수하는 사람들로부터 비난이 있다는 것을 신문은 인정했다. 기사의 결론을 살펴보자.

> 어떤 쪽 이야기든 시시비비를 가리기 전에 지금껏 모아진 7천 파운드를 전쟁터로 보내고 가장 신뢰할 수 있는 사람에게 이를 맡겨야 한다고 본다. 그렇게 하면 정황을 잘 알고 실제 현장에 있는 사람과 상의하여 현명하게 돈을 집행할 것이기 때문이다.

> . . . 우리는 정부를 비난하는 것이 아니라 도움을 받을 수 있는 권한을 요구하는 것이다.

시드니 허버트와 외무부가 보내온 자료에 이어, 육군군수품 및 의무부 소장인 앤드류 스미스(Andrew Smith) 박사가 보내온 장문의 메모가 도착했다.

> 우선 타임스 편집장의 노고에 감사의 말씀부터 전합니다. 영국 군의 의료행위와 물품공급의 효율성은 물론 전장에 있는 군대와 병원에 보내는 보급품에 관한 의혹이 커진 탓에 환자와 부상병 가족, 친지에게 심려를 끼치고 있는 점 크게 애석하게 생각하며, 이에 해명해드리고자 군의관 수와 의약품 수량을 비롯한 각종 병원물품 등의 정보가 담긴 서류를 보냅니다. 스쿠타리에서 근무하고 있는 군의관에게는 부상병을 보살피고 치료하는 데 필요한 일체의 물품이 모두 지급되고 있음을 저 스미스 박사가 자신 있게 말씀 드립니다. 따라서 콘스탄티노플로 린트 직물이나 낡은 린넨 천을 보내는 등 국민들이 개인적으로 노력을 기울일 필요가 전혀 없습니다.

이 편지는 신문사가 전쟁 기사를 마치 즐기고 있는 것으로 단정하고 타임스에 대한 불쾌감을 표현한 것이다. 이 같은 고위 관료들의 기고는 독자들의 웃음거리가 되거나 분노를 더할 뿐이다. 그의 지시를 받는 부하직원의 명단까지 스미스 박사가 추가하는 바람에 군수품 보급에 관한 서류 분량이 방대해졌다. 서류의 내용이 너무나 긴 나머지, 스미스 박사가 해당 분야에서의 탁월한 지위를 입증해 보이려 한다고 타임스의 독자들은 판단했을 수도 있다. 이는 마치 "나는 사람들이 내게 복종하는 것에 길들어져 있는 사람이오. 내가 절대적으로 중요한 위치에 있기 때문입니다. 당신이 나를 믿어줄 거라 생각하오."라고 강요하는 듯 했다. 이것이 그가 은연 중에 의도한 바라면, 타임스 독자에게 기대할 만한 현명한 처사는 아니라고 본다. 타임스는 그러한 명령을 받을 만한 조직도 아닐뿐더러 지난 한 주 동안 많은 독자들이 너그럽게 참아왔기 때문이다. 이러한 독자들이 실수를 하고 있다고 말하기보다는 이들이 이룩한 업적에 감사를 표시하는 편이 훨씬 더 현명했을 것이다.

타임스 기금에 보내온 기부자들의 편지가 상세히 보도되고, 병원의 의료진과 간호진을 충원해달라는 호소문도 신문에 실렸다. 동일한 사안에 관해 같은 날 22통의 편지를 추가로 게재했는데 다양한 방식으로 호소하는 내용이었다. 상당수가 가족에게 보내는 장병의 편지에 담긴 현지 상황을 발췌한 것들이다. 통신원이 전하는 소식의 정도와 질적인 수준에는 의심할 여지가 전혀 없었기 때문에 신문은 국민들의 전폭적인 지지뿐만 아니라 정부의 처사에 분개하고 있음을 반영하였다.

군대의 보급품과 의료진 부족에 관한 기사에 관심이 집중되자 엘리자베스 허버트는 속상해했다. 자신의 남편이 대중의 조롱을 받는 것에 크게 스트레스를 받았다. 플로렌스 나이팅게일도 군수품 보급의 어려움에만 관심이 집중되는 것을 애석하게 여겼다. 두 사람 모두 타임스가 공정하지 못하다고 생각했다. 나이팅게일은 병원 개선에 힘쓰는 허버트를 존경하기 때문이다.

신문에서 이러한 문제가 보도되는 시점에, 플로렌스 나이팅게일은 소규모의 간호사단을 만들까 고민 중이라고 친구들에게 털어놓았다. 그런데 행여라도 친구의 남편을 곤란하게 만들까 봐 엘리자베스 허버트에게는 자신의 계획을 말하지 않기로 결정했다. 마침 엘리자베스 허버트도 플로렌스 나이팅게일만 원한다면 그녀야말로 곤경에 처한 자기 남편을 도와 대중들의 요구에 따라 문제해결에 나설 수 있는 능력이 있다고 생각했다. 그녀는 나이팅게일을 설득하여 남편에게 접근토록 했다. 동시에, 나이팅게일이야말로 군병원에서 벌어지고 있는 간호 문제를 해결할 수 있는 적임자라고 남편에게 귀띔했다. 방대한 규모의 군사작전을 이해 못하는 두 여성에게 이 일은 단순히 꿈을 꾸는 정도였다. 이들은 자신의 선택이 어떤 결과를 가져올지 전혀 예측하지는 못하지만 모험심만은 남달랐다.

자신의 요청에 의해 명석하고 아리따운 젊은 여성이 고통 받는 군인들을 치료하는 임무를 수행한다는 소식을 전하는 신문기사를 자신에게 유리한 기회로 삼는다고 해서 그 정치인을 얕잡아 보겠는가? 시드니 허버트는 군부의 견해조차 묻지도 않고 아내의 조언에 따라 행동했다. 전쟁 장관과 총리의 승인을 받은 다음 나이팅게일이 이미 자신에게 서신을 전했음에도 이를 깨닫지 못하고 그녀를 콘스탄티노플로 보낼 수 있도록 나이팅게일에게 공식 초청장을 보냈다.

야망이 큰 각료가 자신의 명성을 회복하기 위한 시도만큼 위험하고 냉소적인 것은 없을 것이다. 그는 아내의 단짝 친구와 동료 여럿을 건강에 해롭고 불결하기 짝이 없다고 수없이 보도가 되고 있는 곳으로 보내는 위험을 감수하고 있기 때문이다. 진실이 무엇인지 자신도 확신하지 못하는 상황에서 신문에서 언급하고 있는 군의 물자부족과 어려움에 대해서 콘스탄티노플 주재 대사가 사실이 아니라고 한 만큼 나이팅게일에게 이 내용을 믿지 말라고까지 했다.

딜레인과 모브레이 모리스는 타임스 인쇄소의 젊고 능숙한 엔지니어인 존 맥도널드(John MacDonald)에게 회사가 운영하고 있는 거대 모금액을 스쿠타리에서 집행하는 일을 맡겼다. 동일한 날에 4만 명의 러시아 병력이 현재 세바스토폴에 주둔하고 있는 부대에 충원되었다는 보고가 있었다. 수치 자체는 불확실하고 장성들은 여전히 폭격만 하면 세바스토폴을 함락하여 몇 주 이내에 전쟁을 승리로 마무리할 수 있다고 믿고 있지만, 좀더 혹독한 장기전의 가능성이 점쳐지고 있었다.

정부의 공식 발표문이 나오자 플로렌스 나이팅게일의 이름이 신문에 최초로 올랐다. 그들이 받은 문서에 미혼인 나이팅게일을 나이팅게일 부인(Mrs Nightingale)이라 칭했지만 아무도 이를 확인조차 하지 않았다. 타임스는 병력의 처우 개선을 위한 자신들의 노력에 결실이 맺히는 것에 크게 기뻐했으며 이는 신문이 요청한 사안에 많은 이들이 성원을 보내고 있다는 신호라고 믿었다.

> 발표문: 어퍼 할리가 1번지에 위치한 숙녀병원의 관리를 맡아오던 나이팅게일 부인이 여간호사 조직을 구성하여 이들과 함께 스쿠타리에 즉각 파견되어 정부 지원으로 근무할 것임을 공식 통보한다. 이 간호사 조직은 스쿠타리의 영국 군병원에서 나이팅게일의 지휘 하에 근무하되, 병원 군의관 사령부의 지시를 받는다. 나이팅게일 부인은 동행할 간호요원을 직접 선발하여 자격증 발급을 위해 육군성에 추천할 것이다. 물론 자격증 없이는 아무도 병원에 출입할 수가 없다. 나이팅게일 부인이 임무수행 차 고국을 떠난 후에도, 그녀가 임무를 맡기고자 하는 사람에 대한 추천장 제출 시, 자격증을 발부하고, 이에 따라 충원된 인원을 스쿠타리에 파견하는 것으로 절차가 마련되었다.

그녀가 터키로 간다는 소식을 마지막에야 들은 사람은 바로 나이팅게일의 어머니였다. 나이팅게일은 소식 전하기가 두려워 친구인 셀레나 브레이스브리지에게 부탁해 어머니에게 찾아가 대신 소식을 전하도록 했다. 나이팅게일의 어머니와 언니 파르테노페는 당연히 속상해했다. 그녀에게 무슨 일이 벌어지고 있는지 모르고 있었다는 사실 때문만은 아니었다. 이들에게 소식이 전해진 때는 이미 파견 초청장이 총리와 전쟁장관의 승인을 받은 상태이기 때문에 이를 철회할 방법은 전혀 없었다.

플로렌스 나이팅게일은 대부분의 사람들이 일 년 동안 쓸 분량보다 훨씬 더 긴 내용의 편지를 매일 썼다. 스쿠타리에 가고자 하는 자신의 뜻을 어머니에게 전하는 편지다.

어퍼 할리가 1번지

사랑하는 어머니와 언니를 내일 만나서 두 사람의 축복을 받고서 제게 내려진 임무를 수행하고자 합니다. 이 임무가 무엇인지에 대한 설명은 브레이스브리지 부인에게 맡기겠습니다.

플로렌스 올림.

셀레나 브레이스브리지는 나이팅게일을 잘 돌보고 뉴스 보도도 가족들에게 전해지도록 조치를 하겠다고 약속했으나 나이팅게일 부인의 걱정이 이만 저만이 아니었다.

딜레인이 이 모든 일에 관여한 장본인이었다. 그와 러셀, 체너리 세 사람은 현재 전장에서 벌어지고 있는 일을 타임스가 국민들에게 인식시키는 방식은 물론 군대의 정확한 상황도 파악하지 못하고 있는 영국 정부를 위해 임무를 만들고 있었던 것이다.

그 주 금요일, 윌리엄 러셀은 부대가 알마에서 행군을 시작하여 발라클라바의 새 기지가 있는 남쪽으로 향했다는 소식과 그 곳에 있는 작은 항구의 주변지역을 소개한 장문의 글을 보냈다. 러셀이 보낸 글에는 발라클라바 항의 상태에 관한 설명도 있었다.

이곳에 처음 발 디딘 자는 진정 용감한 해병이자 통찰력이 뛰어난 자임에 틀림없다. 수많은 언덕 중 한 곳에 올라 꼭대기까지 다다르자 거대한 높이의 산에 둘러싸여 있는 작은 연못 하나가 눈에 들어왔다. 그 위에는 출구가 불분명한 영국 배가 6-7척 가량 떠있었다. 그 곳은 가파른 벽과 절벽이 겹쳐져 바다로 향하는 진입로가 보이지 않는 하일랜드 탄(Highland Tarn)과 같은

> 구조의 만(灣)이었다. 언덕 아래와 바닷가 바위투성이 끄트머리 사이에 위치하여 존립 자체를 위협 받아온 이곳 가난한 마을의 동남부에는 해발 60여 미터 높이에 지어진 제노바 요새(Genoese Fortress)의 잔재가 웅장하게 펼쳐져 있다. 한 때는 거대한 규모를 자랑하고 전략적 위치에서 중요한 역할을 했을 것으로 보이나, 이제는 장막과 보루, 벽, 탑까지 모조리 파괴되고 퇴락의 상태로 허물어지고 있었다. 오래 전 이곳 후미진 곳까지 침투해 들어왔던 강인한 해군의 영혼과 기개를 드러내고 있다.

그 다음날 아침, 신문은 자신들의 끈질긴 설득 끝에 얻은 또 다른 성과를 보도하였다. 군대의 의료상황에 관한 국민들의 우려를 겸허히 받아들인 정부가 이에 대한 조사를 실시하기로 결정했다는 것이다. 전장에 있는 군인들을 돌볼 간호사를 보내도록 각료들에게 압력을 넣은 타임스의 역할도 인정을 받았다. 당시 논설 내용이다.

> 이 나라의 남자들은 말을 거의 하지 않고 자신의 감정을 드러내는 것도 부끄러워한다. 그런 이들이 모금활동에 미사여구를 곁들이고 여유롭지 않은 주머니 사정에서도 군중들 속에서 서둘러 기부하려는 모습을 보면, 상당히 많은 감동을 받은 것으로 결론 내릴 수 있다. 정부가 이미 했어야 할 일에 쓰라고 5-6일 만에 모금한 7천 파운드가 보내는 무언의 호소에 저항하는 것은 불가능하다고 여겼을 것으로 보인다. 정부는 의심할 여지없이 직무태만이나 관리부실에 해당하는 이번 사건을 조사하도록 전보다 한층 더 엄중한 목소리로 지시를 내렸다. 군장교가 자신에게 주어진 임무를 기대한 만큼 달성하지 못한 것에 정부는 분개했다. 이는 하나의 좋은 선례에 해당한다. 존재감이 확실하고 영구적으로 지속되는 성격의 결과물이 또 있으리라 기대한다. 고국에서 3-4천 킬로미터나 떨어진 병상에 있는 우리 장병이 바로 옆에서 영국 간호사를 만난다면, 지난 주 우리 칼럼에 실었던 스쿠타리 병원의 사진 덕분이라고 생각할 것이라 믿어 의심치 않는다.

플로렌스 나이팅게일이 간호사를 대동하여 적진으로 떠난다는 소식이 타임스에 실리고 딸에게 세간의 이목이 집중되자 그녀의 어머니도 흡족해했다. 프란세스 나이팅게일은 딸에 대한 대중들의 환호가 커지자, 그제서야 그녀가 하는 일을 적극 지지하고 성공을 빌었다. 급하게 떠날 채비를 하느라 나이팅게일이 키우던 부엉이 아테나가 다락방에 홀로 방치되어 죽었다. 그 바람에 석별의 장면이 더욱 애틋해졌다. 피라미드를 구경하고 돌아오던 길에 그리스에서 가져와 키우던 애완동물이었다. 나이팅게일은 떠나기 전 소식을 전해 듣고 너무나 슬퍼서 울음을 터트렸다.

장병들에게 도움의 손길을 보내는 운동이 뜨거운 반응을 불러일으키자, 용기를 얻은 딜레인은 든든한 정보 공급원을 새로이 찾아냈다. 장교와 일반 병사들의 가족이 아들과 남편 등에게서 받은 편지를 프린팅 하우스 스퀘어로 보내주기 시작했기 때문이다. 그는 이들 편지를 통째로 신문 지면에 게재하는 것만큼 편지가 내포한 힘을 확실하게 전달하는 방법은 없다고 여겼다. 매일같이 이러한 편지를 신문에 실었다. 영국에 있든 전투지역에 있든 전쟁과 연관이 있는 사람이라면 누구에게나 현실성을 느끼게 할 뿐만 아니라, 러셀과 체너리 등 그 어떤 통신원도 전할 수 없었던 현실감을 전달하는 역할을 했다. 한 사설에서 그는 이러한 편지가 내용 면에서 감상적이기만 한 것이 아니라 이들의 글 솜씨 또한 고도로 탁월하고, 교육적인 정부 설문조사로도 밝혀내기 힘든 겸손한 영국인의 성향을 잘 보여주고 있다고 진단했다.

세바스토폴 항구 앞에 있는 육군본부에서 전함, 10월 3일

사랑하는 아내에게

아주 불확실하지만 내가 처해 있는 상황을 알려주고자 이 글을 쓰오. 우린 세바스토폴의 적군 요새 근처에 주둔하고 있는지라 병력 전체가 적군의 사정거리에 있는 셈이오. 우리가 러시아에 상륙했던 9월 14일 당신에게 편

지를 썼지요. 그날 이후 딱 이틀 밤만 천막에서 지낼 수 있었다오. 적군의 땅을 가로질러 행군할 때 식량은커녕 물 한 모금도 없는 지옥의 행군이었어요. 윌리엄 포먼(William Foreman)과 스티븐 랜드리건(Stephen Landrigan)은 피로와 고통으로 행군 도중 숨졌고 당신이 모르는 다른 많은 전우들도 죽었다오. 제임스 캘러헌(James Callaghan)도 쓰러져 더 이상 움직이질 못했어요. 우린 짐을 남겨두고 떠났어요. 알마 전투 후 1,800명의 전우를 잃었소. 러시아 군은 5천 명을 잃었지요. 적군이 지금 우리 부대에 총격을 가하고 있어요. 살아남는다면 다음 번에 또 소식 전하겠소.

근위보병 사무엘 하퍼(Samuel Harper) 전함.

웨일스 보병연대, 세인트 아삽(St Asaph), 북웨일스

어머니 전상서

저는 허벅지에 총상을 입었지만 다행히 뼈까지는 닿지 않았어요. 버로우스(Burrows)는 종아리를 다쳤어요. 빌 에반스(Bill Evans)는 오른쪽 팔을 잃었답니다. 브루어(Blewer)는 총격을 입지 않았고 헤어질 무렵 건강해 보였습니다. 시신에서 나는 악취와 부상을 입은 군마가 내지르는 괴성은 너무나 끔찍해요. 담배가 없어서 찻잎으로 담배를 만들어 피우는 등 상황이 당분간 더 안 좋을 것 같습니다. 제 편지 배송료를 지불하더라도 이해해주세요. 제가 가진 우표가 모두 배에 실려있거든요. 다시 건강해져서 연대에 복귀하고 싶어요. 세바스토폴에서 흥미진진한 일이 벌어질 거라는데, 여기 동료들이 그곳에 가고 싶어 한답니다.

전쟁 와중에도 독자의 관심을 끌만한 요소가 다른 곳에도 있었다. 딜레인의 모금 운동이 한창이던 1854년 10월의 며칠간 지면을 차지했던 소식은

우리가 하고자 하는 이야기에 빛과 그림자 같은 역할을 한다. 기사는 그날의 감동을 묘사하는 것뿐만 아니라 딜레인이 글과 정치에 쏟고 있는 애정에 관해서도 많은 것을 드러낸다.

10월 21일 타임스는 대대적인 축하문이나 특별 공지 없이, 유명인사인 찰스 디킨스의 기고문을 실었다. 그의 글은 최근 실시된 인구 총조사에 포함시키지 않은 어린이들에 관한 문제를 지적했다.

> 컴컴한 교회 입구와 축축해진 철도 다리의 그림자에서, 교각의 아치형 구조물 밑에까지, 무언가가 웅크리고 있는 것이 분명하다. 쌓아 올린 나무 더미와 기울어진 수레 밑에서 바람을 피하고, 벽난로 속 치명적인 따스함 앞에서 고슴도치처럼 몸을 둥그렇게 엎드리고 있다. 짓다가 만 집 건물에 드러난 벽토로 가려진 곳에도 엎어져 있다. 감자를 베개 삼아, 방수천을 이불 삼아 런던시장에서 몰래 수그리고 있거나 광주리 속에 들어가 있다. 선잠을 깨기도 하고 추위로 몸을 떨며 몰래 잠을 청한다. 이들은 단호한 목소리에 요란하게 삐걱거리는 부츠를 신은 무서운 경찰이나 물통을 들고 나타나는 난폭한 야채상인, 지팡이를 휘두르는 시장 직원 등이 나오는 악몽에 시달린다. 이 아이들도 조사에 포함되었나?
>
> 가난과 씁쓸함을 견뎌가며 건초더미와 석탄바지선, 빈 화물기차, 수리공의 마당에 가져다 놓은 허물어져가는 마차 등에 올라타거나 사다리가 달빛을 받고 귀신 같은 형체를 드러내는 으슥한 곳에 숨어 지내는 개구쟁이 녀석도 있다. 낡아빠진 천 쪼가리에 불과한 어린 아이들이 무더기로 한데 모여 겹겹이 몸을 포개고 누워 미미하나마 온기를 모으고 있다. 완전히 볼품없이 찌든 가난의 처참한 더미가 잠든 개처럼 소리 없이 외딴 문간에 나타난다. 더 큰 아이들은 다 망가진 보닛 모자처럼 보이시만 다른 사람들에게는 여전히 개처럼 보였는지도 모르겠다. 젊고 아름다운 규수로 자랐을 수도 있는 거리의 저 유령들은 조사하였는가? 리젠트 공원(Regent's Park)에 있는 페넬로페(Penelope)도, 마차를 타고 가는 아스파

> 시아(Aspasia)*도 아니오, 카지노의 피리니아(Phrynia)도, 침실에 있던 티만드라(Timandra)** 유령을 말하는 것도 아니다. 가스등 아래에서 횡설수설하는 유령들의 세계를 보라. 웨스트민스터 사원(Westminster Abbey)의 그늘진 곳과 퀸스 파크(Queen's Park)의 나무 사이에서 느릿느릿 움직이고, 다리 밑 교각 사이에 웅크리고 있다. 술꾼들과 싸움을 벌이고 밤의 정적에 비명지르다 땅바닥에서 발작을 일으키고 경찰과 실랑이를 벌인다. 다리에 숨거나 구석에서 맴돌다가 술집에 슬그머니 들어가는, 이름도 없고 성별도 없고 친구도 없고 먹을 것도 없는, 돈도 없는 상태에서 자포자기한 채 술에 취해 죽어가고 있다.

1854년 10월은 몇 년 전 영국의 전 국민을 단합의 정신으로 하나로 뭉치게 한 모험의 순간이 되살아난 시기다.

1845년에 존 프랭클린(John Franklin) 경이 에레보스(Erebus)호와 테러(Terror)호를 이끌고 대서양에서 태평양까지 북쪽 경로를 따르는 북서 항로를 최초로 횡단하는 항해를 시작했다. 전국이 떠들썩 할 정도로 항해 준비에 온 국민의 관심이 집중되었고, 이 과정에서 항해가 몇 년씩 걸릴 것이라는 추측이 나왔다. 항해를 시작한 지 얼마 지나지 않아, 이들 일행이 캐나다 해안을 지나는 것이 목격된 것 말고는 그들의 배나 선원까지 모두가 자취를 감추고 말았다.

아내인 레이디*** 프랭클린을 비롯해 나머지 일행들의 가족, 친지에게 슬픔과 절망만 주어졌을 뿐, 이 항해가 아무런 결론을 내리지 못했다는 이유와는 상관없이, 이는 만족스럽지 못한 모험이었다. 레이디 프랭클린은 두려움을 모르는 단호한 성격의 남편에게 무슨 일이 일어났는지 알아내고자 수색대원을 보내기로 했다. 이러한 수색활동 중의 하나로 1848

---

*아스파시아(Aspasia): 아테네 정치가인 페리클레스(Pericles)의 첩

**티만드라(Timandra): 그리스신화에 등장하는 동일한 이름의 여성이 두 명이 있다.

***레이디(Lady): 영국의 귀족 부인과 딸에게 붙이는 호칭

년에는 해당 지역에 과학적 조사도 같이 벌였으나 아무런 결실이 없었다. 1851년 런던에서 시작된 두 번째 항해도 허무하게 끝나고 말았다. 이어서 1852년에는 에드워드 벨처(Edward Belcher)의 지휘하에 영국 해군이 또 다시 시도했다. 전혀 항해를 할 수 없을 정도로 꽁꽁 얼어버린 겨울을 두 차례나 겪자 북극의 빙하 속에다 배를 내버려두고 일행이 런던으로 되돌아온 때가 바로 1854년 10월이었다. 벨처는 자신의 부하가 그곳에서 세 번째 겨울을 맞이하도록 내버려둘 수가 없었다. 그와 배 시위관들은 되각에 대한 죄를 물어 군법회의에 회부되었다. 이 군법회의 결과가 같은 시기에 실린 논설에서 언급하고 있는 내용이다. 일행 하나는 콜린슨(Collinson) 대령의 지휘하에 아직도 해당 지역을 돌아다니고 있는 중이고 그곳에 남겨진 사람들의 안전에 대한 의문은 풀리지 않은 상태이다. 벨처는 그의 부하와 함께 군법회의에서 겨우 풀려났지만, 구조방안을 완전하게 다 활용하지는 않았다는 혐의는 그에게 남아있었다. 콜린슨은 안전하게 지내고 보급품도 잘 지급된 상태이므로 곧 런던 해군성에 반드시 나타날 것이라고 벨처가 전했다. 프랭클린 대령의 행방에 관해서는 아무것도 찾아낸 것이 없다. 레이디 프랭클린과 국민 모두 어떠한 결론도 내리지 못한 상태에서, 프랭클린 일행에게 어떤 일이 발생했는지에 대한 만족스러운 해명을 얻고자 1만 파운드의 보상금이 걸렸다.

1848년도 프랭클린 구조팀에 속했던 존 레이(John Rae)가 1854년 10월 23일, 캔터베리(Canterbury) 근처의 딜(Deal) 지역에 나타났다. 레이 박사가 해군성에 제출한 보고서를 타임스가 지면에다 옮긴 것이다.

1854년 7월 29일 리펄스 베이(Repulse Bay)

올 봄에 얼음과 눈으로 덮인 상태에서 실시된 항해에 대해 해군성 최고 집행위원께 보고 드릴 수 있어서 무한한 영광으로 생각합니다. 부시아(Boothia) 서쪽 해안에 대한 탐색이 진행되는 과정을 지켜보고 있는데, 펠리 베이(Pelly

> Bay)에서 이뉴잇족을 만났습니다. 그 중 한 사람으로부터 백인 무리들이 서쪽 방향으로 떨어진 곳, 폭포와 급류가 많은 큰 강과 멀지 않은 곳에서 식량 부족으로 숨졌다는 이야기를 들었습니다. 그 이후 더 자세한 내용도 전해 들었고 물품 몇 점도 구매했습니다. 이는 오랫동안 잊혔던 프랭클린 경 일행의 일부에 한해서라도 그들의 운명이 의심할 여지없이 상상조차 하기 힘든 가혹한 결말에 이르렀음을 알 수 있게 하는 것들이었습니다.
>
> 1850년 봄(즉 프랭클린 원정대가 런던을 떠난 지 5년 뒤)에는 40여 명 정도의 백인 일행이 보트 하나를 얼음 위로 끌고 가며 남쪽으로 향하던 것을 킹윌리엄섬(King William Island) 북쪽 해안에서 물개를 잡던 이뉴잇족이 목격했습니다. 이뉴잇족은 당시 상태로 보아 그들이 탔던 배가 빙하에 부서지자 사슴 사냥을 할 수 있을 것으로 예상되는 곳으로 이동하고 있는 것으로 짐작했다고 합니다. 이 일이 있은 뒤 얼마 후 같은 해, 해빙이 시작되기 전, 80여 구의 시신이 백강(Back River)에서 발견되었고 5구는 강변 근처에서 발견되었습니다. 일부 시신은 땅에 묻힌 상태이고, 일부는 천막 속에 또 일부는 피신처로 쓴 보트 아래 등 다양한 위치에 흩어져 있었습니다. 발견된 시신 중 하나의 몸 속에 안경 알과 쌍발총이 나온 것으로 보아 장교로 추정되는 사람이었습니다. 시신이 난도질을 당한 점과 냄비 속에 남은 내용물로 보아 이 가여운 사람들이 생존을 위한 마지막 수단으로 인육을 먹는 상황까지 처해졌음이 분명합니다.

레이 박사가 영국으로 가져온 물품들은 이뉴잇족이 장식품으로 착용하던 것으로 동전에 구멍을 내서 메달처럼 달 수 있는 것이었다. 불행하게 죽어간 일행들의 유품을 모두 발굴하여 보존해야 한다는 사명감은 있었지만, 눈 속에서 또 한 번의 겨울을 보내는 위험을 감수하기보다는 고국으로 발길을 돌리는 편이 낫겠다고 판단한 것이다.

10월 25일. 세바스토폴 근처에서 가끔씩 기고하는 통신원의 글: 알마에서 시작된 행군 도중, 래글런 경 수하의 한 프랑스 장교가 문서 발송 후 돌아오는 길을 잃었다. 심각한 근시인 탓에 러시아 전선으로 곧장 들어가는 실수를 저질러 포로가 되어 세바스토폴로 보내졌다. 우리 부대가 발라클라바로 행군하던 중 찾아낸 짐꾸러미에는 세바스토폴의 한 여성이 멘시코프 왕자에게 보내는 편지가 발견되었다. 프랑스어로 '멋진 프랑스 대령'을 보내줘서 고맙다는 글과 함께 앞으로도 더 많은 이를 보내주기 바란다는 내용이었다. 세바스토폴에서는 러시아 장교가 이머니에게 보내는 편지도 발견되었다. 자신은 마을에서 잘 지내고 있으며, 영국과 프랑스 군이 선선했넌 알나에서도 부상을 당하지 않았다고 전했다. 멘시코프 왕자의 짐꾸러미에서는 다수의 책과 사진도 나왔는데 이는 왕자의 도덕성을 의심해볼 만한 수준이었다. 세바스토폴에서 온 러시아 귀족 여성의 짐꾸러미를 알마의 고산지대까지 옮겨주고

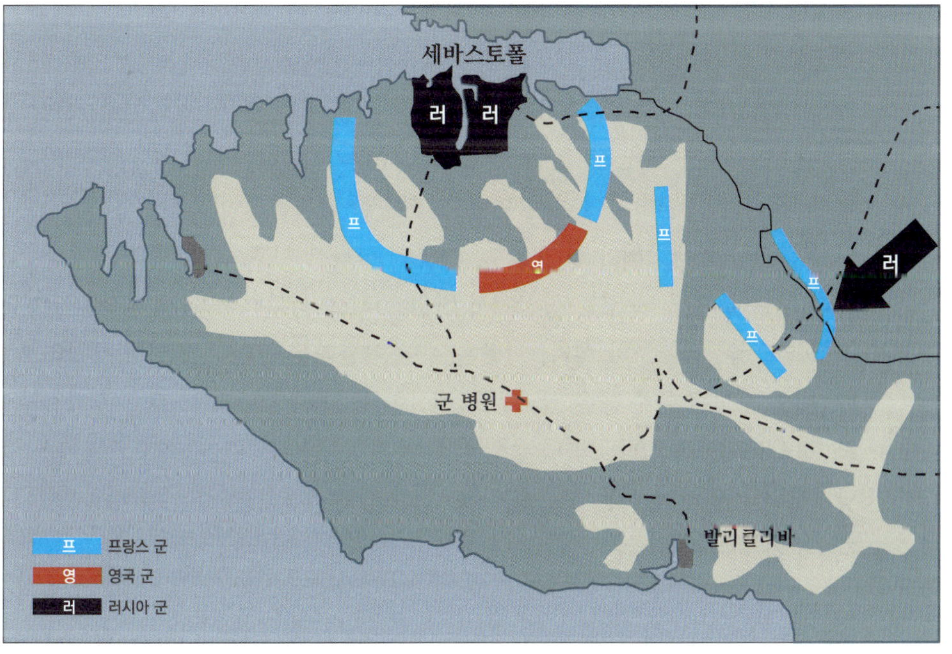

세바스토폴의 항구 양쪽을 러시아 군이 차지한 상태에서 프랑스 군이 이 도시의 오른쪽과 왼쪽을 맡고 영국 군은 중앙을 침공하려 한 당시의 모습을 지도에 옮긴 것이다. 동쪽에도 병력을 배치한 러시아 측이 공격을 시작하자 영국 군이 절대적으로 불리한 입장이 되었다.

> 는 우리 영국 병사들이 공격 당하는 모습을 지켜보게 한 상황을 상상해보라.

알마에서의 전투는 세바스토폴에 있는 러시아 상류층에게는 놓쳐서는 안 될 흥미로운 광경이라 여겼음이 사실이다. 전망 좋은 곳에 자리를 마련하여 다과도 제공되었다.

타임스에 전해진 다른 군인의 편지는 발라클라바에 있는 항구를 방문한 날을 설명하고 있다.

> 어제는 마을까지 내려가 모리셔스(Mauritius) 증기선이 정박해있는 배에 올랐다. 엉망진창인 상황에서도 약간의 보람은 있었다. 우리 여섯 명은 여기저기를 돌아다니고 그 상황에서도 즐길 수 있었다. 영국 국민들이 자국병사에게 보낸 에일 맥주와 흑맥주, 저장감자, 차 등이 어떻게 되었는지 나는 모르겠다. 가장 참을 수 없는 점은 볶지도 않은 커피를 준다는 것이다. 종일 행군하고 밤에 돌아온 군인에게 원두를 볶거나 가루로 만들 수도 없는 처지에서 이런 커피가 지급되는 것을 상상해보라. 차가 천 배 이상 좋았을 것이다. 물론 그러한 일을 결정하는 사람들이 우리가 무엇을 원하는지 알 리가 없다. 우리는 그나마 운이 좋은 편이다. 화창한 날씨를 맞이하게 준 점을 주님께 감사하게 생각해야 할 정도다. 이곳에 상륙한 이후로 한 번도 비가 내리지 않았다. 천막도 없는 상황에서 만일 비라도 퍼부었다면 그 결과는 어떠했을지 상상하기조차 싫다. 이곳은 정말 아름다운 나라로 과일이 풍부하다. 이곳 포도로 아주 좋은 샴페인을 생산한다고 하는데 세바스토폴에 가서 한 번 시도해볼까 한다. 벽 넘어 있는 있는 사람들의 숫자는 몰라도 매일 밤낮으로 부지런히 일하는 모습으로 보아 그들도 분명히 완벽한 방어태세를 갖추고자 하는 것 같다.

존 딜레인은 시드니 고돌핀 오스본 목사에게 런던에 있는 자기 집에서 만났으면 한다고 전갈을 보냈다. 타임스가 신문에 게재했던 바로 그 오스본 목사의 편지가 영국인들에게 하루치 급여를 성금으로 내자고 설득했기 때문에 엄청나게 많은 수의 근로자들이 타임스 앞으로 성금을 보내는 원동력이 되었다고 딜레인은 믿었다. 이에 대한 귀족과 상류층의 반응도 상당히 뜨거웠지만 딜레인과 타임스 동료들은 일반 남성과 노동자계층에 이어 그들의 가족까지 많은 이들이 보내온 편지와 그 내용에 놀라고 흡족해했다. 물론 이들은 일반적인 타임스 독자는 아니었다. 오스본 목사를 만나고자 한 목적은 그를 존 맥도널드와 함께 콘스탄티노플의 기금 관리자로 초빙하기 위한 것이었다. 이렇게 하면 돈을 기부한 사람들에게 돈이 쓰이고 있는 상황을 입증해줄 수 있기 때문이다. 오스본은 프린팅 하우스 스퀘어 사무소 직원의 존경을 받는 인물이다. 하지만 그는 독립적인 형태로 일하고 싶어했기 때문에 신문사의 급여를 받는 직위는 거절했다. 다만 자기가 도울 일이 있다면 콘스탄티노플로 가서 어떤 일이든 심지어 무보수로 군대 목사직을 맡을 수도 있다고 했다. 목사는 집으로 돌아와 아내와 교구민들과 함께 의논했다. 이들은 오스본의 뜻을 지지하고 무사 귀환을 빌어주었다. 이에 목사는 아들과 함께 며칠 뒤 영국을 떠났다.

시드니 오스본은 군인들 사이에서 '나그네 신사'라고 불리던 사람들 중의 한 명이었다. 레야드와 킹레이크, 올리펀트는 물론 국회의원인 아우구스투스 스태퍼드(Augustus Stafford)까지도 이 경멸조의 별명이 따라다녔다. 이들 각자가 전쟁에서 일어나고 있는 일들을 객관적인 관점에서 관찰하는 중요한 역할을 해냈다. 딜레인은 이들과 교신하면서 문화와 교육적 수준이 높은 논설가 그룹을 형성할 수 있었다. 딜레인이 군 경력이나 군 업무에 대한 이해도보다는 문화와 교육수준이 높은 사람의 견해를 논평으로 실을 만한 가치가 있다고 여긴 점이 흥미롭다. 요즘 신문이라면 이러한 잣대로 평가하지는 않을 것이다.

당시의 사람들은 멀리 떨어져있는 이국적인 곳, 위험한 국가로의 여행과 모험에 많은 흥미를 가지고 있었다. 크림반도의 전쟁은 어떤 면에서는 프랭클린 제독이 경험했던 모험과 유사하지만 좀 더 큰 규모의 것일지도 모른다. 딜레인은 신문의 역할 중 하나는 이러한 이야기가 주는 흥미로움과 위험성을 독자들도 공유할 수 있도록 직접 참여하고 도울 수 있는 방법을 찾는 것이라고 생각했다. 그는 독자의 편지를 기사로 내면서 그들의 참여를 북돋았다.

> 편집장 귀하에게
>
> 나라를 사랑하는 사람이라면 누구나 고통 받고 있는 우리 장병을 돕고자 귀하가 펼치신 고귀한 활동에 무한한 감사의 뜻을 전하리라 생각합니다. 모금된 돈을 집행하기 위해 귀사의 직원 한 분이 직접 나서신다는 말씀에 저는 깊은 감명을 받아 이미 저희 교구에서도 장병 돕기 모금을 실시하고 또 한 번 펼칠 예정임에도, 조금이나마 보탬이 될까 해서 여기에 4기니의 돈을 보내드립니다. 공공의 목적을 위해 모금된 돈은 목적지에 도착하기도 전에 관료들의 급여로 소진되는 경우가 많기 때문에 귀하가 내놓으신 계획에 흡족한 마음이 들었습니다.
>
> 귀하의 노고에 무한한 감사와 존경을 표합니다.
>
> RL 호퍼(Hopper) 올림.
>
> 클리프턴(Clifton), 칼레도니아 플레이스(Caledonia Place) 28번지

런던은 특유의 부산한 방법으로 전쟁을 받아들이고 있었다. 1854년 10월 26일자 타임스 신문에 실린 광고이다. 램버스(Lambeth)의 애슬리(Astley)극장은 서커스공연장과 작은 무대가 한 공간에 있는 런던의 유명 극장이다.

> 애슬리 원형극장: 애슬리극장의 서커스공연장은 다채롭고 우아한 공연이 펼쳐지는 곳이지만 조금씩 손상이 가기 시작한 무대의 상태가 악화되었다. 대담하게 점프를 시도하는 코끼리도 볼만했고 광대의 우스개도 익살스러웠다. 무용수의 기괴한 동작도 멋있었지만 예전의 위용을 떨치던 군대행렬은 어디로 갔는가?

> 마침내 그 공백이 메워졌다. 원형경기장식 무대를 고급스럽게 탈바꿈시킨 윌리엄 쿡(William Cooke)이 워털루 전투 시절에나 보던 최고 수준의 군대 행렬을 어제 관객들에게 선보였다. 내용 그대로 알마 전투라는 제목이 붙은 이 공연에 마법쇼도 있었지만 속임수가 들어가지는 않았다. 관객이 집중하지 않는 사이 속임수를 쓰는 단순한 짜깁기식이 아니다. 오히려 전체 구성이 탄탄하게 잘 짜여 있어서 수천 명이 참가한 전투가 몇 곡의 노래로 다 표현될 수 있었다.

런던 대도시의 주민들은 딜레인이 펼쳐나가고 있는 이야기에 너무나 매료되어 있었지만 그 다음은 어떤 상황이 펼쳐질지 전혀 알지 못했다.

4 장

좌절

환자와 부상병의 처우 실태를 조사하기 위해 파견된 맥스웰(Maxwell)씨, 커밍(Cumming)씨, 스펜스(Spence) 박사로 구성된 3명의 정부조사관과 타임스 기금 관리자 맥도널드, 플로렌스 나이팅게일이 이끄는 간호사단, 브레이스브리지 부부가 포함된 일행은 마르세유에서 증기우편선 벡티스(Vectis)호를 타고 10월 21일 모두 함께 출발했다.

플로렌스 나이팅게일은 이미 유명인사가 되어 그녀가 스쿠타리에 온다는 소식이 이들 일행보다 먼저 도착했다. 영국 군은 마음에 들어 하지 않았지만 영국 국민들은 그녀의 매력에 빠진 상태였다. 여류 소설가 개스켈(Gaskell)은 이보다 앞선 그 해 여름 나이팅게일과의 첫 만남에 대한 회상을 남겼다.

> 아, 그녀를 직접 만나보셔야 해요. 키가 크고 호리호리한 몸매에 풍성하고 짤막한 갈색머리, 아주 섬세한 빛깔의 회색 눈동자는 수심이 가득하고 늘 내리깐 듯하지만 세상 누구보다 명랑해 보일 때도 있지요. 치아도 아주 고른 편이라 지금껏 그렇게 아름다운 미소는 본 적이 없어요. 우아함과 사랑스러운 외모까지 완벽하죠. 아주 재미있는 친구라 그런 면에서도 이끌리는 것 같아요. 사람 흉내내기를 아주 잘해요. 가령 (할리가에 위치한) 법인에 있는 불

쌍한 가정교사의 말투를 흉내 낼 때 말이지요. 남자 하인을 부리게 되어 기뻐하거나 레이디 캐닝(Canning)과 레이디 마운트이글(Mounteagle)에게 이걸 해달라 저걸 해달라 시킬 때 말하는 투가 그래요. 나이팅게일은 목소리나 매너, 몸짓도 극도로 부드러워서 누구도 곁에 있으면 그녀의 고집스러운 성격을 전혀 느끼지 못합니다. 그녀가 가진 힘도 무시 못할 정도이고 사람을 돕고 보살피는 면에서 박애정신도 투철해요.

나이팅게일과 함께 중요한 임무를 맡은 이들 일행이 뱃멀미와 싸우며 항해를 하는 동안, 영국 군대는 그들의 찬란한 역사적 배경에 지울 수 없는 오점 하나를 남기고 말았다.

발라클라바 전투에 관해서는 이미 많은 기사가 나왔고 경기병대의 돌격으로 수많은 사상자가 발생한 것도 사실이지만, 러시아 군이 10월 25일의 상황까지 가도록 영국 군이 내버려둔 이유부터 납득하기 힘들다.

알마 전투 이후, 수주 동안 러시아 군은 세바스토폴 남부 주변의 연합군 동태를 감시해왔다. 그런 다음 그곳 항구에 1만 8천여 명의 육·해 병력만 남겨놓고 철수했다. 러시아 군은 적군을 포위하여 이들을 반도의 남서쪽으로 밀어 넣기 위한 작전 때문에 병력의 대다수를 동쪽으로 조용히 배치한 것이다. 러시아 군은 동쪽과 북쪽으로 향하는 보급로도 확보할 수 있었다. 어느 첩보원도 발라클라바 항구에 위치한 영국 군의 진영이 북동부에서의 공격에 취약할 것이라는 조언을 사령부에 해주지 않았다. 영국 군은 이러한 공격에 노출되어 있었던 반면, 프랑스 군은 영국 군의 왼쪽에 진영을 두고, 해안선마저 연합해군이 수비하는 덕택에 사방으로 완벽한 방어태세를 갖출 수 있었다. 프랑스 군은 바다로 탈출할 경로가 있었지만 영국 군은 그러지 못했다. 발라클라바 항은 산으로 둘러싸여 밀착된 형태인데다 입구가 협소한 탓에 재빨리 철수하는 것이 불가능하다. 영국 군 스스로가 취약한 상태로 만들어버렸는데 그 이유가 무엇인지 이해하기 힘들다.

터키 군이 연합군 수비대의 최전방을 지키고 있는 지역에서 무방비 상태로 안심하고 있던 영국 군을 러시아가 전면 공격한 것이다.

11월 초가 다 되도록 그러한 작전이 펼쳐지고 있다는 소식이 런던에 도달하지도 않았으며, 왜 그때까지도 세바스토폴을 폭격하지 못했느냐에 대한 해명도 없었다. 이 때문에 신문은 전쟁이 종료될 날이 임박했음을 알리는 소식만 계속 낼 뿐이었다. 영국 정부는 장교들이 크리스마스 무도회 시기까지는 고국으로 귀환할 것이라 기대했다.

그 시기에 러시아 군은 이미 연합군을 앞지르고 있었을 뿐만 아니라 세바스토폴 남쪽에 대한 방어태세도 철통같이 구축했다. 토들벤(Todleben)이라고 하는 러시아의 뛰어난 공병(工兵)이 방어시설의 야간 수리작업을 맡았다. 탁월한 솜씨를 갖춘 공병과 숙련된 건축가, 건설기술자가 교대로 밤낮 작업한 결과, 연합군이 전날 폭격을 퍼부어 파괴했다고 생각했던 곳이 아침에 깨어보면 밤새 말끔히 복구되었을 뿐만 아니라 오히려 더 보강되어 있는 곳도 있었던 것이다.

믿을 수 없다는 투의 전보가 런던에 도착한 것이 문제의 시작을 알리는 신호로, 이미 때는 너무나 늦은 시점이었다. 전보는 11월 2월 목요일자 타임스 7면에 발행되었다. 편집장이 어떤 의견을 내거나 진위를 파악하기엔 이미 너무 늦은 때였다.

> 잠수함과 영국 전신으로 발송: 세바스토폴 포위 공격: 비엔나에 있는 우리 통신원으로부터 화요일 저녁에 다음과 같은 보도를 전달 받았다.
>
> 오스트리아의 일간지 비너 자이퉁(Wiener Zeitung)은 이날 저녁 10월 29일 베사라비아(Bessarabia)에서 전해 들었다고 우겼지만, 실상은 러시아로부터 입수한 것이 분명한, 믿기 힘든 소식을 전했다.
>
> 10월 25일 리프란디(Liprandi) 사령관측이 외딴 곳에 있던 영국 부대를 습격하여 이들의 진영을 보호하던 보루를 4곳이나 차지했다. 습격대는 11개의 대포도 빼앗았다.

> 그토록 강력한 위력의 러시아 기병대 공격이라면 영국 경기병대의 절반은 희생되었으리라. 사령부를 맡았던 카디건(Cardigan) 경은 간신히 탈출에 성공했다.
>
> 러시아 측의 군사가 보강되었음이 확실하지만, 전보에서 알려온 3만 명이라는 숫자는 전혀 확실한 정보는 아니었다. 더욱 강력한 병력이 페레코프(Perekop)에서 온다는 보고도 있었다.

11월 3일 금요일, 아무도 전날 전해진 러시아 군의 습격 소식을 심각하게 받아들이지 않는 것 같았다. 육군성이 전달한 전보 내용을 보도하는 뉴스 칼럼은 11월 2일자 신문에 발행된 소문을 일축하고자 하는 분위기였다.

> 영국과 프랑스, 오스트리아 정부에 전송된 10월 25일자 공문에 따르면 세바스토폴의 함락작전이 연합군에게 유리하게 진행되고 있다고 한다. 이들은 잦은 충돌에 대해서만 언급하고 리프란디 사령관의 승리에 대해서는 전혀 다루지 않았다.
>
> 앞서 보도한 아주 정확하고 신뢰할만한 정보가 있었지만, 비교 검증 차원에서 비엔나를 거쳐 도착한 다음의 '공식' 러시아 뉴스를 또 한번 전하고자 한다. "10월 25일에 리프란디 장군이 발라클라바에 주둔한 연합군 부대를 침공하여 4개의 보루를 급습하고 11개의 대포를 탈취했다. 영국 기병대의 참패로 끝난 이 작전에서 500명의 영국 병사가 목숨을 잃었다."

하지만 이 소식에 대해 타임스의 사설이나 기사에서는 전혀 언급되지 않았다. 딜레인은 육군성에 정보를 요청했으나 아무런 답변을 얻지 못했다. 유럽 전역의 전신사무소와 연락도 시도하였으나 믿을 만한 정보가 없었다. 이미 지난 달에 세바스토폴 함락이라는 잘못된 기사를 실은 상태라, 딜레인은 이 문제에 대해 추정할 수는 없었다. 비록 이러한 실수의 원인이 정부에 있다 하더라도 기사부터 내놓았다가 다시 철회하고 싶지는 않았기 때문이다. 그렇지만 타 신문사가 자기들 방식으로 기사를 내기 전에 어떤 식으로든 타임스도 기사를 내야만 했다.

11월 4일 토요일 자 신문에도 제대로 기사를 낼 수 없었다. 그러다가 신문 인쇄작업이 한창 진행 중이던 자정이 지나서야 뉴캐슬 공작으로부터 첫 번째 공식 발표가 나왔다. 인쇄 작업자는 이 발표문이 도착한 형태 그대로 실었고, 딜레인은 여전히 함락에 이르기까지 만족스러운 진행과정을 방대하게 설명할 뿐인 그 날의 논설을 수정할 시간이 없었다.

> 최신 뉴스: 뉴캐슬 공작이 타임스 편집장에게 감사의 말을 전하면서 콘스탄티노플로부터 도착한 전보를 신문에 공표할 수 있도록 내용을 전달했다. 오늘 조간신문에 실어 정상적인 뉴스 입수 경로인 런던가제트(London Gazette)*를 통해 전해 듣는 것보다 몇 시간 더 빨리 대중들에게 전달하기 위함이다. 포트먼 스퀘어(Portman Square) 17번지, 11월 4일 새벽 12:45
>
> 스트래트퍼드 드 레드클리프 대사, 10월 28일 자정:
>
> 발라클라바를 10월 26일 저녁에 출발한 영국 증기 수송선 선장이, 오늘 오전 프랑스선이 전달하고 마르세유를 경유하여 런던으로 즉각 전송한 정보의 상당 부분이 사실임을 확인해줬다. 러시아가 25일 발라클라바 근방에 있는 요새를 공격한 것으로 보인다. 이들의 병력 수는 3만여 명 정도였던 것으로 추정된다. 이번 기습은 예상치 못한 것이다. 코사크 기병이 보병대를 앞질러 갔다. 이들을 저지하기 위해 우선 터키 병력과 스코틀랜드 군이 투입되었다.
>
> 터키인들은 총기를 버리거나 아예 망가뜨리는 바람에 되려 자신의 총구가 자신을 겨누기도 했다. 반면 스코틀랜드 군은 전투 위치에 용감히 남아 있었다. 다른 병력들이 도착하면서 러시아 군은 그 지대를 넘겨주었음에도, 두 요새의 지휘관은 계속 남아 우리군에게 총을 쏘았다. 러시아 포대의 집중 사격을 받은 영국 경기병대 3개 연대에서 많은 사상자를 냈다. 프랑스 군

---

*런던가제트(London Gazette): 영국의 왕실기관지 이름

은 같은 전투에서 화려한 용맹을 떨쳤다.

세바스토폴이 연합군의 손에 떨어질 날이 멀지 않았다는 믿음이 아직도 남아 있는 듯 하다.

사상자 명단은 공식행사에서 발표하기 위해 남겨두었다. 이 명단에 장성은 한 명도 포함되어 있지 않다.

스트래트퍼드 드 레드클리프

딜레인은 스트래트퍼드 드 레드클리프가 보낸 소식 때문에 정부에 대한 화가 치밀었다. 확인 과정을 거칠 필요가 있긴 하지만 러시아 정보원으로부터 정보를 입수하는 동안, 정부가 입수한 소식은 며칠간이나 지중해를 떠돌아다닌 셈이다. “전투에 참여한 연대의 이름도 밝히지 않고 ‘스코틀랜드 군’이라고만 하면 말이 되나? 스코틀랜드에 있는 군인 가족이라면 누구나 어떤 사태가 벌어졌는지 애타게 소식을 기다리고 있다는 사실을 알아야 하지 않는가? 경기병대의 3개 연대를 언급하면서 이들이 어디 소속인지 밝히지 않는 것도 마찬가지다. 총기를 망가뜨렸는데, 어떻게 그 총이 그 사람에게 곧바로 겨눌 수 있단 말인가? 이들의 공격은 어디에서 시작된 것인가? 발라클라바 어느 근방에 이 요새가 위치해 있나? 이 요새는 함락작전을 펼치던 우리 군이 차지하고 있던 곳인가?”

어떤 내용의 사건이든 발생한 지 이제 11일째다. 영국에서는 이번 공격으로 인한 피해 규모가 어느 정도인지 전혀 이해를 못하고 있었다. 물론 사상자 명단에 장성의 이름이 하나도 오르지 않았다는 점은 다행이지만 다른 많은 군인 가족들은 그 내용이 무엇이든 ‘공식 발표’만을 기다리는 것에 만족할 리가 전혀 없었다. 그날 논설 내용은 분노로 가득했다. 전장에서의 소식을 영국으로 전하는 방식을 새롭게 마련하도록 외치는 계기도 되었다. 전쟁은 훌륭한 장성들이 벌인 개인간의 문제가 아님을 딜레인은 책임 당사자들에게 상기시켰다. 자신의 아들이나 남편, 아버지와 오빠의 소식을 애타게 기다리고 있는 사람들이 모두 겪고 있는 문제다. 그런데 발라클라바 근처에서 벌어지고 있는 전투에 대한 소식은 더 이상 없었다. 대신 영국 정부가 그려내고자 했던 상황처럼 러시아 측이 순순히 세바스토폴 도시를 연합군에게 넘겨 준 것이 아니라, 그곳 도시 남부에서의 전투가 실은 극도로 치열했고 참전했던 모든 부대에 엄청난 피해를 안겨주었다는 보고가 프랑스에서 왔다. 프랑스가 점령한 전선에서는 탄약고가 폭발해 가공할 만한 규모의 피해가 있었다는 뉴스도 있었다. 이로 인해 이들의 공격을 수 차례나 중단시키게 되었고 수백 명의 목숨까지 앗아갔다. 해안에 있던 함대가 폭격을 맞는 바람에 육지에서뿐만 아니라 해상에서까지 많은 사상자가 나왔다. 공식적인 전쟁보도 자체도 느리지만 내용 자체도 위험할 정도로 사람들을 호도하고 있었다. 수일 내지 수주 만에 연합군의 승리로 끝난다는 안일한 확신은 속임수에 불과했다.

그럼에도 불구하고 딜레인은 영국 군의 진정한 노력에 대해서 폄하해서는 안 된다고 생각했다. 정부 관료의 무능함과 정부 자체의 무능함은 별개임을 명확히 구분했기 때문이다. 그래서 지금까지 도착했던 잘못된 정보에 대해서는, 정책 입안자의 판단력이나 작전의 전반적인 전략을 비난하기보다는, 경솔하고 비효율적인 방식으로 처리한 담당 공무원들에게 경멸적인 공격을 퍼부었다.

발라클라바 주변의 전세(戰勢)는 여전히 불투명했다. 딜레인 자신은 그곳에 어떤 일이 벌어졌는지 파악할 수 없지만, 영국을 제외한 다른 모든 국가에서 카디건 경이 이끄는 기병대의 운명을 이미 파악하고 있을 것 같은 두려움이 생겼다. 상트페테르부르크*에 있는 러시아 군과 런던의 육군성 관계자의 손을 거친 전보가 몇 차례 도착했지만 그 어떤 것도 딜레인에게 사건의 전말을 밝혀줄 만큼 만족스러운 것은 없었다. 알마 전투에 관한 소식들은 아직도 계속 도착하고 있었다. 이는 너무나 먼 곳에서 펼쳐지고 있는 아주 복잡한 내용을 전해야 하기 때문일 것이다. 확실한 정보가 들어

*상트페테르부르크(St Petersburg): 1918년까지 러시아의 수도였다.

오기 전까지는 어쩔 수없이 정부가 알려주는 대로 전쟁은 순조롭게 진행되고 있고 곧 끝날 것이라는 글로 독자들을 안심시키는 것이 그의 의무라고 생각했다.

> 전투 현장에서 계속 보내온 소식에 따르면, 우리는 자신 있게 만족할 이유가 충분히 있다. 우리 군은 큰 타격을 입지 않은 듯 하다. 육군은 필요한 만큼 임무를 완수했고 해군은 기대하는 바를 달성하고 있다. 세바스토폴 함락 작전은 놀라운 열정으로 펼쳐지고 있고 모든 것이 연합군의 최종 승리를 상징하는 모양새로 갖추어가고 있다. 그러한 승리의 기쁨을 한층 더 고조시키고자, 러시아인들은 예상을 초월하는 전투 자원을 투입하면서 알마 전투에서 보여준 것과는 비교할 수 없을 정도의 힘으로 버티고 있다. 예상대로 일이 순조롭게 진행되다면, 세바스토폴이 함락되는 것은 시간 문제이고, 이번 전투는 근대 전쟁사에 길이 남을 위대한 업적이 될 것이다.

영국에서 출발한 간호사와 수녀 일행이 타임스의 맥도널드와 함께 11월 5일 스쿠타리 병원에 도착했다. 이들의 도착은 환영 받지 못했다. 장교와 군의관은 민간인이 간섭이 달가울 리 없었다. 특히 정부 각료의 친구라고 하는 사람이나 영국 군대 의료시설의 부실한 운영에 관해 기사를 냈던 골치아픈 타임스 직원이라는 권한을 가지고 온 사람이라면 더더욱 못마땅해 할 수밖에 없었다. 이들 모두 영국에서야 유명할지 모르지만 터키의 야전병원을 책임지는 사람에게는 골치거리에 불과했다. 스쿠타리에 있는 어느 누구 하나 이들과 엮이고 싶어하지 않았다. 간호사와 타임스 일행은 병원 건물의 한쪽 구석에 방치된 더러운 계단 한 켠을 배치 받았다. 방 두 개와 부엌 하나가 다였고 장비도 알아서 해결해야 했다. 발라클라바에 전투가 시작되어 곧 사상자를 실은 배가 들어온다는 소식이 전해졌다. 정부 고위 관계자에게 일러바칠 것이 뻔한 상태에서 언론의 후광을 얻은 자나 수술복 입은 영국 귀족 집안의 고지식한 딸이 반가울 리가 전혀 없었다. 이들을 상대하고자 하는 사람은 아무도 없었다.

노샘프턴셔(Northamptonshire) 국회의원인 아우구스투스 스태퍼드가 나이팅게일과 맥도널드 일행이 온 지 얼마 뒤, 터키까지 그들을 어렵사리 찾아왔다. 딜레인에게 약속한 것을 이행한 것이다. 스쿠타리 병원 책임자인 실러리(Sillery) 소령과의 첫 만남 직후 스태퍼드 의원이 남긴 기록 사본을 맥도널드와 체너리가 딜레인에게 보냈다. 이 기록에서 그는 화장실을 '필수시설'이라고 표현했다. 이 기록을 신문에 실을 수는 없다고 판단한 딜레인은 대신 시드니 허버트와 뉴캐슬 공작에게 보냈다. 총리인 애버딘 경은 스태퍼드에게서 직접 받았으리라 짐작했다. 믿기지 않는 내용의 기록이었다.

> 내가 직접 둘러본 후 얼마 지나지 않아 지역 풍토병인 설사병에 걸릴 정도로 이곳의 상황이 정말 끔찍하다. 5분이 채 되지 않은 상태였는데 병에 걸렸음을 직감할 수 있었다. 필수시설의 상태는 나처럼 건강한 사람도 설사를 일으키기에 충분했다. 결과적으로 병원 전체에 전염병을 쉽게 퍼뜨릴 수밖에 없었다.
>
> 터키에 가본 사람들의 의견에 따르면, 터키인들은 놀라울 정도로 점잖은 습성을 지녔다고 한다. 길게 뻗은 복도의 측면에 있는 이 필수시설은 별도의 대기실을 사이에 두고 복도와 분리되어 있다. 이 대기실로 들어가는 문은 필수시설의 입구와 마주하고 있지 않다. 따라서 문이 열려있다 하더라도 누구든 그 곳 공간을 들여다 본다는 것은 불가능하다.
>
> 터키인들은 휴지를 전혀 사용하지 않기 때문에 분뇨관이 너무 작다. 다만 필수시설 이용 후 세정을 하는 것이 이들의 종교의식이기 때문에 왼쪽에 작은 수도꼭지가 있다. 여름에 군부대가 이곳 막사에서 주둔할 때, 병사들 때문에 수도꼭지가 부서지고, 그 바람에 물 공급이 중단되었다.

막사를 병원으로 다시 운영하기 시작한 후에도 하수관을 수리하거나 물 공급을 원활히 확보하는 노력을 하지 않아, 하수관이 곧 막혀버렸다. 설사병을 앓고 있는 환자의 분뇨가 하수관에 가득 차다 넘쳐서 물과 함께 바닥에 둥둥 떠다니고 필수시설이 있는 공간까지 흘러 들어왔다. 심지어 대기실까지 넘쳐 들어와 그날 아침 내가 도착할 무렵에는 2센티미터가 넘게 차있었다. 설사병 환자는 슬리퍼나 신발도 없는 사람들이라 이런 불결한 상태가 진행되면 필수시설에 가는 일을 최대한 줄이고 대신 입구에 가까운 쪽으로만 계속 가다가 결국 나도 직접 목격한 대로 대기실에 있는 마당에서 볼일을 해결하는 경우까지 발생한다. 그로 인해 풍기는 끔찍한 악취는 이루 말로 표현할 수 없을 정도이다.

스태퍼드가 국회로 보내는 모든 편지와 보고서를 살펴보면 과장된 몸짓보다는 직설적이고 간단명료함을 중시하는 차분하고 내성적인 영국인 특유의 인상을 풍기고 있었다.

이곳 군의관들 중 이러한 문제해결에 가장 열성적일 것 같은 맥그리거(McGrigor) 박사를 찾아갔다. 박사는 자신도 다른 의사들로부터 동일한 문제를 지적하는 편지를 수 차례 받았다는 것이다. 그들 중 일부는 서너 차례나 반복해왔단다. 그는 책임부서라 생각되는 곳에 압력을 가하긴 했지만 매번 자기들 관할이 아니라는 답변만 들은 상태라, 아직도 어느 부서에 책임 소재가 있는지 모른다는 것이다. 스쿠타리에 벌어지고 있는 혼란이 너무나 큰 나머지 한 부서가 어디에서 어디까지 존재하는지 구별조차 할 수 없다고 했다.

그래서 이번에는 이러한 상황에서 조치를 취할 권한이 있을 것으로 보이는 고위 장교인 실러리 소령을 찾아갔다. 그는 분뇨관이 막힌 사태도 알고 있고 맥그리거 박사로부터 환부에 괴저가 퍼지고 있을 뿐만 아니라 병원에 열병까지 돌고 있다는 보고도 받았는데 이 모든 것이 분뇨관 사태에서 발생한 것도 알고 있다고 했다. 소령의 답변이다. "해볼 수 있는 유일한 방법은

8명의 인부를 시켜 굵은 철사나 대나무 막대기로 분뇨관을 청소하여 분뇨를 억지로 밀어 내리는 것입니다. 그런 후에도 동일한 방법으로 계속 청소작업을 시키는 것이지요. 그리고 수도꼭지만 부서진 상태이고 분뇨관은 부서진 것은 아닌 데다 물 공급도 부족하니, 그 동안 수도꼭지를 수리해야겠지요."

그의 말이 이어졌다. "이 일은 제 병사 누구에게도 맡기고 싶지 않습니다. 병약한 사람에게 치명적인 작업으로 보이기 때문입니다. 이러한 수준의 필수시설에 익숙한 터키인들을 이 작업에 투입해야 한다고 봅니다. 누군가 죽어야 한다면 우리 병사보다는 터키인이 죽는 편이 낫다고 감히 말해봅니다. 터키 측에서 8명이 나와야 한다고 생각합니다."

전시 중 민간인의 경계를 넘어 군인의 행보를 보이는 수많은 정치인들은 망설임의 순간을 맞이한다. 스태퍼드와 대화를 나누던 장교는 이러한 경계에 서서 어떤 기준을 따를지 망설이고 있었다. 하지만 스태퍼드는 본연의 직설적인 성격에 힘입어 마치 자기 집 수리를 맡긴 건축가를 대하듯 말했다.

나는 16명의 터키인을 쓰는 것이 그나마 이들이 그러한 공간에 머무는 시간을 단축시켜 더 나을 것이라고 답했다.

실러리 소령도 16명의 터키인이 낫겠다고 했다.

"자네가 인부를 구할 수 있겠나?" 라고 내가 물었다.

소령은 그런 인력을 구하려면 돈이 들 것인데 자신은 그럴만한 돈이 없다고 했다.

그의 말에 완전히 압도 당한 나는 "내 은행 계좌에 200파운드가 있다네." 라고 전했다. "자네가 거기에서 100파운드 또는 전부를 다 가져 가게. 터키 지폐나 프랑스 금화, 영국 돈, 오스트리아 달러든 3시간 안에 바꿀 수 있을 거네. 영국인으로서 내 조국 병사들이 그런 이유 때문에 죽게 내버려둘 수 없다네." 그 때 나는 주체하지 못할 너무나 강렬한 감정에 휩싸여 있었다.

> 소령은 내가 제안한 것들을 모두 고려해보겠다고 했다. 필수시설을 점검하는 과정에서 나도 질병에 걸렸기 때문에 병상으로 돌아가야 했다. 그럼에도 관련자에게 즉각 편지를 보내라고 소령에게 지시했다. 청소가 실시되지 않는다면 영국 하원에 서둘러서라도 그 편지를 보내겠다고 했다.
>
> 그 소령은 돈을 받는 것을 내켜 하지 않았다. 내가 한 말에 너무나 당황한 나머지 심적 부담을 크게 받은 듯 했다. 돈은 미리 지불해야 하며 이를 되갚을 수 있다는 보장도 못한다고 했다. 아주 불안해 하는 상태였다.

스태퍼드는 현지에서 발생한 것을 직접 목격하고 이를 충실히 기록해 둔 내용에 자신이 말하고자 한 바가 충분히 내포되어 있다고 생각하여 특별한 의견이나 권고사항 없이 보고서를 마무리했다. 문제의 원인이 무엇인지와 해결책에는 어떤 것이 있을지에 대한 추론은 당사자의 판단에 맡겼다. 그렇지만 이를 읽는 사람이라면 누구에게나 관철시킬 수 있도록 자신의 관점을 명확히 밝혔다.

이곳이 바로 플로렌스 나이팅게일이 도착한 곳이었다. 8명의 수녀와 함께 생활하도록 배치 받은 공간에는 침대가 없었다. 테이블 한 켠에는 죽은 러시아 장교의 시신이 놓여 있어서 이를 치워야 했다. 청소용 대걸레나 빗자루도 없고 씻을 도구도 전혀 없었다.

나이팅게일과 수녀 일행이 스쿠타리에 도착할 때까지 아무도 이들을 위한 준비를 해두지 않은 것이다. 국회의원도 이들에게 영향력을 행사할 수 없었다. 군 당사자가 관련된 일의 경우 정치인이 전쟁이라는 상황을 이해하지 못하기 때문이다. 나이팅게일은 스태퍼드는 물론 그 누구에게도 장교들의 행위에 대한 불만을 토로할 수 없었다.

예비간호사는 물론 장병의 아내로 이곳까지 도움을 주러 왔거나 단순히 남편을 만나보고자 온 사람도 있고, 심지어 남편의 급여를 조금이라도 손에 넣고자 자신의 이름을 신청자명단에 넣은 사람도 있었다. 이러한 모든 사람들이 영국 군에게는 극도로 성가신 존재였다. 이들 중 상당수가 매춘을 일삼게 되어 나중에는 당국의 골치거리가 되고 말기 때문이다. 여간호사가 가장 어려운 경우였다. 이들은 선교사 역할을 자처할 수도 있고 여자들이 이해하지 못하는 군대의 암울한 삶에 여성적인 방식을 서서히 주입하려는 성향이 있음을 알고 있기 때문이다. 그래서 이들의 존재는 환영받지 못했다.

나이팅게일 일행이 도착한 지 이틀도 안 되어 2,600명의 부상병과 환자가 스쿠타리에 도착했다. 이들을 태우고 온 함대는 불결하기가 이루 말할 수 없을 정도라 참담한 상태의 화물을 뭍에 내려놓을 수 없었다. 병사와 첼시왕립병원 퇴역군인들은 물론 당나귀까지 모조리 동원되어 피 흘리거나 토하는 환자들을 오염된 선착장에서부터 막사까지 끊임없이 옮겼다. 지독히 춥고 혼란스러운 상황이었다. 하지만 아직도 새로 온 간호사들에게 관심을 보이지 않았고 누구도 만나려 들지 않았다. 밤새 바람이 세차게 불었다. 암울하고 얼음장같이 차가운 가을 날씨를 맞는 인간에게 유일한 위안은 담요를 감싸고 누워 스스로를 돌보는 것이었다. 400여 명의 병사가 첫 날 숨졌다. 수많은 이들이 발라클라바에서 시작된 5일간의 항해를 견디지 못해 숨지고 이들의 시신은 흑해에 버려졌다. 배설물과 토사물, 피는 물론 시신에서 흘러나오는 분비물과 잘려진 팔다리까지 가득한 터키 막사의 바닥이 흥건히 젖어 있었다. 이 거대한 건물의 마당에는 동물의 사체와 터키 군대의 폐기물로 가득 쌓여있었다. 건물 내부 어디에도 병사가 안락하게 누울 곳이 없었다. 침대는커녕 매트리스, 붕대도 없고 씻을 대야도 없었다. 의사는 지친 상태에서 장비도 제대로 갖추지 못하고, 의약품과 의료장비를 구하기 위해 거쳐야 할 절차도 복잡해 애먹고 있었다.

11월 초, 딜레인은 전장에 나가있는 군인 가족이나 미망인에게 기금을 배포하는 과정에 문제가 있음을 지적하는 글을 처음으로 신문에 실었다. 이는 한 여성의 편지로 시작되었다.

> 저는 터키에 주둔하고 있는 왕립포병대 13대대 소속 군인의 미망인입니다. 남편은 안타깝게도 바르나에서 폐병으로 숨졌습니다. 몇 개월 전, 저는 중앙구조자금위원회에 도움을 요청하였습니다. 이곳 관계자가 프린스가(Princes St)에 있는 구제장교에게 연락하라고 해서, 그곳에 갔더니 제 남편이 입대 당시 미혼으로 등록했기 때문에 자신이 도와줄 일은 아무 것도 없다는 말을 들었습니다. 당시 아내인 저와 두 명의 애들과 함께 살았는데도 말이죠. 이 분은 다시 울위치(Woolwich)의 대대 목사인 쇼트(Schott)씨를 찾아가서 그곳 연대에 등록해 보라고 하더군요. 그곳에서 저희 부부 결혼증명서와 남편에게서 받은 편지를 건네주고 왔습니다. 아무런 결실 없이 서류만 제게 돌아왔더군요. 대대 장교에게 서한을 보냈더니 저를 다시 쇼트씨에게 연락하라 그러고, 쇼트씨는 제 남편이 입대 당시 거짓말을 했기 때문에 제 경우가 무척 까다롭다는 답변을 했습니다. 이러한 사정으로 인해 저는 자애로운 국민들께서 보내주신 기금을 받을 길이 전혀 없습니다. 귀하야말로 고난에 처한 누구라도 진실을 밝혀줄 준비가 되신 분이라 여겼기에 이렇게 연락을 드립니다.
>
> 감사합니다. 앤 고드윈(Ann Godwin) 올림.
> 이슬링턴(Islington), 노샘프턴 그로브(Northampton Grove),
> 노샘프턴 파크(Northampton Park) 1번지.

앤 고드윈으로부터 온 편지는 군내와 관련된 사안이 잘못 취급되고 있음을 알리는 신호탄이 될 뿐만 아니라 그 원인 또한 밝히는 계기가 되었다. 그 다음 날 앤 고드윈의 편지에 대한 첫 답신으로 자신의 견해를 전달한 HL 포위스(Powys) 소령의 글도 독자들에게 소개되었다.

> 타임스 편집장 귀하, 1854년 11월 8일

> 타임스에 실린 왕립포병대 소속 병사의 아내인 앤 고드윈씨의 편지를 보고 이 기회를 빌려 제 소견을 전하고자 이렇게 연락 드립니다. 고드윈은 처자식을 저버리기 위한 목적에서 고의로 미혼이라 속이고 입대했으며, 이에 가족들이 오랜 기간 동안 그의 생사여부조차 모르고 지냈습니다. 장병가족돕기 중앙협회는 병사의 거짓 등록과 처자 유기를 부추길 수 없기 때문에 가족을 버리고 입대한 무정한 가장에게까지 기회를 줄 수 없다는 입장을 밝힙니다.
>
> 위원총회의 결정에 따라 이 글을 올림. HL 포위스.
>
> 멜가, 워털루 플레이스(Waterloo Place) 9번지, 소총부대 60대대 소속 소령

마치 자신의 내면에 끓어오르는 분노를 퍼부을 대상을 찾기라도 하듯, 딜레인은 장병가족돕기 중앙협회 서기인 포위스 소령에게 맹공격을 퍼붓기 시작했다.

> 우리는 인류 역사상 가장 놀라운 추론 과정을 목격하게 되었다. 병사가 아내를 저버리는 행위를 억제하기 위한 수단으로, 이 협회는 극한 상황에 처한 미망인을 저버렸다. 지금은 고인이 되어 낯선 땅에 차갑게 방치되었을 병사가 저버린 아내에게 이들이 또 한번 고통을 주었다. 자신이 저지른 행동으로 인해 그 병사는 가장 고통스러운 벌을 받고 목숨마저 조국에 바칠지언정, 적어도 우리 절대자의 판결만은, 영국 병사의 도덕성을 판단하거나 위증을 가려냄이 아니라 장병가족을 돕기 위해 설립된 중앙협회보다는 더욱 관대하기를 희망할 수밖에 없다.

신문에는 앤 고드윈이 속한 교구의 목사가 전하는 이야기도 담았다. 마사 브라이트웰(Martha Brightwell)도 남편이 입대 전 결혼했지만 혼인 상태가 아직 연대에 등록되지 않았다는 이유로 동일한 협회로부터 지원 신청이 거부되었다는 것이다. 헌신이라고밖에 할 수 없지만, 전혀 밝혀낼 길

이 없을 듯한 이유로 그녀의 남편은 연대 등록 시 아내의 결혼 전 성(姓)을 썼다. 어찌 되었건 이 목사는 두 여성이 결혼한 상태이며 전장에서 영국 군으로 싸우다가 사망한 남성들의 미망인이라는 사실을 직접 입증하는 서류를 제출했다.

딜레인은 디킨스 소설의 어법으로 글을 마무리지었다. "우리 국민은 고인이 된 범블(Bumble)*씨가 하던 방식으로 기금을 집행하라고 이 협회에 기부를 하고 관용을 베푼 것이 아니다."

11월 8일, 파리를 경유하여 프랑스 군의 활동에 더 많은 관심을 보인 전보가 런던에 도착했다. 리프란디 장군이 발라클라바 북부에서 영국과 터키 군의 동쪽 진영을 공격했다는 보고였다.

카디건 경의 기병대 돌격에 관한 언급도 있었으나 구체적인 사항에 대한 지적은 없었다. 언제나처럼 함락에 이르기 위한 과정의 더 큰 그림의 일부분에 불과한 작은 사건으로만 묘사될 뿐이었다. 해당 작전에 얽힌 이야기는 프랑스 군이 난관에 봉착한 영국 기병대를 구조해준 과정에 대한 설명이지만 기사가 다른 방향으로 들어서는 것에 별 관심이 없던 타임스는 이 전보 내용을 주요 지면에서 멀리 떨어진 곳에 싣고 이에 대한 언급조차 하지 않았다. 또한 기사의 활자를 지나치게 작게 함으로써 해외 정보원이 보낸 이런 소식은 무시한다는 신호를 보냈다.

사실 러시아의 급습은 발라클라바의 전체 보급로를 위협하는 대성공을 이룬 것으로, 이로 인해 영국의 공격선을 재배치하게 되었을 뿐만 아니라 러시아와 영국의 접경지역을 위협하는 계기가 되었다. 하지만 최고 사령부가 이 문제를 언급조차 하지 않았기 때문에 아무도 이를 보고하려 들지

*범블(Bumble): 찰스 디킨스의 작품 '올리버 트위스트'에 나오는 구빈원 관리인으로 비열하고 강압적인 인물로 묘사된다.

않았다. 사실은 이렇게 침묵을 지키는 이유는 그 문제가 사소해서가 아니다. 사건 전말이 런던에서 다시 모조리 드러나지 않기를 바랐기 때문이다. 간단히 말해, 러시아 군대에 맞서 반격하려던 영국 군이 실수로 적의 진영으로 뛰어들어 간 것이다. 계곡을 가로질러 고지까지 공격해서 터키 군이 놓쳤던 적군을 다시 생포하는 대신, 계곡으로 내려가는 바람에 러시아 군의 품으로 뛰어든 것이다. 아무도 이에 대해 말하고 싶어할 리가 없다. 래글런 경이 내린 작전 명령이 래글런을 거쳐 그의 보좌관인 놀란(Nolan)으로, 놀란에서 기병대 대장인 루칸(Lucan) 경으로, 다시 루칸에서 경보병대 대장인 카디건 경까지 오면서 내용이 와전된 것이다. 총사령관이 내린 지시사항을 그대로 이행한다고 착각한 카디건은 자신의 사단 선두에 서서 놀란과 함께 말을 타고 계곡에 있는 러시아의 무자비한 포격 속으로 뛰어들었다. 카디건과 마찬가지로 래글런의 의도를 오해한 것이 분명한 놀란은, 모든 적진의 위치를 충분히 파악하지 못했던 탓에 제일 먼저 전사했다. 루칸은 작전 전달에 실수가 있었음을 깨달았지만 래글런의 명령 전달자인 놀란의 지시가 자신의 판단보다 앞선다고 여겼다. 명령을 충실하게 이행하느라 급습을 막지 못하고, 그런 끔찍한 상황이 벌어지는 것을 부하들과 함께 지켜볼 수밖에 없었다. 카디건은 결단을 하고 말을 달려 계곡을 빠르게 가로질러 러시아의 포격을 피했기 때문에 목숨은 구할 수 있었다. 자신의 부하와 말까지 모조리 죽임을 당하는 현장에서 벗어나 말을 돌려 발라클라바 항에 정박해 있던 자신의 배에 재빨리 몸을 숨겼던 것이다. 래글런은 침묵 속에 상황을 지켜보며 루칸이 고의로 자신의 명령을 어겼다고 짐작했다. 이러한 모든 상황들로 인해 이번 러시아 군의 공격에 대한 자세한 설명이 런던에 도착하지 않았던 것이다.

11월 11일은 인류역사에서 전쟁을 비롯한 엄청난 규모의 사건들로 기록된 날이다. 1918년의 11월 11일은 제1차 세계대전과 관련된 수많은 전투가 휴전한 날이며 지금까지 이를 기리고 있다. 1854년의 11월 11일은 윌리엄 러셀이 보낸 장문의 전보를 통해 발라클라바의 영국 기병대에 사상자가 발생했다는 소식이 런던에 도착한 날이다. 기사의 전문도 보냈으니 마르세유를 거쳐 2~3일 이내에 도착할 것이라고 했다. 딜레인은 마침내 진실이라고 믿을 만한 내용을 받고 보니, 지금껏 정부가 내놓던 소식과는 전혀 딴판의 이야기가 펼쳐진 것이었다. 타임스는 엄중한 목소리로 기사를 써내려 갔다.

> 특파원이 보내온 전보에 따르면 10월 25일 발라클라바 고지에서의 습격으로 발생한 연합군 사상자가 지금껏 우리에게 믿으라고 전해진 것에 비해 훨씬 더 심각한 수준임을 알 수 있다. 전보 내용에서 설명하기를 터키 진영에 가해진 공격으로 기병 600명과 보병 400명이 사망했다고 한다. 이들 중 대부분이 영국 군이다. 대의를 위해 무기를 든 자는 잠시의 승리에 도취되거나 비운에 좌절해서도 안 되며, 피할 수 없는 전쟁의 흥망을 푸념하지 않고 견뎌야 한다. 피 흘리며 죽은 영령들은 결코 허망하게 죽지 않았다. 우리 함대의 교신을 끊어버리고 우리 군의 진영을 위협할 뿐만 아니라 군 전체의 안전도 와해시킬 수 있는 적군의 작전 수행을 막고자, 우리의 용감한 병사들이 자신을 희생하고 우리 곁을 떠났다. 이보다 더 값어치 있는 일에 희생할 수 있는 고귀한 생명은 없을 것이다.

그날 스코틀랜드 군이 발라클라바 항구 앞에 진을 치고 있지 않았더라면 영국 군은 바나로 밀려나 보급로 전체를 잃음은 물론이고 탈출구 하나 건지지 못했을 것이 분명했다. 영국 군의 행적에 대한 러셀의 표현은 역사책에 '소수의 용감한 사람들(the thin red line)'이라는 이름으로 남겨졌으며, 치열한 전투에 맞서 용감하게 싸우는 사람을 가리키는 말이 되었는데, 이것만 해당하는 것이 아니다. 실제 그가 쓴 표현은 '끝부분에 줄을 지어 늘어선 강철로 된 가는 붉은 선(the thin red streak tipped with a line of steel)'으로 이들의 용맹에 대한 찬사를 표현할 뿐만 아니라, 이들이 지키고 있던 진영의 전략적 중요성과 최소한의 병력만으로 이를 이룩해 낸 그들의 업

Thin Red Line이라는 문구가 생겨나게 된 배경이 된, 당시 전투 장면을 다룬 그림 (Robert Gibb 작품, 1881)

적을 기리는 말이다. 스코틀랜드 군이 진영을 지키지 않았다면 영국 군은 지원 세력은 물론 방어체계도 전무했음에 틀림없었다.

11월 13일 마침내 윌리엄 러셀의 편지 전문이 딜레인에게 도착하자 사건의 전말이 펼쳐지기 시작했다. 이는 군대 역사상 가장 끔찍한 전투로 기록에 남을 만한 내용이었다. 딜레인은 논설에 자신의 판단을 넣을 만한 근거가 될 상세한 정보를 이제야 갖춘 것이다. 그에게서 관대함은 전혀 찾아볼 수 없었다.

> 그 일이 사고였다면 용서할 수도 있을 것이다. 허나 이는 단순한 실수였고, 분명히 실수였음을 알아차린 때는 이미 돌이킬 수 없을 정도로 늦어버렸다. 이번 사건은 눈부신 자기희생이 낳은 결과라고 포장해버린 것이다. 4개 강국으로 구성된 두 개의 위대한 연합군 병력이 거대한 원형극장의 관람석에서 700명의 영국 기병이 완벽한 정렬을 이루며 파멸의 길로 다급히 뛰어드는 장면을 감상하였다. 이는 보기 드문 장관으로 향후 어떤 경우에라도 재연되지 않으리라 믿는다. 지난 몇 주 동안 수많은 영국인 가정에 어둠의 그림자를 내리게 했던 사태는 경기병대를 전멸시킨 이번 전투에 비교할 수 없을

> 것이다. 700여 명의 강력한 병력을 이끌고 적진에 뛰어들었다가 겨우 191명만이 살아 돌아왔다. 600필의 군마 또한 잃고 말았다. 위대한 영웅적 행위라고 하기에는 아무런 명분도 성과도 없는 것이었다. 이들 장교는 잃을 것이 자기 몸 하나밖에 없는 운 좋은 병사가 아니다. 이들은 계급과 부, 사회적 지위는 물론 주변 환경으로부터 부여될 수 있는 모든 이익을 잃을 각오를 하고 그날 전투에 임한 사람들이다. 이날의 실수는 보기 드문 무지의 소치였다. 그 원인을 파헤치는 것이 어렵지 않기 때문이다.

딜레인은 러시아 징보원으로부터 온 보고서도 기사에 포함시켰다.

> 최신 뉴스: 11월 13일 잠수함과 영국전신으로 수령, 비엔나 금요일.
>
> 터키. 25일에 잃었던 보루를 탈환하기 위해 시작된 연합군의 공격이 실패로 돌아갔다고 특파원이 러시아 당국에 전함. 러시아 군이 발라클라바 고지에 진영을 지키고 있었다고 함. 연합군이 보루를 탈환했는지 여부는 아직 확인되지 않음.
>
> 하지만 러시아 소식통이 일요일 저녁에 보내온 내용에 따르면 연합군 대열이 세바스토폴 성벽에서 130여 미터 이내의 거리에 있다고 함. 포병대가 진입을 준비하고 있던 곳으로 돌격로를 뚫음.

발라클라바에서의 러시아 군 승전보는 끔찍한 규모로 사상자를 낸 영국 기병대 소식이 불러온 대혼란에 묻혀 잊히고 말았다. 하지만 러시아 군에게는 결정적인 전략적 정복이었다. 이들은 또한 방대한 길이의 자갈도로까지 점령하는 바람에, 영국 군은 식량과 장비는 물론 부상병까지 모두 짊어지고 황야지역의 진흙투성이 경사로를 오르락내리락할 수밖에 없었다. 몸은 지치고 혹독한 추위까지 덮쳐 힘든 상태이지만 전투에서 빼앗긴 둑길에 위치한 러시아 군의 총구는 피해 가야만 했다. 침략군이 겪을 수 있는 최악의 상황에 처한 것이다.

온 국민의 자존심에 남겨진 상처는 결코 아물지 않았다. 훗날 뒹케르크(Dunkirk)*에서 펼쳐진 구조작전을 국민정신 드높이기에 활용하는 것처럼 가장 삐딱하게 인기를 누리는 기사만이 경기병대의 돌격을 영웅적 행동으로 묘사할 뿐이다. 두 가지 사건 모두 어떤 군대나 국가에서도 저질러서는 안될 어처구니 없는 군사적 실수가 직접적인 원인이었다. 딜레인의 예리한 관측에 따르면 그러한 작전 실패는 타인의 생사를 결정지을 수 있는 권한이 주어진 소수의 사람에 의해서 빚어진다는 것이다. 그가 예를 들고 있는 사례의 경우, 능력이 없고 잘못을 뉘우치지 않는 귀족층이 군대를 통제하는 상황에서 발생한 문제라는 것이다.

래글런과 루칸, 카디건, 놀란 모두 그러한 어리석고 오만한 행동을 보였으며 오랜 세월이 지난 지금 우리는 이들의 실수를 비웃을 수 있다. 하지만 딜레인은 전장에 있는 병사들의 운명은 물론 영국의 존립 자체가 이들의 행동에 달린 것으로 볼 수밖에 없었다. 그래서 자신의 주장을 관철시켜야만 했다. 군사령부는 부패하고 무능하기 짝이 없는 데다 오만하여 자기들끼리 만든 권력의 중심에 몸을 숨기어 잘못을 지적하는 정부나 의회의 영향력에서 벗어나려 했다. 이 때문에 이들은 국가의 존립 자체를 위험에 빠뜨린 것이다. 이러한 상황은 이제 뜯어고쳐야만 했고 정부에게도 이 문제를 지적하거나 수치심을 느끼게 해서라도 직접 나서게 해야 했다.

경기병대의 사상자에 대한 책임 소재를 가리기 위해 수개월여 동안 정계와 귀족층, 정부, 왕족까지도 이 일에 몰두해온 것은 누구에게도 자랑거리가 아니었다. 딜레인은 이들의 논쟁에 끼어드는 대신 관련된 편지를 공개하고 이로 인한 반론이 나오면 그에 응수했다. 이 외에도 다루어야 할 중요한 사안들이 산적해 있었다. 영국 군대는 적군 없이도 패배를 경험한 셈이다. 아무런 외부 세력 없이도 스스로 붕괴될 수 있는 구조였다.

온 국민이 충격에 빠졌다.

---

*뒹케르크(Dunkirk): 프랑스 북부 항구 도시. 제2차 세계대전 때 영국과 프랑스 군 철수작전이 펼쳐진 곳으로 지금은 '필사적인 철수'라는 단어로도 쓰인다.

군 병원 사령관인 앤드류 스미스는 나이팅게일과의 면담에서 신문에서 지적한 부족한 의료물품을 공급하겠다는 그녀의 헌신적인 행위에 감사를 표했다. 하지만 실제로 부족 사태는 전혀 없고 모든 보급품이 제때 안전하게 공급되고 있다고 말했다. 그의 견해에 따르면 군대가 이렇듯 전투와 무관한 사안에 엮이는 것 자체가 전례에 없고, 호의를 베푸는 여성 몇 명에게 군인들이 의존해야 한다는 사실도 수치스럽다는 것이다. 하지만 정부 고위 관료로부터 나이팅게일에게 협조하라는 특별지시가 있었기에, 그도 이 점에 신경을 쓰지 않을 수 없었다.

나이팅게일은 자신이 이끄는 간호사단과의 관계는 물론 신문에 실린 자신의 성공에 대한 강한 기대감에 부담감을 안고 있었다. 그녀의 임명 소식은 군인들 사이에서도 기사를 통해 널리 알려졌다. 하지만 주변의 여건은 그녀에게 호락호락하지 않았다. 이러한 상황이 계속 이어졌다면, 나이팅게일에 관한 소식을 더 이상 들을 수 없게 되는 것도 전혀 불가능하지 않았다. 첼시왕립병원의 퇴역군인을 이끌고 스쿠타리에서 임무를 지휘했던 이의 이름을 기억하는 사람은 아무도 없다. 프랑스 자선회 수도원장의 이름을 아는 영국인도 거의 없다. 딜레인은 자신의 목적에만 부합한다면 실패자에겐 누구나 인정사정 봐줄 것 없이 대하는 사람이었다. 그녀에게서 돌아서버리거나 독자 상당수가 그러했듯, 그녀의 노력을 무시해버리기도, 혹은 고집스런 장성이나 무책임한 정치인에게로 관심을 돌려버리면 그만이었다.

나이팅게일이 스쿠타리에서 이룩한 업적은 과장된 언론보도가 아니다. 오히려 그녀의 강인한 정신력 덕택에 버틸 수 있었고 성공에 이른 것이다. 도착 후 첫 며칠간 그녀는 인내심을 가지고 도움을 주려고 시도했고 동료들과 함께 병원 내부로 들어갈 수 있도록 허락이 떨어질 때까지 기다리기도 했다. 초창기에 그녀가 군장교와 의료진을 위해 한 일은 병상의 이부자리와 옷을 세탁하는 것이었다.

시드니 허버트는 나이팅게일이 현지에서 목격하고 경험한 사항을 자신에게 보고하도록 지시했다. 이 때문에 그녀는 공식적으로 글을 썼다. "저를 포함해 39명의 간호사 일행이 이곳에 도착했습니다. 군의관 중에서 가장 선임으로 보이는 멘지스(Menzies) 박사와 맥그리거 박사를 만나 상담하였습니다. 스트래트퍼드 경과도 면담을 가졌어요." 한편 사적인 글도 보냈다.

> 존경하는 벗이여, 이곳의 일을 믿지 못할 겁니다. 당신에게 어느 것부터 말해야 할지, 누구에게 털어놓아야 할지 모르겠어요. 모두가 너무나 멀리 떨어져 있는 것 같아서요. 깔끔하게 차려 입은 천사 같은 간호사든 피 흘리고 기력을 잃은 상태에서 고통 받고 향수병까지 걸린 불쌍한 군인이든 누구도 씻을 곳, 씻을 도구 하나 없어요. 깨끗한 물만 없는 것이 아니라 역사상 그 어느 때보다 맹렬하게 전투가 벌어지는 전장을 용감하게 뚫고 가는 5만 명의 병사를 위해 가져온 군용 린넨 천도 찾아볼 수 없답니다. 이 자리에서 이름을 밝힐 수는 없지만 이곳의 조달업체는 이 문제를 '사소한 것'으로 치부합니다. 우리가 마지막으로 대화를 나눌 때 조사위원회에 대해 언급했었죠? 분명히 이 위원회가 필요하다고 봐요.
>
> 그대가 요청한대로 이렇게 서신을 보내요.
>
> 나이팅게일 전함.

시드니 허버트는 자신이 알고 있는 것도 앤드류 스미스가 보유하고 있는 자료와 동일하다고 나이팅게일에게 전했다. 즉 타임스가 계속 전하는 글과는 딴판으로 스쿠타리에는 의료물품이나 장비가 전혀 부족하지 않다는 것이다. 전쟁장관이자 허버트의 상관이면서 같은 각료인 뉴캐슬 공작도 똑같은 답변을 했다. 즉 충분한 분량의 물품이 해당 지역에 산적되었다는 것이 그들이 알고 있는 내용이라는 것이다. 허버트는 변호사와 의사로 구성된 소규모의 독립된 팀을 구성하여 현지까지 가서 터키와 전장 가까이에 있는 군병원의 위생상태에 관해 정식으로 조사를 벌이도록 지시를 내린 상태라고 했다. 이들 조사단으로부터 곧 보고가 올 것이라는 것이다. 이렇게 되면 왜 타임스가 그토록 소동을 일으키는지와 딜레인이 진정으로 국가에 대한 충성심이 있는지 확실히 알 수 있을 것이다.

고귀한 행동과는 대조적으로, 시드니 허버트는 판단력이 부족하여 무책임한 행동을 저질렀다. 플로렌스 나이팅게일이 이끄는 간호사단을 스쿠타리에 파견한 것은 래글런 경의 지휘·관할 영역을 침범한 것이다. 그는 또한 병원상태에 관한 보고서 내용을 래글런에게 전달할 의무도 다하지 않았다. 래글런이 자신의 직무를 제대로 수행하는 것을 불가능케 한 셈이다. 자신과 마찬가지로 래글런도 동일한 아첨성 정보원을 통해 문제가 전혀 없다고만 하는 현장 소식을 듣고 있다는 사실을 알고 있었다면, 그는 스태퍼드로부터 오는 만족스럽지 못한 상황에 관한 정보가 래글런 총사령관에게도 전달될 수 있도록 당연히 조치를 취했어야 한다.

10월에 간호사를 파견하는 계획은 허버트의 아내가 작성한 것이다. 래글런 경에게 간호인력이 필요하다는 제안을 먼저 하고, 물론 그가 그러한 인력을 요구했을 리 만무하지만, 어쨌건 그로부터 인력파견에 대한 동의가 내려지면, 정부측 장관인 뉴캐슬 공작에게 래글런 경이 직접 요청하여 이들을 보내달라는 정식 절차를 밟도록 하는 것이 올바른 방법이었다. 이번 일은 런던사교계의 입방아에 오르는 지경까지 가서는 안 될 일이었다. 그러나 허버트는 자신이 우려할 만한 사안이 아님에도 여기에 몸을 담은 이상, 자신의 책임으로 떨어진 것이 분명한 의무사항을 이행하지 않은 잘못도 있다. 의료물품과 위문품 공급이 제대로 이루어지도록 관리할 의무가 있었고 이를 실천하지 못했다. 병원 책임자로 능력이 부족하고 업무 효율성이 떨어졌던 실러리 소령을 질책하는 것도 그의 의무지만 이마저도 다하지 못했다. 간단히 말해, 그는 상류층이 하는 방식으로 참견하고 잠시

손을 댔을 뿐인데 자신이 한 분야가 탁월한 성과를 냈다고 착각하는 듯한 자세를 취했다. 정부는 정책에만 관여하는 것이 아니다. 이러한 정책을 만족스러운 방식으로 행동으로 옮기고 결과물을 달성하는 것도 정부의 일이다.

나이팅게일은 맥도널드와의 협조관계도 이어갔다. 그 둘은 타임스 기금을 이용하여 병사를 돌보고 위문품을 보급한다는 공동의 목표를 가지고 일하기 때문이다. 맥도널드는 병사들의 고충을 직접 접하고 있기 때문에 나이팅게일이 제안한 기금 사용에 반대할 이유가 없었다. 간호사도 군사작전에서 중요한 역할을 한다는 사실을 증명하는 것은 나이팅게일 못지않게 맥도널드와 딜레인, 모브레이 모리스, 존 월터까지 모두에게 절실했다. 타임스 독자가 기부한 돈과 일부 독지가가 기탁한 거액의 돈까지 모두가 전쟁에 유용한 역할을 한다는 사실을 이들에게 보여주어야 하기 때문이다. 병사들이 이 기금의 직접적인 수혜자가 되는 일이기 때문에 부대는 물론 스트래트퍼드 드 레드클리프 경까지 이에 반대할 이유가 없었다. 이때부터 나이팅게일과 타임스의 기금 관리자가 함께 스쿠타리의 부상병과 환자를 돕는 일이 진전을 보이기 시작하였다. 발라클라바에서는 제대로 된 협조를 받지 못하자, 맥도널드가 타임스 기금의 사용을 거부하였다. 이러한 결단력 덕택에 그를 향한 존경과 권위의 무게가 더해졌다. 이는 또한 나이팅게일이 스쿠타리의 상황을 통제하고 개선시킬 기회가 되기도 했다.

지난 몇 주간을 같이한 사람들끼리 극도의 피로감과 스트레스 속에서 동지애를 경험하고 있었다. 어머니에 대한 걱정이 많은 나이팅게일을 이해하는 셀레나 브레이스브리지가 그녀의 부모에게 편지를 썼다. 어머니가 콜레라에 대한 심한 공포감이 있는데다 질병이 퍼지는 환경에서 근무할 때 나이팅게일이 부모님께 항상 거짓말을 했다는 것도 알고 있었다. 여름내내 이런 식으로 편지를 썼다. 브레이스브리지의 편지 내용이다.

플로*는 병영 관리책임자로 일하면서 모든 것을 징발하느라 신경이 곤두선 상태랍니다. 발라클라바에서 경기병대에 관한 아주 슬픈 소식이 전해졌어요. 저희도 이곳에서 겪고 있는 폭풍우로 수많은 함대가 침몰했다는 소식도 있었습니다. 이곳 병원에서 필요로 하던 물품이 함대에 대량으로 실려있었다고 하더군요. 요즘 콜레라나 열병은 없는 대신 이질이 크게 퍼지고 있어요. 이들 환자는 절단수술 후 반 정도가 사망에 이릅니다. 3명의 핵심 의료진은 인간적이고 신사다운 데다 유능한 편입니다. 예상했던 대로 질투도 많이 받았어요. 젊은 의사들은 무지막지하면서 교만하고 게으르기까지 해요. 수녀들 중 4명은 이런 장소에 어울리지 않는 사람들이었고요. 병원간호시는 매일같이 효율적으로 일하고 있어요.

나중엔 나이팅게일도 걱정 많은 어머니 생각에 편지를 썼다.

저희는 살아 숨 쉬는 것 외에는 한 순간도 여유가 없어요. 사령부가 겪는 어려움과 가슴저림을 이해하는 동시에 불평하고 싶은 유혹이 생기는 걸 이해하는 이가 있을까요? 그렇다고 해서 제가 몸을 사리거나 해서는 안되겠죠. 지금까지 육군성 장관에게 개인적으로는 물론 공적인 업무로 편지를 보내고 있기 때문에 우리가 처한 상황에 대해 잘 아실 겁니다.

이곳에 오는 분이 있다면 여기 필요한 물품을 보내주실 수 있겠어요? 제 캐비닛에 보관해 둔 추위를 막아줄 모직담요와 핀, 실, 우리 집의 뒷방 서랍에 있는 테이프, 성경과 기도서 등 책 몇 권, 편지지 등을 챙겨주시면 좋겠어요.

사랑하는 딸, 플로 올림.

딜레인은 맥도널드가 성실히 노력하고 있음에 흡족해 했다. 그리고 그를 비롯한 다른 사람들이 나이팅게일에 대해 하는 말에도 귀를 기울였다.

---

*플로(Flo): 플로렌스(Florence)의 애칭

타임스는 그녀에 대해 제대로 소개하기 위해 나이팅게일에 관한 작은 기사를 또 한 차례 실었다.

> 나이팅게일은 누구인가? 그녀는 외국어뿐만 아니라 수학과 예술, 과학, 문학에까지 뛰어난 실력을 자랑하는 재원이다. 현대인이 쓰는 외국어 중에 그녀가 모르는 말이 거의 없을 정도다. 젊고 우아하면서 여성스러운 데다 부유한 집안 출신이라 인기가 많은 나이팅게일은 만나는 사람마다 누구에게나 아주 온순하게 설득조의 영향력을 끼치는 사람이다.

이 시기에 딜레인은 그녀의 교육에 대한 조사도 벌여 이를 기사로 냈다. 타임스의 논설위원인 헨리 리브(Henry Reeve)가 나이팅게일 집안과 수년간 친분을 쌓아온 사람이라는 것을 알아냈다.

이러한 기사가 칭찬 일색이다 보니 나이팅게일 가족의 입장에선 자부심도 강해지고 영국에서의 그녀의 인기도 높아졌지만, 발라클라바의 육군본부와 스쿠타리에서는 언짢은 반응을 일으켜 역효과를 낳았다. 정부와 군대 관계자는 그녀의 능력을 그다지 마음에 들어 하지 않았다. 전장에서 보인 그들의 무능력을 그녀가 보고한다는 사실을 알기 때문에 나이팅게일이 상류 귀족층인 것도 싫었고 자신들의 일을 고자질하는 사람이라고 일축했다.

그 즈음 스쿠타리에 도착하여 맥도널드를 도와 기금 일을 시작한 시드니 고돌핀 오스본은 존 딜레인에게 편지를 써서 보냈다.

> 우리 정부는 전장에서 전해 받는 정보로 크게 속고 있을 뿐만 아니라, 이곳 병원을 원활하게 운영할 의무가 있는 책임자들에 의해서도 배신을 당하고 있다는 사실을 이 자리에 의도적으로 기록으로 남기고자 합니다.
>
> 저희는 예상되는 수요에 맞게 고국에서 보내준 것이 분명한 물품들의 목록을 문서로 확인했습니다. 그런데도 타임스의 맥도널드 씨와 저는 가장 기

본적인 소모품과 단순한 일상용품까지 타임스 기금으로 구매해야 할 정도입니다. 침대는커녕 드러누울 판자도 이불도 없으며, 세탁실은 물론이고 취사도구 등 나눠줄 것이 전혀 없습니다. 이 모든 것이 천문학적인 비용을 들여 군수품을 보급하고 지원을 해준 군병원이요, 대규모 환자와 부상병을 수용하는 곳이랍니다.

저희는 고통에 너무 익숙해진 나머지 무감각의 지경까지 도달했습니다. 눈앞에 펼쳐지는 비참한 광경을 자세히 들여다보면 볼수록, 이상하게도 그곳을 피하려는 마음이 없어진다는 것이죠. 마을 길거리에서는 들것에 실린 부상병이 수많은 사람들의 이목을 집중시키고 그 고통스러운 모습에 보는 이의 안타까움을 자아내지요. 그러나 스쿠타리에는 배로 실려오거나 부두에 쓰러져 있거나, 담요가 씌어져 있는 등 사망자가 흔하게 나오다 보니, 누구 하나 크게 관심을 가지지도 않고 아무런 감정의 동요도 일으키지 않습니다.

매일 병원 환자들을 만나러 갈 때마다 접하는 주변 광경에 이루 말로 다 표현하기 힘들 정도로 충격을 받고 있습니다. 하지만 이러한 역겨운 장소에 있으면서도, 이 고통 받는 자들의 문제를 모두 잊어버리게 하는 것은, 이들의 인내심과 겸손한 태도, 미미하나마 그들에게 베풀어준 친절함에 대한 진정한 깊은 감사의 뜻을 보내는 모습입니다.

나이팅게일 씨의 작업실 한 켠 바닥에는 각종 꾸러미와 물품은 물론 환자의 내복약, 외복약 등이 가득 차 있습니다. 산더미처럼 쌓인 셔츠와 양말, 슬리퍼, 목욕가운, 수건 등 편의와 위생을 위해 필요한 다양한 종류의 물품이 가득합니다. 정상적으로 운영되는 병원에서라면 그러한 상태의 방을 어떻게 생각할까요? 갑작스럽게 놀라는 목소리로 보관소에서 몰래 훔쳐온 물품을 비밀리에 쌓아둔 것이라 소리칠 수도 있겠죠. 실제는 이러한 물품들을 공급해야 할 의무가 있는 다양한 기관의 결점을 보완하고자 노력하는 그녀의 무한한 자애로움에 의한 과감한 행동을 엿볼 수 있는 곳입니다. 그 방의 오른편에는 나이팅게일 씨가 기거하는 개인 방과 모두가 칭송해 마지 않는 수녀원장을 비롯한 수녀 일행이 사용하는 기숙사로 통하는 문이 있습니다.

오른편으로 더 들어가면 나이팅게일 씨와 그녀의 친구인 브레이스브리지

> 부부가 함께 사용하는 거실 입구가 나옵니다. 이곳이 바로 병원에서 벌어지는 각종 긴급사태를 해결하기 위해 필요한 사항을 의논하는 회의를 나이팅게일 씨가 주재하는 곳이지요. 이곳에서 여직원 관리를 위한 지시를 내리는 등 최고의 지성인이 수장이 되어 일을 진행하지요. 이 공간에서 퍼져나가기 시작한 지칠 줄 모르는 자애심과 너그러운 행위는 많은 이들의 찬사를 받아야 할 가치가 있다고 봅니다. 이곳에는 게으름을 피우거나 가만히 서있는 사람, 본국에서 명령이 떨어지기를 기다리는 사람, 핑계를 대는 사람이 없습니다. 요청이 들어오면 누구나 자신이 관리하는 물품을 친절하게 나누어줍니다. 이곳은 또한 정부와 친구, 고국의 후원자 등에게 환자와 부상병이 겪고 있는 고통에 관한 끔찍한 이야기나 절실히 필요한 수많은 생필품 부족사태 등을 편지로 적어 보내는 곳이기도 합니다. 이곳에서 타임스 기금 관리자는 병원 관리자가 조금이나마 손써준다면 쉽게 구할 수도 있지만 당장 필요할 것 같은 물품의 목록을 매일같이 자기 노트에 적고 있는 모습도 볼 수 있습니다.

이런 가슴 아픈 글을 접하다 보면 오스본이 하는 일에 딜레인이 그토록 감탄해마지 않는 이유를 알 수 있다. 그보다 더 표현력이 좋은 작가는 없을 것이기 때문이다. 딜레인이 글을 통해 영국 국민들에게 자신의 의견을 전해야 한다는 점을 상기시켜준 편지이기도 했다. 아무리 강력한 어조의 내용이라 하더라도 자기 관할 외의 관계자가 주장하는 내용에 정부는 쉽게 설득되지 않는다. 오스본 목사는 무시할 수 없는 위력을 발휘한 특파원이었지만 역사는 그를 단순히 '비공인 종군목사'라고 기록할 뿐이다.

셀레나 브레이스브리지가 나이팅게일 부모님께 보낸 편지에서도 언급했던 폭풍우 소식이 런던에도 사방에서 도착하기 시작했다. 해군 함대는 군사작전에 없어서는 안 될 귀중한 자산이다. 타임스 사설에서 발췌한 내용이다.

> 11월 14일 밤에 엄청난 위력으로 발라클라바 항 바깥쪽에 정박해 있던 보급선 함대를 거의 전몰시키다시피 한 폭풍우가 몰아쳤다는 소식이 들어왔다. 그 결과 다급히 필요한 물품은 물론 우리 군의 귀중한 자산인 함대 대부분이 유실되고 말았다.
>
> ◆ 스크루 증기선인 프린스(Prince)호 침몰, 150명 중 5명 생존.
> ◆ 멜버른(Mclbournc)호 돛대 유실.
> ◆ 영국 군함 리트리뷰션(Retribution)호, 대포 전량 유실.
> ◆ 영국 군함 샘슨(Sampson)호, 돛대 유실.
> ◆ 레저룻(Resolute)호 침몰, 전원 사망, 화물과 화약 유실.
> ◆ 립반윙클(Rip van Winkle)호 침몰.
> ◆ 와일드 웨이브(Wild Wave)호 침몰, 소년 한 명 구조.
> ◆ 원더러(Wanderer)호 침몰, 전원 사망.
> ◆ 프랑스 함대 침몰, 전원 사망.
> ◆ 매리 앤(Mary Ann)호 침몰, 전원 사망.
> ◆ 프라이드 오브 더 오션(Pride of the Ocean), 메도라(Medora), 서 로버트 세일(Sir Robert Sale), 레이디 밸리언트 앤 더 카두세우스(Lady Valiant and the Caduceuse) 모두 돛대 유실.

크림반도 해안의 남쪽 끝 단에 위치한 발라클라바 주변은 파도가 험하여 해군에게는 위험한 환경이었다. 귀중한 화물을 실은 수많은 배가 해변을 벗어난 곳에 정박해 있었는데 역사상 기록에 남을 매서운 강풍이 몰아닥친 것이다. 이는 책임 당사자의 판단부족에 의해 발생한 사고로 국민들의 사기를 크게 떨어뜨렸다. 어떠한 경우에라도 이러한 사건이 절대 일어나게 해서는 안 될 일이었다.

프린스호의 침몰은 군 조직의 일상적인 임무를 방해하는, 그러면서 지속적으로 발생하는 충격적이고 당혹스러운 사고였다. 프린스호는 총탄을 피해가며 싣고 온 병사들이 입을 겨울 방한복과 스쿠타리 병원에 공급할 방대한 양의 의료물품과 지원 물자들과 함께 물속으로 가라앉은 것이다. 프린스호는 지나가는 통로인 스타쿠리 항에 정박하지 않고 곧바로 발라클라바까지 항해를 했던 것이다. 이 배에는 스펜스 박사도 타고 있었는데, 그는 애초에 환자와 부상병 관리 상태를 조사하러 벡티스호를 타고 파견된 정부조사관 중의 한 명이었다. 스펜스는 크림반도 군병원 사령관인 존 홀(John Hall) 경을 만나러 갔다가 육지에 숙소가 없는 바람에 배에서 머물고 있던 중 배와 같은 운명을 맞이하게 된 것이다.

고국에서는 이번 침몰사고의 원인을 불가항력의 재난이라고 보지 않았다. 다음 날 전 국민의 분노를 표현하기라도 하듯, 두 통의 편지가 타임스에 실렸다. 첫 번째 편지의 내용이다.

> 편집장 귀하에게
>
> 크나큰 사고가 발생하면 게으른 자들은 언제나 주님께 책임을 돌리려 하지요. 천박한 사상에 물든 이러한 자들을 가려내는 것은 그리 어렵지 않습니다. 프린스호에 승선했던 사람들에게 불운이 닥쳤다고 해서, 사고원인을 규명하고 책임자를 밝혀내는 일을 중단해서는 안됩니다. 이들의 죄는 가장 흉측한 언어로만 표현 가능하기 때문입니다. 프린스호에는 고국에서 수천여 킬로미터나 떨어져 있는 우리 병사에게 전해줄 귀중한 보급품은 물론 연대에 제공할 대량의 탄약과 겨울 방한복, 스쿠타리 환자에게 필요한 물품 등이 있었습니다. 천우신조(실제로 이렇게 말해도 될듯하지만)로 이 배는 연대에 도착했습니다. 이는 11월 6일 혹은 7일경이지요. 의복이나 탄약도 없는 상태에서 한 주가 통째로 지나가 버렸습니다. 이러한 지연 사태는 무엇 때문에 발생했던 걸까요? 폭풍우가 몰려오고 있습니다, 아! 이 정도 시간이 되었으면 이미 해변에 안전하게 옮겨두었어야 할 화물이 선장과 선원에게

> 남겨졌습니다. 이들의 비난 받아 마땅한 서투른 행동으로 닻이 즉각 유실되고 3등 항해사에게 배를 떠넘기는 바람에 그나마 남아 있던 물품마저 모조리 떠내려 보내고 말았습니다. 우리 정부가 기울인 모든 노력과 자선단체가 보내준 것들까지 이러한 사람들의 관리에 맡겨진 것입니다. 또 한번 천우신조로 병력들은 상륙했지만 애석하게도 선원과 화물은 잃고 말았습니다.

그러나 아직까지 국내에서 퍼지고 있는 도움의 손길에 힘입어, 라임하우스(Limehouse)에 있는 리컷(Lee-cut) 철공소의 CJ 레드패스(Redpath)씨가 나섰다.

> 아주 저렴하고 간단한 방법으로 구할 수 있는 귀중한 발명품을 귀사 독자에게 소개하고자 이 글을 전합니다. 특허 받은 색스비(Saxby) 마개가 바로 제가 소개할 발명품입니다. 본 물품은 프린스호에 실려있었는데, 배의 침몰을 막을 수 있었다고는 할 수 없지만, 체인케이블이 떨어지지만 않았더라도 이번 사고의 주원인을 방지할 수는 있었다고 확신합니다.

크림반도에 있는 사람은 물론 고국에 있는 사람들에게까지 이보다 더 슬픈 소식은 없을 것이다. 그 효과는 폭발적인 파괴력으로 드러났다. 프린스호를 비롯한 함대에 속했던 수많은 배이 유실이 이번 전쟁의 문제점을 폭로하는 쟁점이 되었다. 늦은 밤, 산 속으로 걸어 들어간 사람이 느끼는 것처럼 안전한 곳으로 되돌아 가는 방법이 점점 더 어려워진다는 느낌이 들었다. 새로운 길을 시도해볼 때마다 잘못된 길에 이르렀고 어쩔 수 없이 뉴스가 실망스럽다 보니 점점 더 걱정만 쌓여갈 뿐이었다. 너무나 당당한 위용을 뽐내며 실시된 군사작전이 시작한 지 두 달여도 안 되어 가장 치욕적이고 상상할 수 없는 패배를 안겨다 줄 수도 있다는 두려움이 갑자기 생겨났다.

5장

반대

이 모든 문제들이 수면 위로 드러나는 중에도 정부 측은 신문에서 들추어낸 문제에 대해 계속 부인하는 것 외에 아무런 반응을 보이지 않고 있음을 딜레인은 알고 있었다. 프린팅 하우스 스퀘어 사무소는 극도로 바쁜 일정을 소화하고 있었다.

딜레인은 11월 중순경에 다시 한번 아내를 만나러 갔다. 다른 편지들을 모아둔 곳에 이날 자신의 방문을 기록한 편지도 있었다. 이날은 야생기질이 남아있는 날쌘 말을 새로 구해서 타고 갔다. 그 말을 오필리아*라고 이름 지었다고 했다. 아내를 볼 때마다 괴팍하고 야성적인 정신세계에 갇혀 돌출행동을 하는 이 셰익스피어 작품 속 주인공이 연상된다는 이유에서다. 이 연결고리는 아내를 향한 자신의 깊은 사랑의 표시이자, 자신이 떠날 때마다 그녀와 더 가까이 하고 싶은 욕망은 물론 그녀의 아름다움을 표현하기 위한 수단이라고 했다. 마치 아내가 자신의 이야기에 흥미를 느낄 것이라는 희망이었고 이는 자신의 아내에 대한 애정과 사랑에 대한 표현과도 같았다.

---

*오필리아(Ophelia): 셰익스피어의 작품 '햄릿'에 등장하는 여성으로 비극적인 죽음을 맞이한다.

편지에는 전쟁에 관한 딜레인의 개인적인 견해는 없었지만 신문기사를 전해주는 통신원들과 연락하느라 장시간 근무를 하고 있다는 표현은 있었다. 자신의 여동생에 대해서도 적었지만 부모님에 관해서는 전혀 언급하지 않았다.

병원에는 이날 방문에 대한 기록이 없고 당시 프란세스의 건강 상태에 대한 정보도 없다. 그녀의 병상일지에는 단순한 체크 표시만 있을 뿐이다. 딜레인이 병원비를 지불하고 그녀는 계속 병실에서 혼자 지냈다. 그녀가 항상 앉아있던 방 커다란 창문을 통해 쓸쓸한 겨울이 다가오고 있는 광경을 보고 있는 프란세스의 모습과 병실 한 구석 바닥에 놓인 편지 상자를 상상해 보라. 이곳은 누구나 안정감과 편안함을 느낄 수 있을 만한 공간이었다. 그 건물은 아직 그대로 남아있고 건물 앞쪽에 있는 병실도 당시 모습 그대로이다. 빅토리아식 건축 양식이 한창일 때 지어진 곳으로, 나무 마루바닥과 커다란 문도 지금까지 그대로 존재한다. 지금 벽난로는 없어졌지만 당시 병실의 온도를 따뜻하게 유지했을 난방 시설은 그대로 있다. 근엄하고 침착한 정서를 느낄 수 있는 차분한 공간이다. 정신병자가 있었던 공간이라고는 상상이 안 되는 곳이다.

상황이 점차 심각해지자 딜레인이 아내에게 보내는 편지 횟수도 잦아졌고 자신이 느끼는 불안감이 점점 더 노출되고 있었다.

타임스는 군대가 세바스토폴에서 남부로 이동하여 장기적인 함락 작전에 돌입할 준비가 전혀 되어 있지 않다는 사실을 지적하기 시작했다. 아무도 그런 말을 꺼내지는 않았지만 실제 프랑스 군은 카미슈 만으로 자신들의 진영과 보급로를 마련하여 필요 시 바다로 쉽게 철수할 수 있도록 하였다. 반면 영국 군은 주요 통로의 위쪽에 위치한 고지를 러시아 군이 차지한 현 상황에서 자신들의 진영에 갇혀 있었다. 러시아 군이 아니라 영국 군이 포위를 당한 셈이다.

영국과 프랑스 군은 세바스토폴의 남쪽에다 참호를 일렬로 만들어 그곳에서 야영을 하였다. 이들이 배에서 가져온 대포를 설치하고자 마련한 베이스캠프 때문에 러시아 군이 이들의 동쪽 주변을 우회할 수 있는 기회를 주었다.

딜레인은 전투에서 발생한 사상자 수와 간헐적으로 들어오는 의료보고서로 군인 사망자 수를 추정했다. 질병으로 인한 사망을 과소평가하고 있음을 깨닫지 못한 상태인데, 만일 딜레인이 질병의 진정한 위력을 알았더라면 자신이 주장하는 바의 논조가 이미 이전에 훨씬 더 강했을 것이다. 뿐만 아니라 아무런 보호장비와 숙소도 없는 상태에서 병사들이 다가올 겨울의 혹독한 추위에 견딜 수 있는지 예측하지도 못했다. 하지만 러셀과 병사들은 이를 몸소 체험하고 있었다. 이러한 참담한 소식이 런던까지 도달하려면 3주나 걸린다는 것도 이제 큰 걱정거리였다.

고국에 있는 사람들에게 특히나 큰 고통을 안긴 것은 발라클라바에서의 기병대 습격으로 누가 얼마나 사망했는지 모른다는 점이었다. 불쌍한 일반 병사뿐만 아니라 이제는 기병장교까지 전국 각지의 모든 병력 가족들이 사랑하는 가족에게 무슨 일이 일어났는지 알지 못해 애만 태울 뿐이었다. 평상시 조용하고 정중동의 자세를 취하는 상류층마저도 앞으로 벌어질 상황에 대한 두려움 때문에 점잖게 앉아 있지 못했다. 청천벽력 같은 소식을 고국의 어머니들에게 최초로 전한 지 장장 18일이나 지났다. 아무리 타임스 논설이 위안을 주려 노력하더라도 그러한 상황은 지금 기준에서도 불확실의 연속이고 극도로 고통스러웠을 것이다. 아들과 오빠의 죽음만을 우려하는 것이 아니었다. 죽임을 당한 값비싼 군마에 대해 크게 걱정하는 가족도 있었다. 어떤 때는 이 군마가 훨씬 더 걱정거리인 것처럼 보이기까지 했다. 기병장교는 자신이 보유한 최상의 말을 몇 필씩 전장까지 데려가는 데 항해의 안전을 위해 특수 해운업체와 계약도 맺었다. 헐(Hull)에 있는 한 해운업체는 기병대용 군마 수송선을 전문적으로 설계하는 업체로 정평이 나있었다. 전쟁 동안 마구간 시설과 사료를 구비하는 것이 큰 골칫거리가 되었다. 이러한 모든 사항들에 대한 걱정으로 영국의 대지주들까지 타임스가 제공하는 상세한 내용과 소식을 기다리게 되었다.

딜레인은 발라클라바 고지에서의 영국 군의 참패를 울적하게 분석한 내용에 이어, 정부가 1만 명의 병력을 추가로 보내야 한다는 요구의 목소리도 냈다. 승리의 날이 얼마 남지 않았음을 대대적으로 알리던 목소리가 점차 흔들리고 있다고 해도 전혀 무방하지 않았다. 또한 날씨까지 해변의 여름에서 러시아의 혹독한 겨울로 변해가고 있었다.

온갖 소문과 폭로로 국민들의 선생에 대한 관심은 더욱 증폭되었다. 누구나 전쟁에 대한 정확한 상황을 알고 싶어했다.

> 수많은 독자들이 적진으로 용감하게 접근하고 있는 우리 연합군의 행보에 큰 관심을 가지고 지켜보고 있으리라 봅니다. 그런데 많은 분들이 프랑스식 거리 측정법에 익숙하지 않을 것이라 짐작합니다. 300미터는 영국식으로 환산하면 328야드이고 400미터는 437.5야드에 가깝고, 1,000미터는 1,093야드와 2피트에 가깝다는 사실 정도를 독자에게 알려준다면 유용하지 않을까요? 그 이상의 수치는 스스로 깨우칠 수 있으리라 생각합니다.
>
> 애독자 악톼리우스(Actuarius) 올림.
>
> 리치몬드(Richmond), 11월 11일.

타임스의 글이 이어졌다.

> 지금 벌어지고 있는 전쟁을 유심히 관찰한 사람이라면 가장 놀랄만한 사실이 하나 있다. 바로 여기에 투입된 병력의 숫자가 상당히 적다는 것이다. 래글런 경의 지휘하에 있는 영국 군이 이제는 3만 명이 채 안될 것으로 추정한다. 우리 군은 이미 부대 하나를 잃은 상태이고 곧 다른 부대마저 잃을 지경에 이르렀다. 이 정도의 병력은 현재 그들이 처해있는 위험 수위에 비해

> 터무니 없이 작은 데다, 유럽의 영연방 국가들 사이에서의 영국의 입지나 우리가 활용할 수 있는 자원 규모와는 전혀 어울리지 않는다고 할 수 있다.

그러한 이야기는 군대나 정부의 비위를 맞추기 위해 계산된 것이 아니라 다른 문제들 외에도 병력 부족 문제가 있음을 독자들에게 경고하기 시작하는 것이 옳은 일이라고 딜레인이 판단했기 때문이다.

러시아 군은 일요일 오전 이른 시간에 잉케르만에서 또다시 공격을 시도했다. 래글런 경은 같은 날 아침 세바스토폴의 남쪽 방어시설에 대한 공격을 준비 중이었다. 이번에는 북동쪽에서 시작된 또 한 번의 기습 공격에 다시 당황하고 말았다. 이번 전투는 발라클라바의 전투에 비해 사전 준비가 덜 된 것으로 수천 명이 육탄전으로 거칠게 맹공격을 퍼붓는 형국이었다. 영국 군은 두 번이나 프랑스 군의 도움으로 위기를 모면했다.

각기 다른 정보원이 제 각각의 경로를 거치느라 내용의 깊이도 다르고, 말 그대로 혼란 그 자체인 정보가 대량으로 신문에 쏟아져 나왔다.

> 최신 뉴스: 세바스토폴 항 앞에서의 전투: 뉴캐슬 공작이 오늘 밤 래글런 경으로부터 전보를 받았다. 다음은 전보 내용을 번역한 것이다. 11월 16일 새벽 12시 30분. 포틀랜드 스퀘어(Portland Square). 강한 폭풍우로 설비가 손상되는 바람에 부쿠레슈티와 비엔나 사이의 전보 발송이 일시적으로 지연되었다. 부쿠레슈티에서 11월 10일 금요일 오후 4시 30분에 수령하고 영국 대원이 크론시타트(Cronstadt)로 저녁 6시 전달했다.
>
> 엄청난 규모의 병력을 갖춘 적군이 어제 새벽 무렵 세바스토폴 항 앞에 있는 영국 군 진영의 오른편을 공격했다. 캉로베르(Canrobert) 장군이 즉각 달려와 지원병과 함께 탁월한 군사적 지략도 나눴다. 전투는 극도로 난감한 상황까지 이어졌고 오후가 되어서야 적군이 약세로 돌아서기 시작했다. 이들은 수백여 명의 사망자와 포로를 전장에 남겨둔 채로 철수할 수밖에 없었다. 적군의 병력은 알마에서 접했던 것보다 훨씬 더 많았고 러시아 군 사상

자 규모도 상당히 컸다. 우리 군 사상자도 무시 못할 만큼 많이 발생했다. 수적으로 훨씬 더 앞선 적군과 맞붙은 우리 군의 위용이 어느 때보다 빛났다.

딜레인은 러셀이 보내온 편지에 담긴 정보를 바탕으로 전투지역 상황을 독자에게 설명하였다.

우리 군이 야영을 하던 막사와 발라클라바 사이에 놓인 도로가 엉망진창이 되어 폐쇄가 되는 바람에 수많은 병사들이 극도의 고통을 당했다. 영국 군이 세바스토폴의 고지에 처음 도달했을 때만 해도, 발라클라바와 세바스토폴을 잇는 두 개의 주요 도로를 확보해 놓은 상태였다. 하나는 러시아 정부가 워론조프(Woronzoff) 도로라고 부르는 잘 정비된 곳이고, 다른 하나는 왼쪽으로 더 들어간 곳에 있는 농작로로 사용하던 것이었다. 영국 군은 발라클라바 전투까지만 해도 워론조프 도로를 점령하고 있었다. 그 이후 곧바로 전초기지로 이동해야 하는 상황이 발생하는 바람에 도로를 빼기고 말았다. 나머지 한 도로도 사용 가능하지만 이마저도 비가 시작되면 불가능했다.

매서운 허리케인이 불어 닥친 11월 14일부터는 육로를 이용한 수송이 거의 끊어지다시피 할 정도로 힘들어졌다. 병참총감은 "병사와 짐승마저 깊은 진흙탕을 헤쳐가고 젖은 몸으로 추위와 싸워가며 보급품을 지고 가다가 과로로 죽고 말았다."라고 보고했다. 공병사령관은 "참호에 있는 병사들을 도로 복구 작업에 투입할 수가 없었다. 이들은 이미 군 작전으로도 녹초가 된 상태라 나날이 기력을 잃어가고 있었다."라고 전했다. 이러한 작업에 소모되는 동물의 수는 콘스탄티노플에서 보내는 공급량으로는 부족하여 귀중한 기병대 말을 사용해야만 했다.

광고. 터키와 크림반도로 향하는 증기선: 우편물과 소포를 매주 증기선에 실어 터키와 크림반도, 흑해함대 등에서 복무 중인 장교에게 배송합니다. 지오 W. 위틀리 앤 코(Geo. W. Wheatley and Co.) 리젠트 서커스(Regent Circus), 리든홀가(Leadenhall Street) 156번지 혹은 채플린스(Chaplin's). 요청하시는 분께 안내서 증정.

일간지에는 국내 특파원이 전해온 이러한 편지도 실려 있다.

편집장 귀하에게

기차에서 겪은 짜증나는 일

귀사의 특파원이 얼마 전 도버(Dover) 기차에서 발생한 사기행각에 골치를 앓았다는 기사를 읽었습니다. 제 경우도 기차에서 벌어졌지만 사기행각까지는 아니더라도 누구에게든 발생한다면 골칫거리가 될만한 일이라 이 자리를 빌려 소개하고자 합니다.

저는 어제 장시간의 노역에서 벗어나 바람을 쐬고자 북 울위치 철도가 운영하는 울위치행 이등석 왕복 기차표를 구매했습니다. 열차가 스트래트퍼드(Stratford)를 지나 어느 역에 도달하니 한 여성이 아코디언을 들고 타더군요. 열차가 출발하는 순간 그 여성이 연주를 시작하더니, 꽉 찬 승객들 사이에서 너무나 처량해 보이는 악기로 줄기차게 연주를 하였습니다. 선상이나 야외에서 울려 퍼지는 음악을 싫어할 사람은 거의 없을 겁니다. 하지만 이등석 열차 내부에서 연주하는 아코디언 소리를 상상해보세요. 공연이 끝나자 돈을 구걸하더군요. 그런 행위가 벌어지는 것을 허락해서는 안 된다는 제 생각에 동의하시리라 믿습니다.

이런 행위는 우연이 아닌 상습적이라고 봅니다. 그 이유는 이날 집으로 돌아오는 열차편에 바이올린 연주자가 타는 바람에 동일하게 짜증스러운 경험을 한 데다, 1년여 전에는 블랙월(Blackwall) 기차에서 만난 가수 때문에 괴로웠기 때문입니다.

긴 글 읽어주셔서 감사합니다. 불안한 남자 올림.

국내 소식으로는 정치인들의 대중 연설에 관한 것도 있다.

> 내무장관인 파머스턴 자작은 지난 주 자신의 집 근처인 햄프셔 롬지(Romsey)에서 노동자를 대상으로 하는 연설을 통해 "많은 이들이 빈곤에 처해 있다. 그리고 누구나 가난해질 수는 있지만 누구나 부자가 될 수는 없다"라고 말했다. 이러한 논점에서 본다면, 미래에 온갖 역경 속에서도 재능을 가진 노동자가 부유해질 수도 있다는 것이다.

스쿠타리에 있는 병원건물의 결점을 바로 잡으려는 과정에서 나이팅게일은 스트래트퍼드 경 부부와 충돌하고 있었다. 시드니 허버트에게 자신의 업무 진행사항을 보고하면서 이들 부부의 행동 때문에 곤욕을 치르고 있다는 점도 토로했다. 맥도널드도 동일한 내용을 딜레인에게 전했다.

> 스트래트퍼드 여사의 터무니없는 행동에 관한 내용이 담긴 편지 사본을 어쩔 수 없이 여기에 동봉하였습니다. 불결함과 위험요소 때문에 접근이 불가능해진 병원 건물을 수리하던 중에, 남편 못지 않게 여사마저 귀족층이 흔히 보이는 자세로 간섭을 해대느라 125명이나 되는 작업자가 파업에 들어갔습니다. 작업자들에게 돈을 다시 지불해야 했고 인원수도 200명이나 늘리느라 제 사비까지 들여야 했습니다.
>
> 병원은 이제 수용 한계에 다다를 정도로 붐비고 있는데 앞으로도 처참한 상태의 환자를 6-7백 명씩 발라클라바에서 매일 함대로 실어 온다고 합니다. 영국인들은 스쿠타리를 주막과 전세 마차, 가구 딸린 셋방이 있는 곳이라 상상합니다. 어제 25통의 설탕을 실어 나르기 위해 황소 4마리와 인부 3명이 6시간이나 작업을 했습니다. 길을 두 차례 왕복하고 징발을 두 차례, 브레이스브리지씨의 간섭이 두 차례, 군 업무에 사용하기 때문에 수레를 가져

> 가야만 했던 병참장교가 한 차례 사과하고, 임무를 하느라 그랬다며 다시 친절한 말과 함께 돌려받는 등의 일이 있었습니다. 소작농이 2킬로미터 정도 떨어진 시장에 갈 때 쓰는 것 말고는 짐 나르는 말이나 나귀도 없습니다.

런던의 대형 병원이라도 6~700여 명 이상의 환자를 수용하지 못할 텐데, 스쿠타리의 막사병원에는 2,500명의 환자가 들어차 있으며 하루 사망률이 100여 명에 달했다. 매일같이 시신을 옮기고 매장하는 것만으로도 너무나 길고 고달픈 작업이었다. 죽음을 그토록 자주 목격하다 보면, 사람의 정신이 죽음에 대해 무감각해진다고 한다. 그러나 실상은 사망자에 대한 애도할 날을 대비해 눈앞에 닥친 현실을 극복하려는 것일 뿐이다. 만일 그러한 생각 조자 없다면, 애초의 그 정신은 그 동안 쌓아둔 슬픔의 무게를 견디지 못하고 무너지고 말 것이디.

이들은 밤낮으로 이번 주에도 그 다음 주에도 병동에서 일을 했다. 병원에서 회진을 한 차례 하면 6킬로미터의 거리가 나온다고 한다. 이를 다 끝내려면 몇 시간씩이나 걸린다. 오스본 목사는 죽어가는 환자와 시간을 보냈다. 작은 술병에 포트와인을 담고 다니며 지난 밤의 고통을 지우려 했다. 부상이 너무나 심해 극한 고통을 호소하거나 병세가 너무나 악화되어 탈진 상태에 빠진 사람의 손을 잡아주었다. 병원 전체가 그토록 비참한 광경이 펼쳐지고 있음에도 침묵하는 군인들의 존엄에서도 위안을 얻을 수 있었다.

오스본 목사와 그의 아들 그리고 맥도널드, 아우구스투스 스태퍼드, 수녀원장, 공인 종군목사인 세이빈(Sabin)까지 나이팅게일과 브레이스브리지 부부와 함께 날 저물 때까지 모여 앉았다. 콘스탄티노플에서 구매할 품목을 기록하고 각자가 맡았던 일에 대해 서로에게 보고하면서 병원 업무에 체계를 갖추고자 하였다. 도시에서 옷과 침구류를 살 수 있는 곳을 찾고 타임스의 기금과 나이팅게일이 부모로부터 받는 생활비까지 필요한 곳에 쓰도록 지시가 내려졌다.

딜레인은 스쿠타리에 있는 박애정신으로 뭉친 이들의 맹활약에 관한 소식을 접하는 한편, 나이팅게일을 조롱하는 분위기가 영국에서 퍼지고 있음을 감지하고 있었다. 그녀를 비웃는 자가 많이 생겨났다. 그녀의 종교 활동에 관해 불공평하고 부적절한 비난이 쏟아질 뿐만 아니라, 나이팅게일과 동료들의 자질을 의심하기까지 했다. 청렴함을 강조하는 자들의 이러한 소리가 얼마나 어리석은지 증명하려는 듯, 딜레인은 비난 받아 마땅한 이들의 글을 신문에 실어 세상에 알렸다.

> 동방에까지 진출하여 유혈이 낭자한 모습을 기절하지 않고 지켜보는 것을 배우고 수술용 칼과 톱 아래에 놓인 환자가 비명을 지르는 것을 따라 하지 않는 것도 참아야 하는 여간호사와 있으면 어떤 느낌일까? 이들 중 상당수가 지적이면서 물질적으로도 풍요한 집안 출신으로, 자신들이 극도로 갈망하던 수준에는 너무나도 못 미치는 어려운 환경을 견디고 참아내는 인내를 기를 것이다. 허버트는 나이팅게일에게 간청하는 편지를 보내면서 그녀의 권력이 막강해질 것이라고 넌지시 알렸다. 이는 환자와 부상병을 책임지고 있는 의료 관계자에게는 비참할 정도로 부끄러운 일이 될 것이다.
>
> 상식이라는 이름의 사나이 올림.

신문은 계속해서 전장의 산술법을 공개적으로 계산해 보였다.

> 전투 때마다 러시아 군은 연합군 보다 두 배나 많은 병력을 잃었다. 이것이 우리가 들은 바이다. 알마에서 대승을 거둔 이후 이런 식으로 계속 반복되고 있는 것이다. 이 공식을 그대로 적용하여, 연합군은 매일 1천 명이 사망하고 러시아 군은 2천 명이 사망한다고 가정해보자. 이러한 식으로 계속 진행된다면 내년 1월경에는 연합군이 남은 아군 1천 명으로 마지막 전투를 벌여 승리를 거두고 러시아 군을 2천 명 더 살해할 수 있을 것이다. 래글런 경이 그 때까지도 자신의 위치에서 이를 지켜볼 수 있다면 기쁜 소식을 고국에

> 알릴 것이다. 한편 바로 몇 개월 전만 해도 영국과 프랑스 군이 당당하게 차지했던 대평원과 항구, 둑길, 보루, 요새, 대포를 모두 러시아 군이 차지하게 될 것이다. 자신의 명예로운 목숨값으로 두 명의 러시아 군을 죽일 수 있는 영국 기병장교는 러시아 국민들이 언제든 만날 수 있을 것이다.

존 딜레인은 당일 또 다른 논설에서, 적군은 진격도 후퇴도 못하는 전투에서 오도가도 못하는 신세가 된 것 같다고 좀 더 심각한 어조로 써내려 갔다. 진정한 싸움은 장병의 식량과 군마의 사료를 구하기 위해 세바스토폴에서 시베리아에 이르는 모든 영토를 활용하는 러시아 군의 보급체계와 오랜 전투에 필요한 자원을 배로 수송할 수 있도록 바다를 완벽히 자유롭게 활용하는 영·프 연합해군 사이에서 벌어지고 있었다. 이러한 상황 전개는 그토록 풍족하게 물자를 의뢰하고 준비하는 과정을 책임지고 있는 각료들의 머릿속 제일 중요한 곳에 자리잡고 있어야 한다고 그는 말했다. 지금껏 주어진 증거에 따르면 그러한 노력은 실패로 돌아갔기 때문에 이 점을 강조했다.

일부 고위층에서는 이번 작전이 끔찍한 재앙을 불러일으킬 수도 있다는 우려의 목소리를 냈다. 그러한 견해를 지녔던 외무장관 클라렌든 경은 콘스탄티노플 대사관에 보내는 비밀전서에도 그렇게 밝혔다. 자신의 예상이 틀리기를 바라면서 "무시무시한 대재앙이 들이닥칠 위기에 처해있다."라고 적고 있다. 딜레인은 제1차 영국-아프가니스탄 전쟁이 벌어지던 1842년 겨울 카불에서 영국 군이 패배한 과거가 떠올랐다. 그 전투로 전체 1만 5천 명의 병력 중 단 한 명의 생존자만 나왔지만 당시 상황을 취재한 기자는 아무도 없었다. 수개월의 세월이 지나고 나서야 그 당시의 공포를 짐작할 수 있는 군대보고서가 나왔다. 크림전쟁이 있기 전 영국의 전쟁역사를 보면 1839-1842 년에 발생한 아프가니스탄에서의 비참한 전쟁에 대한 내용은 전혀 나오지 않는다. 영국인들 사이에서는 웰링턴 공작이 오랜 세월을 끌며 나폴레옹과 싸웠던 반도 전쟁과 워털루 전투에 대해서만 언급을 할 뿐이다. 아프가니스탄과 러시아 군까지 맞서 싸우며 인도제국의 북서쪽 국경을 방어하다 패배한 전투에 대해 공개석상에서 논하는 것은 금기시되다시피 했다. 이번 전쟁은 현지 상황을 전해줄 직원을 딜레인이 배치해놓은 상태이기 때문에 2주만에 기사를 낼 수 있었던 것이다. 군 병력 전체를 잃을 수도 있는 위험이 발생한다면 영국인 모두가 고국 신문을 통해 그 끔찍한 상황 하나하나를 상세히 보고 받을 수 있는 것이다. 전례 없는 상황 전개에 모두가 두려움과 함께 긴장하고 있었다.

딜레인은 같은 날 포위스 소령의 소식도 듣게 되었다. 이날 장병가족돕기 중앙협회의 위원회가 내놓은 판단에 대한 추가 통보가 있었기 때문이다. 신문에다 자신들이 겪고 있는 문제를 공개할 수밖에 없는 처지에 이른 미망인과 그들 자녀에게 내려진 처사에 반대하는 서신이 타임스 기부자들로부터 쏟아져 들어왔다. 위원회에 위탁된 타임스 기금을 받지 못하게 된 많은 미망인의 사례에 관심을 가진 성직자 뉴랜즈(Newlands)씨가 영국 군 소속의 한 대위가 보낸 편지에 이어 포위스 소령의 편지까지 신문사에 보내왔다. 포위스 소령은 영국 군 관계자들과 친정부 인사들 사이에서 한창 유행하고 있던 타임스 비난 활동에 열을 올리고 있었다. 포위스 소령이 뉴랜즈 목사에게 보낸 편지 내용이다.

> 19연대의 육군창고를 지휘하는 매시(Massey) 대위의 편지 사본을 동봉합니다. 귀하가 그다시도 관심을 보이고 있는 여성의 남편은 입대 당시 미혼이라고 속였을 뿐만 아니라 가명까지 쓰는 등 진실을 말해야 할 자리에서 죄질이 나쁜 위증을 하였습니다. 국민들에게 저희 협회의 업무가 얼마나 효율적으로 진행되고 있는지 공개할 수 있는 기회를 주신 것에 감사의 말을 전하고자 합니다. 영국성공회 성직자는 물론 영국에서 평판이 가장 나쁜 신문사 편집장까지 나서서 위증과 거짓 행위를 부추기고 있다는 사실에 개탄스럽습니다.
>
> 감사합니다. 명예 서기 HL 포위스 올림.

타임스 기자로 너무나 익숙하게 사용하던 군사용어를 포기할 수가 없던 딜레인은 자신에게 주어진 모든 권한을 다 동원해 논설로 응수했다.

> 포위스 소령이 어떤 공격을 하더라도 타임스의 평판에는 문제가 없으리라 생각이 들지만 대중들의 알 권리를 위해 이 말을 전하고자 한다. 지난 봄에 해당 중앙협회가 설립될 무렵 포위스 소령은 자신의 업무에 없어서는 안 될 지원금을 요청하면서 타임스에 지원서를 제출하고 지원금도 우리 회사를 통해 받아갔다. 그가 그토록 공격해마지 않는 신문사와의 의사소통은 어떤 말이든 칭찬으로 들리지 않을 것이다. 그가 우리 신문사에 보내온 것으로 칼럼에도 실었던 편지의 내용에는 신문사의 협조를 진심으로 간원하는 그의 바람과 함께 지원에 대한 감사의 뜻이 반복해서 담겨 있다. 그가 자신의 기억을 잘 더듬어본다면 우리가 지금 이야기하고 있는 것들의 진실을 깨달을 것이며, 우리가 직접 말을 안 해줄 뿐이지, 그가 지금 하는 말에 대한 의견에도 스스로 도달하리라 본다.

그럼에도 타임스에 대한 비난은 커져만 갔다. 이들은 군의 활동을 과소평가하는 배신자라는 비난을 받았다. 딜레인과 러셀 모두 정보를 전달하는 방식 때문에 그러한 공격을 받을 수밖에 없었다.

윌리엄 러셀이 보낸 잉케르만 전투 소식이 런던에 도착했다. 그 또한 군의 무모한 행위가 야기한 결과에 의심을 품기 시작했다. 양쪽 군에서 죽어간 수백여 명의 전우를 묻은 지 며칠 되지도 않은 상황에서 잔인하게 육탄전을 벌였던 11월 5일의 전투에 이어 14일 밤 믿기지 않을 규모의 폭풍우가 발생하여 보급로가 완전히 끊겨버리는 바람에 군 전체가 아사 직전에 빠져들고 모두들 절망과 불확실성으로 괴로워하고 있다는 것이다. 너무나 암울한 광경으로 묘사한 그의 전투에 관한 기사는 전쟁보도 방식의 효시가 되어 이후 수많은 작가들이 그와 같은 방식으로 글을 쓰기 시작했다.

> 우리 진영의 중심에서 서둘러 진격을 하던 조지 카스키트(George Cathcart) 경이 언덕에 이르자 경비대가 공격을 시작했다. 케임브리지 공작과 의논한 끝에 막 도착한 63연대를 이끌고 경비대 오른편까지 내려가 체르나야(Tchernaya) 계곡으로 뻗어가는 숲이 우거진 산골짜기에 이르렀다. 러시아 군이 자신의 부하가 있는 곳에서 우측방향으로 뒤쪽에 있는 언덕 일부분을 차지하고 있음을 감지했지만 그의 용감한 기상에는 한 순간도 변함이 없었다. 병사들에 대한 격려와 함께 그들을 향해 달려갈 때 탄약이 떨어졌다는 함성이 들리자 "자네들 총검 가지고 있지 않나?"라고 아무렇지도 않은 듯 얘기했다. 부하를 이끌고 가는 도중, 또 다른 적군 무리가 자신들의 정면의 오른편에 있는 언덕 꼭대기를 차지하고 있는 것이 보였다. 흩어져 있는 우리 군에 사격이 맹렬히 퍼붓기 시작했다. 조지 경은 독려의 말을 말을 전하며 언덕 위로 병사들을 이끌고 갔으나 총탄 한 발이 그를 겨냥하는 바람에 러시아 군이 정렬해 있는 곳 가까이에서 낙마하고 말았다. 부상을 입은 시모어(Seymour) 대령이 용맹하게 말에서 내려 조지 경을 도우려 했지만, 안타깝게도 적군이 이들을 습격했고, 우리 군이 이들을 물리칠 무렵 두 사람은 이미 숨진 채 나란히 쓰러져 있었다. 이후 병사들은 수많은 적군과 싸워내고 지독한 고통까지 감내해야만 했다. 그들은 사면초가의 상황에서 총검의 공격을 받아가며 처절하게 언덕을 향해 전진해 갔다. 이미 500여 명의 아군을 잃은 상태에서 분리해진 진세였다. 나중에 발견된 조지 카스카트 경의 시신에는 머리에 총탄 하나와 몸에 총검 상처가 세 곳이나 나왔나.

장성들은 영국 군대가 처한 환경과 그들의 행적에 관한 러셀의 기사에 이미 진절머리가 나기 시작했다. 그가 너무나 많은 정보를 러시아 군에게 폭로한다고 투덜거렸다. 그런데 이들에게 가장 상처가 되었던 점은 군인들에게 전혀 생소한 방식으로 러셀이 진실을 밝히기 때문이었다. 또다시 불가능한 상황으로 전투를 몰아가는 바람에 500명의 병력을 잃었다는 내용으로 카스카트 장군의 죽음에 얽힌 내용을 그의 연대나 전우, 여왕은 물론 그의 미망인과 가족에게까지 전달할 수 있는 사람은 없었을 것이다. 지금껏 누구도 충성스러운 대령의 치명상과 헛된 군 작전을 편안하게 묘사하면서 오랜 전통의 영국 군대를 망신시킨 적은 없었기 때문이다. 그들은 솔직함이 안겨준 치욕으로 상처를 받은 것이다.

러셀은 자신이 취재하는 영국 군이나 본국에 있는 이들 가족에게 영향을 미치는 민감한 사항에 신경 쓰지 않고 기사에 대한 검열도 받지 않았다.

> 고령의 병사들은 군 장성까지 야외 벌판에서 천막으로 생활하며 비바람을 막아줄 지붕을 간절히 원하고 있는 전쟁의 현실을 본 적도 들은 적도 없다. 장교들이 그러한 역경을 견디고 있는 전쟁에 대해서도 전혀 알 리가 없다. 이들은 낮에 입었던 옷을 그대로 입고 밤에 잠이 든다. 점잖은 성장 환경을 보낸 젊은 병사들이 몇 주 동안이나 옷을 갈아입거나 신발도 바꾸지 못하고 있다. 장교들의 옷차림은 말 그대로 누더기 상태다.

러셀은 많은 병사들과 친분을 쌓았고 그의 기사는 두려움을 앞둔 병사들의 전투애를 그리고 있었다. 그가 묘사한 11월 14일의 폭풍우 장면은 너무나 생생해서 읽는 이로 하여금 실제 현장에 와있는 착각이 들게 했다.

> 비가 내리는 소리, 거침없이 땅으로 퍼붓는 빗소리가 숲 속에서 들려오는 세찬 바람 소리에 점차 잠겨 들고 있다. 마치 저 멀리까지 지구 표면을 덮어 버리기라도 하듯 흙바람이 일고 있다. 우리가 머물고 있던 천막의 버팀목이 거센 바람의 횡포에 금이 갔다. "군의관님, 잠에서 깨십시오. 천막이 무너져 내립니다."라고 모두 소리쳤다. 이 군의관은 수학과 물리학적 계산에 따라 버팀목의 구부러지는 성질 때문에 안심해도 된다고 며칠간이나 논쟁을 벌인 사람이다. "아니, 이 정도 버팀목이라면 평생 쓰고도 남는단 말이야."라며 성난 어조로 소리치고는 이불 속으로 들어가 버렸다. 그 순간 우리를 공포의 도가니로 몰아넣을 정도의 엄청난 굉음과 함께 강풍이 불어 닥치고 천

> 막의 버팀목이 모조리 부러지는 소리가 났다. 마침내 우리 천막의 버팀목까지 유리처럼 부서지면서 모두가 천막의 젖은 천과 함께 땅바닥에 나뒹굴 수밖에 없었다. 본부의 캠프 전체가 땅바닥으로 완전히 무너져 내리자 그 속에 있던 불쌍한 병사들이 어둠과 진흙탕 속에서 사방으로 뛰어다니며 자신의 소지품과 옷을 찾아 헤맨 후, 지붕도 창도 없는 헛간으로 피신해 들어갔다.

다음 날 날이 밝자 마자, 주변에 보이는 모든 것들 때문에 그는 당혹감을 감출 수 없었다. 또한 평상시에도 상당히 혼란스럽지만 이날 아침만큼 당혹스러움이 강하게 밀려온 적은 없었다.

> 발라클라바 항의 함대에 엄청난 재난이 불어 닥쳤다는 소문이 도는 바람에 마을 쪽으로 말을 타고 내려갔다. 도로가 완전히 수렁으로 바뀌었다. 말과 소의 사체가 온 땅을 다 차지하고 있고 이곳 저곳에서 죽은 듯이 축 늘어진 사람을 짊어지고 아직까지 버티고 서있을 만한 병원 막사를 찾아 헤매는 슬픈 행렬이 길게 이어지고 있었다. 발라클라바의 상태는 말로 표현할 수 없을 정도로 처참했다. 말과 낙타, 노새, 군인, 선원은 물론 세계 각국의 외국인들이 모여들어 서로 밀치고 거꾸러지고 떠밀거나 주저 앉아 있는 등의 광경이 펼쳐지는 중심가에는 흙탕물이 강을 이루고 있었다. 생소한 욕설이나 고함소리, 심뜩한 경고의 소리가 주변에 울려 퍼지고 있었다.

러셀이 글로 전하는 아름다운 아일랜드 억양 때문에 그의 기사가 런던에서 인기를 끌기도 했다. 신문사에 보내오는 편지는 공적인 언어에서 풍기는 오만한 격식과 권위적인 목소리가 주를 이루지만, 그의 글은 물 흐르듯 흘러 내렸다. 런던의 클럽이나 사교장에 모여든 사람들까지 신문을 통해 군대에서 벌어지고 있는 일을 명확히 들여다 볼 수 있게 되어 더 이상 변명의 여지가 없었다. 상당히 긴 분량의 기사인데도 딜레인은 이를 되도록 자주 지면에 실으려 했다. 그들이 한 말뿐만 아니라 그 의미에까지 마치 도치라도 된 듯, 매일같이 신문의 사설에서 이들을 묘사하고 강조해 나갔다. 딜레인은 러셀과 그의 글을 좋아했지만 스스로를 영국의 주류라고 여기는 군대와 그들의 거대한 기관은 전혀 아니었다.

군 간부들은 때로는 정부와 거리를 두는 것이 필요하다고 판단한다. 이러한 면모는 다른 나라에서는 볼 수 있으나 영국에서는 기대할 수 없는 일이다. 군사령부는 나라를 책임지는 자가 누구인지 독립적인 판단을 할 수 있다고 여기는 듯 했다. 시민이나 언론이 정부를 전복시키려 하는 것은 심각한 사안이다. 그런데 언론이 군 당국을 전복시키려 하면 반감을 사고 엄중한 감시를 받을 수밖에 없다. 1854년 11월의 우리 군 지도부는 이들이 전쟁에 관여하는 모습을 조롱하는 타임스 기사에 깊은 우려를 표명하고 있었다. 어느 누구도 군장성의 권위에 의문을 가져서는 안 된다고 그들이 믿었기 때문이다.

독일의 철학자이자 런던과 뉴욕에서도 활동하며 자신의 경제, 사회 이론을 글과 저서로 일갈하던 칼 마르크스(Karl Marx)는 존 딜레인과 한 살 차이의 동시대 인물이었다. 1848년에 그 둘은 런던 근로자들의 혁명을 바라보며 상반되는 견해를 드러냈다. 마르크스는 다른 나라에서도 혁명이 일어난 것처럼 시기만 맞으면 어디에서나 일어날 것이라고 믿었다. 그는 진정한 해방은 폭력이 동반되더라도 국민들의 손을 거친 혁명에 의해서만 달성될 수 있다고 여겼다. 그 시기에 딜레인은 그러한 혁명은 불확실한 미래에 해당하기 때문에 혁명이 일어나도록 내버려 두어서는 안 된다는 영국 소상인의 두려움을 표명하였다.

1854년 11월에 벌어지고 있는 동방에서의 전쟁에 관해 마르크스는 지주와 부유한 상류층 때문에 강제로 전쟁에 참여할 수밖에 없었던 전 세계 노동자들이 이번 전쟁에서 반란을 일으키길 희망하면서 이를 글로 전했다. 이러한 노동자와 소작농이 장교와 귀족층이 독차지한 자국의 정부를 넘겨받을 것이라고 했다. 딜레인이 신문을 통해 그러한 의견을 따르고 있음을 드러낸다면 그는 엄청난 긴장 구도를 유발할 수 있는 위치로 스스로를 몰아가고 있는 셈이다. 누군가는 그가 영국인이 두려워할 만한 혁명 분위기를 지지한다고 말할지도 모른다. 영국 장성들은 딜레인이 그러한 모습으로 사람들에게 비치는 것에 만족해하고 있었다. 그를 완전히 제거하는 방법이 될 수도 있기 때문이다.

딜레인은 이러한 논쟁의 무게에도 전혀 굴하지 않았다. 오히려 사람들에게 문제의 심각성을 알리고 싶어 했다. 이는 전쟁 그 이상의 것으로 발전하고 있었다.

> 이 나라의 자존심과 신뢰는 물론 정권이 크림반도에서 벌어지는 전투 양상에 가늠할 수 없으리만치 크게 의존하고 있다는 사실은 어떤 말로도 쉽고 간단하게 설명할 수가 없다. 고국을 위해 동방에서 싸우고 있는 우리 병력이 어느 때보다 더 심각한 역경 속에서 사상자를 내고 있고, 역사상 가장 끔찍한 전쟁으로 이어질 가능성에 처해 있음을 관련 당사자에게 상기시키고자 한다. 콜레라와 열병은 물론 혹독한 날씨와 과도한 노역으로 인한 사상자도 계속 발생하고 있다. 다가오는 겨울도 무시할 수 없는 두려움의 존재다. 우리 보다 두 배 이상의 사상자가 발생해도 끄떡없는 적군의 공격으로 우리 병력 수도 계속 감소해왔다. 우리 후세들이 이 나라와 현 세대를 향해 서슴없이 비난을 퍼부을 만큼 명백한 위험에 처해 있다. 이들은 전 세계를 향해 이 나라가 겪고 있는 수치와 모욕을 폭로할 것이다.

영국의 일부 권력층은 존재를 드러내지 않고도 자신의 견해를 알리는 방법을 잘 알고 있었다. 딜레인은 영국에서 가장 영향력 있는 사람들의 전폭적인 지지를 받고 있었지만, 이들이 자신의 견해를 언제나 공개석상에 드러내는 것은 아니었다.

딜레인은 그 무렵 영국인들 사이에서 영원한 영웅으로 기억되는 웰링턴 공작의 아들이자, 그 자신도 국민들의 많은 존경을 받고 명석함을 인정받던 새 웰링턴 공작으로부터 깜짝 편지를 받았다. 공작의 조언과 경험을 담은 사적인 편지로 출처를 밝히지 말아 달라는 당부까지 있었다. 그 편지는 딜레인의 개인 상자에 보관되어 있었는데, 내용의 상당 부분을 아내에게 보내는 편지에도 담았다. 편지에서 "영국에 있는 모든 장성들이 나를 감옥에 보내고 싶어할 것이라 믿던 때"에 이 편지가 도착하여 그에게 힘이 되었다고 했다.

편지에서 공작은 세바스토폴 남쪽에 위치한 참호 진영을 채우는 데 필요한 병력 수를 계산하는 방법을 설명했다. (지도에서 볼 수 있는) 참호 대열의 길이와 교대 시간, 예비 병력 수, 채워 넣어야 할 참호 대열의 숫자 등의 관계를 수학적으로 설명했다. 이를 참조하면 몇 명의 군인이 필요하며 어느 정도의 보강 병력을 보내야 하는지 파악할 수 있다는 것이다.

바로 다음 날 딜레인은 공작이 계산해놓은 내용을 바탕으로 장문의 기사를 실었다. 이는 군에 당장 필요한 보강 병력과 대체 인력의 규모를 보여주었다. 수천여 명의 병력 수로 전선의 규모를 측정했고 이들이 실시하고 있는 교대 방식과 러시아 병력의 공격 빈도까지 추측했다. 이에 따라 10만 명의 새 병력이 이미 파견되어 현지에 도착했어야 한다고 결론을 내렸다. 이들 병력을 보낸 적도 없을 뿐만 아니라, 러시아의 겨울을 견뎌야 하는 군부대가 이 정도 규모의 병력을 유지하는 데 필요한 식량과 탄약은 물론 각종 물품을 보급하기 위한 보급로도 전혀 확보되지 않았음을 그는 알아차렸다. 글 속에 드러난 해박한 군사 지식에 그의 논쟁 강도가 강해질 수밖에 없었다. 그가 할 수 있는 일이라고는 한층 더 강해진 좌절과 걱정으로 경고의 말을 되풀이하는 것밖에는 없다고 분노에 찬 어조로 기사를 마무리 지었다.

플로렌스 나이팅게일이 집으로 보낸 글이다.

> 발라클라바에서 출발한 병원선(船) 골든 플리스(Golden Fleece)호를 타고 온 군인들이 꽁꽁 얼어버린 상태라 오늘 너무나 충격을 받았습니다. 이들은 일주일이나 갑판에 방치되어 혹독한 추위를 견뎌왔고 다수가 동상에 걸렸더군요. 눈뜨고 보기 힘들 정도로 너무나 참혹했어요. 2주 만에 4천 명의 환자를 받았습니다. 이들은 얼음으로 뒤덮인 러시아 벌판과 참호에서 지내느라 이루 말로 표현할 수 없을 정도로 상태가 악화되어 있었습니다. 너무나 건강했던 이들이 병에 걸리고 황량한 상태가 되었죠. 거의 천여 명 정도가 2주 만에 목숨을 잃었습니다. 우리 군은 더 이상 거대한 병력을 자랑할 수가 없어요. 의료장비의 거의 반 정도를 타임스 신문의 기금으로 구매하고 있습니다. 군대는 혼란에 빠져있답니다. 정부와 런던, 집까지 연락이 되고 있다는 사실을 전혀 믿을 수가 없어요.
>
> 어찌 되었건 병원이 제가 처음 도착했던 때보다 상태가 나아진 것은 확실해요. 이제 환자들은 바닥이 아닌 매트리스에서 지내고, 이전에 안전하지 않던 건물을 고쳐 병원으로 열었답니다.
>
> 플로 올림.

딜레인은 타임스 기금이 고통 받고 있는 자를 돕는 방향으로 유용하게 쓰이고 있다는 사실에 크나큰 위안을 얻었다. 그와 존 월터는 타임스가 영국 군이 무시할 수 없을 정도로 중요하고 의미심장한 역할을 하고 있노라고 자부했다. 하지만 그 반면에 전장에서 퍼지고 있는 공포감이 커질수록 정부가 사실을 부인하는 정도도 커지고 있었다. 책임을 지고 있는 자가 해결할 문제가 있다고 시인을 해야만 어떤 조치든 취할 수 있는 것이다.

온정의 손길을 뻗고자 하는 기업의 활약이 타임스 광고에서 돋보였다.

> 크림반도에 식량을 보냅시다: 레든홀가(Leadenhall Street) 101, 102번지에 위

치한 배티 상회(Batty and Co)는 장기 보관 가능한 가금류와 토끼고기 등 다양한 육류를 전투용으로 특수 포장하여 크림반도로 출항하는 배편에 보내고자 합니다. 이 배는 콘스탄티노플과 스쿠타리, 바르나를 거쳐 크림반도에 도달합니다. 물품을 실은 배가 12월 1일에 출항할 예정이오니 상기한 식료품은 물론 햄이나 소스, 치즈, 잼, 젤리, 마멀레이드 등속을 보내고자 하는 분이 계시면 즉시 신청하시기 바랍니다. 레든홀가 101, 102번지에 이들 식료품의 샘플을 준비해두었으니 관심 있으신 분은 직접 오셔서 이들의 품질을 직접 확인해보시기를 권장합니다.

크림반도에 철재건물을 보냅시다: 이동이 간편하고 거주용으로 손색 없는 건축물을 런던 밀월(Millwall)에 위치한 존 워커(John Walker)의 작업장에서 단 시간에 공급합니다. 동방에서 복무하고 있는 아들이나 친척을 둔 사람이라면 냉혹한 날씨로부터 이들을 보호해줄 편안한 주거공간을 보내는 온정을 베풀 수 있으리라 봅니다. 사무실에서 신청하세요. 주소: 아서가 서쪽(Arthur Street West), 런던교(London Bridge).

11월이 끝나가는 시점에, 딜레인은 전쟁에 관한 신문사의 보도 방침을 검토했다. 이 시점까지 그는 군사작전과 승전보를 기다리고 있는 국가의 존속에 없어서는 안 될 계획을 준비하고 실행하는 과정을 게을리 한 군부와 조직은 물론 다양한 관료들에 대한 비난을 멈추지 않았다. 특히 발라클라바의 장성들이 저지른 명백한 실수에 비난을 쏟았다. 이들로 인해 엄청난 피해를 가져왔기 때문이다. 그럼에도 불구하고 그는 군사작전에 관여하는 정부를 옹호하고 각료와 지도자들 뒤에서 대국민 통합을 위해 노력했다.

하지만 정부측은 아무도 그와 연락을 취하지 않았다. 어떤 각료도 육군성에서 비밀리에 만들어 지고 있는 정책에 대한 설명을 해주지 않았기 때문에 그는 비밀 계획이기에 내용을 누설할 수는 없지만 이들이 완성되는 대로 조치사항이 취해질 것이라고만 독자들을 안심시킬 수밖에 없었다. 군사작전에 활력을 더하고 총명함을 뽐낼 만한 딜레인 세대의 젊고 명석한 사람이 장성으로 새로이 뽑히지 않았다. 브루넬(Brunel)이나 스티븐슨(Stephenson) 집안 사람들처럼 성공적으로 함락 작전을 펼치고 최대한 빨리 전쟁을 승리로 이끌어낼 군사적 지략을 지닌 천재적인 재능을 요구하는 이도 없었다. 정부는 소극적이고 의회는 아직 휴회 기간이라 지도층은 아무도 보이지 않았다.

그는 전쟁기금 마련에 대한 타임스의 뜻을 전하면서 재무장관인 윌리엄 글래드스턴(William Gladstone)으로부터 이번에는 부인이 아닌 답변을 얻어내고자 했다.

11월 28일 딜레인의 논설은 관측으로 시작되었다.

> 전장에 나가 있는 연대를 교체하는 것만이 의회의 비상회의를 소집할 사유가 되는 것이 아니다. 전쟁준비가 점차 더 큰 규모로 확대되어 감에 따라 재무부의 예산이 거의 바닥나고 있을 것이라는 예상은 누구나 해보았으리라 믿는다. 이는 부정할 수 없는 사실이며 정부는 돈이 부족할 수밖에 없다. 모든 경제학자가 꿈꿔왔던 이상 세계와 금융업자의 희망, 전 세계의 평화, 모든 부채가 소멸되고 예산이 넘쳐나는 국고, 이 모든 꿈들이 물거품처럼 사라지고 우리 눈앞에는 전쟁의 방대함과 재정적 어려움만 남았을 뿐이다. 전쟁은 곧 돈이기 때문이다. 국민은 더 많은 병사와 배를 보내고 더 빠르게 소식을 전하고, 더 나은 대포와 더 좋은 소총, 숙소, 옷을 보내라고 요구하고 있다. 우리의 후세들은 이번 전쟁 결과를 우리 못지 않게 걱정하고 있으며 싸구려 전투력으로 후세에 남겨질 부담에 고마워하지 않을 것이다. 다행히 지금은 국가 부채나 세금을 크게 늘리더라도 국민에게 큰 부담이 되지 않을 것이다.

타임스는 다른 여러 방안 중에서 소득세 10%를 제안했는데, 당시 그 정도면 상당히 큰 금액에 해당한다. 그 시절 소득세는 미미하거나 소득세가 아예 없는 사람도 있었다.

글래드스턴은 딜레인의 제안을 거절하는 장문의 편지를 신문사에 즉각 보냈다. 딜레인의 노고에 감사를 표하면서도 마치 학생을 타이르듯 자신이 분석한 예산에 따르면 신문사 직원 따위의 도움은 필요 없다고 거만하게 밝혔다. 군대는 완벽하게 재원을 확보해둔 상태이고 비상사태에 대비한 자금도 충분하다는 것이다.

딜레인은 터무니 없는 장관의 답변 내용과 어조에 화가 났다. 모든 군대와 정부 조직은 자신들의 내부 관계자가 아닌 외부에서 주어지는 조언을 어떤 식으로든 받아들이지 않겠다는 자세를 보이는 것 같았다. 딜레인은 동방에서 벌어지는 전쟁의 경우, 타임스 정보원이 다른 누구보다 더 효율적이고 빠르기 때문에 이들로부터 받는 분석자료가 그 어떤 정부 각료들에게 주어지는 것 못지 않게 훌륭하므로 재무장관의 답변이 어리석음을 알고 있었다. 정부는 경종이 울리고 있는데도 이를 인정하지 않으려 작정한 듯 했다.

그래서 11월 29일 타임스는 처음으로 정부의 능력에 의문을 제기하기 시작했다. 글래드스턴이 국가의 재정상태를 해명한 다음 날, 딜레인은 그가 들었던 내용을 공개적으로 비판하고 나섰다. 자신의 의견만 바뀐 것이 아니었다. 현지에서 보내온 재무보고서는 글래드스턴이 설명했던 것보다 훨씬 더 상황이 악화되어 있음을 알렸다. 딜레인은 지난 몇 달간의 각료들의 예산지출에 대해 다시 살펴보기로 했다.

> 우리는 요즘 정상적인 시간 측정법에서 완전히 벗어난 경비지출에 관해 곳곳에서 듣고 있다. 정부는 각종 증기선과 우편물 서비스에 손을 뻗어왔다. 영국 군의 보강 인력뿐만 아니라 프랑스 군까지 수송하는 작전에 관여하고 있다. 이러한 수송수단에 석탄과 식량을 공급하고, 기기 수리와 교체까지

> 하면서, 이용료도 대고 있다. 영국 군이 사용하고 있는 화기를 교체하지 않는다면 우리 스스로가 교체될 것이다. 크림반도에 있는 우리 병사들은 다 낡아빠진 누더기 옷을 걸치고 셔츠는커녕 제대로 된 신발도 못 신고 있다.

그는 부족한 물자를 계속 지적하면서 경비지출에 대한 불평이 아닌 지난 여름의 사태가 그 지경이 된 후에도 여전히 군대의 예지력이 부족함을 꼬집었다. 또한 정부가 군대에 필요한 물품과 장비를 구하는 데 필요한 자금 마련을 회피하려 한 태도도 비난했다. 군이 아무런 조치를 취하지 않는 바람에 잔인한 러시아의 겨울을 맞이하는 남은 병력들을 지키기에는 너무나 늦어버린 상황에서 이들이 이번 전쟁을 단순하게 취급하는 것을 비판했다. 뉴캐슬 공작을 제외하고 모두가 여름 사냥 휴가를 떠났던 시기에 이러한 부족물자를 공급할 수 있도록 조치를 했더라면 사태가 이 지경까지 오지도 않았을 것임을 그는 지적했다.

영국 국민들이 전장에서의 실질적인 뉴스를 제대로 받은 지 이제 20일이 지났다는 사실에도 비통하게 일침을 가했다. 러시아 신문사는 자기보다 훨씬 더 빨리 상세한 소식을 전해 듣고 있으며 상트페테르부르크에서의 축포도 더 빨리 터뜨릴 수 있음이 분명했다. 발라클라바와 콘스탄티노플에서 곧바로 오는 뉴스보다 러시아에서 런던으로 보내는 것이 먼저 도착했다. 그리고 정부가 러시아 병력에 대항할 군대도 충분히 육성하지 않은 것에 다시 분개했다. 50년 전만 해도 1천 3백만 인구의 영국이 237,000명의 군인을 양성했는데, 이제 2천 1백만의 인구에도 국내외에 주둔하고 있는 모든 군 병력의 수가 겨우 14만 명에 불과했다. 지금 보강 병력을 뽑는데 걸리는 시간은 크림반도의 춥고 습한 참호에서 생활하는 불쌍한 군인들에게 주어진 시간보다 더 길지도 모른다는 것을 독자들에게 상기시켰다.

상황이 너무나 다급한 만큼 영국인들은 어떻게라도 돕고자 했다.

편집장에게 온 편지

편집장 귀하에게

크림반도에서 혹독한 겨울을 보낸 경험이 있는지라 추위를 막는 방법에 대한 제 의견을 보내드리는 것이 나쁘지는 않다고 봅니다. 저는 거친 직물로 만든 무릎 길이의 코트를 입고 그 위에 방수포를 걸치고, 발까지 덮어주는 굵은 모직으로 된 각반을 찼습니다. 여기에 무릎까지 오는 방수부츠와 털모자, 모직 안감이 들어간 사슴가죽 장갑까지 더하면 안성맞춤입니다.

감사합니다. 전직 나그네 올림.

편집장 귀하에게

우리 정부가 세바스토폴을 함락할 업체를 입찰하는 광고를 낸다면, 업체는 지난 전쟁 이후 과학의 눈부신 발전을 보인 쪽으로 즉각 눈을 돌릴 것이 틀림 없다고 감히 말해 봅니다. 뛰어난 엔지니어에게도 도움을 요청하겠지요. 브래시(Brassey)씨가 참호 부문을 맡고, 브루넬(Brunel)씨가 철도 부문을 맡았을 겁니다. 분명 지금보다 훨씬 전에 발라클라바와 세바스토폴을 잇는 철도가 그 사이에 있는 모든 참호를 연결시키는 지선과 함께 개통되었을 수도 있지요. 레이 박사가 크림반도 기후에 적합한 의복에 대해 조언을 해줄 것이고, 골함석 지붕과 난로를 갖춘 집이라면 병사들을 수용하기에 충분했을 것입니다.

스시엔티아(Scientia)* 올림.

이 편지만 보더라도 정부가 다른 사람을 배제시키고 자신들만 고결한

---

*스시엔티아(Scientia): 무엇인가에 대해 알거나 어떤 사람을 잘 아는 것을 의미하는 라틴어이다.

듯 행동해왔다고 느낀 것이 딜레인만이 아니라는 사실을 알 수 있다.

사실 윌리엄 글래드스턴은 몇 주 만에 소득세를 6퍼센트로 올렸고, 이후 수년이 지나 당시 일을 회고하는 자리에서 그는 그 해 11월 말이 되기 전까지만 해도 딜레인이 정부를 지지했지만 그 이후부터 이들에게서 돌아섰다고 했다. 글래드스턴이 타임스에 보낸 서신이 편집장에게는 결정적인 변심의 계기가 되었다. 하지만 이러한 신사적이고 용감한 행보에도 딜레인은 강력한 입지를 갖추지 못했다. 그는 도덕적인 근거로 자신의 행동을 합리화시켰는데 아내에게 보낸 11월 29일자 편지에서 자신이 처해있는 위험 수위에 대해 고백하는 내용이 있다. "천하의 타임스도 진실 공개를 꺼려하는 정부에 혼자 맞서 싸우는 것은 불가능하지 싶어요. 어떤 식으로든 저항은 할 필요가 있고 내가 책임자라는 것이 내 행동의 진정한 이유지요. 하지만 나 스스로 해결의 실마리를 잘 찾아서 조심스럽게 위기를 벗어나야 하오." 아내에게 보낸 편지 내용이다. "당신과 나 둘 사이에 잃을 것이 무얼까요? 우리 둘 사이가 더 가까워지는 것밖에 없겠지요."

딜레인의 모친은 낭만과는 거리가 먼 사람이었다. 그녀가 수 차례 보낸 편지에서 아들이 취하고 입는 입장을 고조시키지 않도록 주의할 필요가 있다고 경고했다.(딜레인이 어머니에게 보낸 편지는 발견되지 않음) 그녀가 보낸 답장만 보더라도 어머니에 대한 존경심에서 경고를 받아들이고 어머니의 걱정하는 바를 신성한 마음으로 이해했음을 알 수 있다. 그녀는 당시 이튼 스퀘어(Eaton Square)로 집을 옮겼는데 이곳에 아들이 종종 들르곤 했다. 딜레인의 어머니는 아들을 자랑스러워함이 분명했고 그가 하는 일도 존중했지만 그의 안위를 걱정하지 않을 수 없었다.

당시 신문에 매일 실리는 기사는 런던과 세바스토폴의 생활을 자세하게 묘사하고 있었다.

> 어제 저녁 영국 오페라 하우스에서 '서사이어티 콘서트(Concerts de Société)' 공연이 펼쳐지던 도중 갑작스러운 사고로 관객과 연주자 모두 충격과 흥분

에 휩싸인 순간을 보냈다.

'4인조 미국 무용수'라는 제목의 공연이 끝나자마자, 당통망(Dantonment)이 오페라 해적에 나오는 곡으로 트롬본 독주를 하기 위해 오케스트라 앞으로 나왔다. 악단이 연주를 시작하고 당통망이 몇 소절 독주를 하자마자 악기를 갑자기 떨어뜨리고 뒤로 휘우청거렸다. 다행히 그의 곁에 있던 다른 연주자가 그를 팔로 잡아주는 바람에 큰 위험은 없었다. 음악이 멈추고 많은 단원들이 완전히 의식을 잃은 듯한 당통망을 도와주러 급히 모여들었다. 옷을 느슨하게 풀어주는 등 응급조치를 하는 동안 "의사를 불러와요", "이 사람을 밖으로 데리고 가요", "그를 바닥에 눕혀요" 등의 외침이 공연장 곳곳에서 울려 퍼졌다. 결국 완전히 의식이 없어 보이는 그를 대기실로 데려갔고 공연장에 왔던 의사들이 그를 보살피려 먼저 와있었다.

공연은 즉각 이어졌다. 델로프레(Deloffre)가 당통망 대신 나와서, 극찬을 받았던 마이세더(Mayseder)의 오페라 포티(Forty)를 감동적으로 연주하고 열광적인 갈채를 받았다. 당통망은 의료진의 도움으로 곧바로 회복하고 공연 후반부에 모습을 드러낼 수 있었다.

7보병연대 소속 상등병이 부모님께 보낸 편지다.

세바스토폴 근처 야영지.

저희는 성니콜라스 요새부터 폭격하기 위해 준비 중입니다. 누가 살아남아 그곳이 넘어가는 것을 지켜볼지 아무도 모르죠. 세바스토폴 사람들은 길바닥에 자리잡은 벌집 속 벌만큼이나 많아요. 끔찍한 대학살의 현장이 될 것 같습니다.

지난 달 14일부터 행군을 계속해 왔는데 그 때부터 지금껏 옷을 벗은 적도 없고 거의 씻지도 못했어요. 전우들의 몰골이 말이 아니지요. 옷은 완전 거지차림이고 수렵으로 근근이 끼니를 때우고 있으니까요. 그런데 아버지 걱정하지 마세요. 저희 몰골이 형편없더라도 여기 상황이 어떤지 궁금해 하실 것 같아 이렇게 적어 보냅니다. 제 아내에게도 편지 내용을 보내주시고, 사랑한다는 말도 전해주세요. 여기에서 아직 돈을 받을 수는 없지만 받는 대로, 그 때까지 제가 살아있다면, 단 얼마라도 보내겠다고 해주세요. 아내에게, 불쌍한 케리(Cary)에게 전해주세요. 눈과 목 주변까지 길게 자란 수염 때문에 아내가 저를 못 알아 볼 거라고요. 아내가 절실하게 돈이 필요하다는 사실을 알고는 있지만 지금 돈을 보내줄 수 없어서 미안하다고, 그럴 수만 있으면 꼭 보내겠노라고 말해주세요.

6장

결의

스쿠타리에 도착한 지 한 달이 될 무렵, 플로렌스 나이팅게일이 겪고 있던 스트레스는 이루 말할 수 없을 정도였다. 사람이 죽어 나가고, 심지어 수십 명, 수천 명이 죽어 가는데도 어느 누구도 책임지는 사람도 없고 더군다나 군 관계자는 이러한 상황을 아무렇지도 않은 듯 지켜보고 있기 때문이다. 그러한 무책임과 기강 해이가 군대에서만 용납되는 것이 아니라 공무원이나 정치인들의 세계에서도 흔히 볼 수 있는 일이라는 것이 나이팅게일과 존 맥도널드, 시드니 오스본의 공통된 생각이었다. 올바르지 않거나 불충분한 것이 틀림 없는 상황에도 담당 관리들은 “할 수 있는 일은 모두 다 했단 말이오.”를 반복할 뿐이다. 나이팅게일은 과도한 스트레스로 좌절하고 말 것 같았다. 그녀는 부모님께 쓴 편지에서 일에서 물러나 집으로 돌아가고 싶다고 했다. 다른 간호사들은 능력껏 잘 버티고는 있었지만, 모두가 힘없는 그녀의 리더십에 의존하는 상황이었다. 그녀는 잠시 동안이나마 정신착란을 일으켰다. 앞뒤가 맞지 않게 횡설수설하며 시드니 허버트에게 보낸 편지에서 당시 그녀가 극심한 고통과 피로를 겪고 있었음을 알 수 있다. 완벽한 대영제국은 물론 고상한 한 인간의 삶이 완전히 무너져 내리는 것 같았다. 모든 질서와 존엄이 원시적 수준의 대혼란으로 주저앉았다. 한 인간이 잠시나마 스스로를 포기해버린 상태였다. 하루 하루가 견딜 수 없는 고통이었다. 그녀는 군인들을 해변에서 막사로 옮길 수 있는 이동 수단의 설계에 대해 시드니 오스본과 의논하였다. "어릴 적에 아버지와 마차여행을 갔는데, 가족 모두와 하인들까지 마차에 태우고 프랑스에서 이탈리아까지 다녔어요. 서부개척시대 마차처럼 여섯 필의 말이 달린 마차였지요." 불안함과 긴장감을 느낀 나머지 스트레스의 직접적인 원인이나 해결책과는 무관한 사안에도 감정폭발을 일으켰다. 조달업자인 워드(Ward)씨에게도 사납게 불만을 터트리기도 했다. 그에게 상냥하게 굴어야 창고로 들어갈 수 있도록 허락이 떨어진다는 점에서, 모두들 어찌할 바를 몰랐기 때문만은 아니었다. 그녀는 좌절감 속에서 글을 남겼다.

> 어제 한 남자가 부둣가에 쓰러져 숨을 거두었다. 병세가 너무나 심해 입원 서류에 서명할 기운조차 없었기 때문이다. 그를 병원으로 옮기던 병사들이 그를 흙 바닥에 내버려둔 채 서명 없이 입원시킬 수 있는 권한이 있는 장교를 찾으러 간 것이다. 3시간 뒤 그들이 돌아왔을 때는 이미 그가 숨진 뒤였다. 이들은 장교를 찾으러 간 사이 다른 임무를 부여 받았다는 것이다. 이들이 거짓말 하는 건 아니겠지.

이같이 깊은 절망과 심신의 한계를 느끼고 있을 무렵, 친한 친구가 그녀를 완전히 배신했다는 소식을 접했다. 영국에서 상충되는 보고서를 받고 있던 시드니 허버트가 크나큰 압력을 이기지 못하고 어리석게도 나이팅게일과 상의도 하지 않은 채 다른 간호사단을 파견한 것이다. 독실한 천주교 신자이자 줄곧 나이팅게일 집안의 친구이기도 한 메리 스탠리(Mary Stanley)에게 책임직을 맡기기까지 했다. 허버트가 이러한 행동을 한 것은 나이팅게일 일행을 간호사로 파견할 때처럼 국민에 대한 그의 영웅심이나 공명심 때문이라고 생각할 수밖에 없다.

그가 벌인 일을 깨닫자 나이팅게일은 내면에서 일고 있는 지옥 같은 감정의 동요를 참지 못하고 간호사들에게 소리를 질러댔다. 이쯤 되면 정치적 체면이나 존엄 따위는 집어치우는 것이 좋았다. 서두가 맞지 않는 내용으로 길게 쓴 편지를 너무나 잘 아는 친구인 허버트에게 보내며 자신의 불만을 토로했다.

> 저는 효율성이라고는 찾아볼 수도 없고 교활한 다수(의 이곳 간호사)를 통제하는(그리고 그들의 악행도 막는) 고역은 얼마든지 참을 수 있어요. 너무나 힘들고 고된 일이지만 소수의 인원만으로는 불가능했을 도덕적 효과가 있었기 때문이죠. 하지만 훨씬 더 많은 숫자로 북적거리는 인원들과 마주하면서 우리 에너지를 소모하고 싶지는 않아요. 시간을 낭비해가면서까지 저 자신을 무능한 존재로 만들 필요도 없고요. 통제할 수 없는 이들을 통제하느라 미칠 지경이랍니다.
>
> 제가 당신의 요청으로 이곳 관리자로 나올 때만 해도 신문에도 보도되고 이곳 모든 이들에게도 전달되었던 내용처럼, 나의 요청과 이곳 군의관의 승인이 있어야만 간호사를 추가로 파견할 수 있다는 명확한 전제 조건이 있었습니다.
>
> 누구의 요청도 없이 간호사를 보내는 바람에 새로 온 여성들까지 합쳐 우리 전체 숫자가 84명이 되었어요.
>
> 저의 가슴 깊숙이 간직하고 있던 대의명분을 그대가 희생시켜버렸어요. 저의 체면은 물론이고 자존심마저 빼앗아 갔네요. 대중적인 인기 때문에 글로 맺은 약속을 저버린 셈이지요.

아마도 나이팅게일은 자신과 동급인 마냥 다른 여성을 허버트가 지명한 것에 질투가 났을 수도 있다. 그러한 추측도 가능하지만 글로는 남겨지지 않았다. 그녀의 편지가 계속 이어졌다.

> 저에게 주어진 너무나 잔인하고 부당한 현실에 대해서는 더 이상 말하지 않겠어요. 병원 관계자들은 넌더리가 난다며 더 이상 아무도 채용하지 않을 것

이고 기존의 진행 체계를 전혀 바꾸지 않겠다는 입장이에요.

지금 상황에서 할 수 있는 방법이라고는 제가 담당하고 있는 간호사들 중 12명을 보내고 그 자리를 새 인원으로 채우는 겁니다. 이미 꽉 찬 상태라 건강을 해칠 수준인 건물에 12명을 더 수용하는 겁니다(여기 두 곳의 병원에 남는 공간이라고는 손바닥만큼이라도 없으니까요). 그리고 스쿠타리에 있는 집에다 나머지 인원을 살게 하는 거죠. 이들은 현재로서는 병원에서 받아들일 수가 전혀 없기 때문에 테라피아 등지에서 요청이 들어올 때까지 대기하는 수밖에 없지요. 아무런 직책이 주어지지 않은 이 여성들은, 함께 일하던 병원 상관이 저에게 하던 말처럼, "완전히 몰락"해버릴 수도 있습니다. 그들 모두를 이곳에 수용하는 것은 물리적으로는 물론 도덕적으로도 불가능합니다.

제가 사퇴해야 한다고 보시겠죠. 제가 이곳에 오게 된 목적이 달성 불가능한 상태가 돼버렸음에도 이곳의 가여운 방랑자들에게 조금이나마 위안을 베푸는구나, 라고 안심하던 시점에 그만 두고 돌아가야 하는군요.

허버트의 영원한 벗 F.N. 전함.

추신: 제가 11일간의 경험 끝에 더 많은 여성이 필요하다는 글을 적을 정도로 판단력이 과도하게 부족했더라면 당신은 현명한 정치인으로 "상황이 나아질 때까지 좀더 기다려보오."라고 답을 했어야 하지 않을까요? 하지만 저는 그러한 요청을 한 적이 없어요. 이미 이곳에서 물의를 일으키고 있는 천주교 신자가, 당신 때문에 전체 간호사 84명 중 25명이나 늘었어요. 멘지스(Menzies) 박사는 통합병원에 딘 두 명만 받겠다고 신인한 상태입니다. 저도 영국인들이 너무나 혐오하는 망할 천주교도의 임무를 지닌 자들이라는 인상을 풍기는 사람들을 데리고, 의료 관계자와 디인의 의심을 사면시끼지 제가 해왔던 관례를 깨고 더 많은 숫자를 배치할 수 없어요.

이곳에 포크와 나이프가 부족해서 사람들이 짐승처럼 음식을 뜯어먹고 있음을 다시 한번 강조해야겠어요. 1천 개 정도의 나이프와 포크 세트, 1천 개의 숟가락을 소포로 당장 보내달라는 요청을 하라고 군의관이 지시하였습니다. 현재 보관 중인 것이 바닥났기 때문입니다. 당분간 제가 콘스탄티노플에서 공백을 메우려고 합니다.

허버트가 나이팅게일에게서 온 편지를 아내 엘리자베스에게 보여주자, 그녀는 자기 방으로 들어가서 울음을 터트리고는 이틀 동안이나 말문을 닫았다. 자신의 제일 친한 벗에게 남편이 너무나 큰 상처를 입혔음을 깨달았기 때문이다. 감당할 수 없는 무거운 짐을 지고 통제할 수 없을 정도로 지쳐버린 여자가 너무나 절박하게 자신의 존엄과 목적을 되찾으려는 과정에서 겪게 되는 비통함이 그대로 묻어나는 편지였다. 그들 세 명 사이의 우정은 더 이상 예전 같을 수가 없었다. 결국 엘리자베스는 남편에 대한 응징의 수단을 찾았다. 그가 저지른 일에 대한 책임을 지게 한 것이다.

광고:

E.K.: 무모하다고 해도 어쩔 수 없어요. 더 이상 나를 향한 혐오와 멸시의 눈초리를 참을 수 없으니 더 이상 만나지 맙시다. 이제 당신이 오랫동안 꿈꿔왔던 일들을 더 이상 지체하지 말고 계속 이어가시오. 이해해주기 바라오. S.K.

우리 장병들의 아내와 미망인들에게 크고 따뜻한 소재, 기능성으로 특허를 받은 저렴한 속치마를 보냅시다. 필립스 앤 선(Philips and Son), 세인트 폴, 뉴 캐번디시가 서쪽(New Cavendish Street West) 25번지.

마담 브리(Madame Brie) 란제리, 컨딧가(Conduit Street) 43번지, 마담 브리 최신 컬렉션으로 다양한 치수 보장.

영국 군은 말 그대로 비참함과 가련함, 비통함 그 자체였다. 부츠와 외투도 없었다. 장교는 누더기와 토끼 가죽으로 지은 옷을 걸치고, 병사들은 빵 포대와 걸레조각을 걸치고 있었다. 약이나 피난처도 없이 진흙이나 눈 속에서 매주 힘들게 일했다. 참호 속이나 찢어진 천막에서 생활하는 병사들은 크림반도의 참혹한 폭풍우에 그대로 노출되고 말았다. 단호하고 때로는 진취적이기까지 한 적군과 맞닥뜨리고 산등성이와 언덕 꼭대기 어느 곳이나 잠들지 않는 코사크 기병의 감시가 밤낮 이어졌다. 젖은 흙투성이의 거대한 검은 황무지의 고원 지대에서 야영을 했다. 눈으로 덮이지 않는 날이면 곳곳에 오수가 고이곤 했다. 또한 근처에 말 사체가 떠다니는 갈색빛이 도는 개울까지 접하고 있었다.

러셀이 쓴 글이다.

> 우리 군의 대위들은 이론적으로라면 전쟁특파원이나 은행 창구 직원만큼이나 많은 분량의 문서를 처리해야 한다. 사실 그 만큼의 많은 일을 해야 할 상황이었지만, 다행히 전쟁이라는 현실 때문에 이들에게 회계업무가 없어졌다. 장부를 분실하고 말았기 때문이다. 한 때 20킬로그램 가까이 되는 무게의 책과 종이를 들고 다니던 대위에게 적을 종이라곤 모두 없어졌다. 이러한 사실만 보더라도 우리의 상황이 얼마나 어처구니 없는지 알 수 있다. 이러한 장부가 비교적 중요성이 덜해지는 평화 시에 우리는 오히려 수없이 많은 검사와 보고를 위해 준비한다. 반면 전시에 우리 군이 가장 먼저 하는 일은 이들 병력을 전투 현장까지 실어다 준 배에다 모든 문서와 펜을 남겨두는 것이다.

이 당시 신문에 실리는 내용에 대한 딜레인의 정책과 영향력은 압도적이었다. 그의 글은 주요 기사로 모두 실렸을 뿐만 아니라 (광고를 제외한) 그가 지면에 담고자 선별한 내용 중 거의 모든 것이 타임스 기금 담당자들이 무엇을 하고 있는지 영국 장병들에게 무슨 일이 일어나는지를 독자에게 정보로 제공하는 글이었다. 마땅히 진행되어야 할 일이 진행되지 않는다고 비난하거나 잘못된 일을 찾아내고 이를 지적하는 것에 주저하지 않았다. 국민의 알 권리와 보안이나 기밀유지 사이의 절충선을 스스로 결정했다. 정부의 검열은 없었다. 장병의 가족들이 그에게 보내오는 편지를 매일 지면에 실을 때마다, 유일하게 타임스 특파원만이 반정부적인 시선으로 무슨 일이든 판단하려 든다고 말하는 사람들에게 그 어느 것보다 생생하고 호소력 있는 반박의 증거가 되었다. 군인의 언어는 훨씬 더 직설적이고 단호한 어조였다. 자신이 영국인의 마음을 완전히 사로잡아서 뜻이 통하는 사이가 되었다고 딜레인은 믿었다.

장교에게서 온 편지다.

> 어제 배급식량마저 나오지 않은 데다, 지난 한 주 동안 계속 이어진 추위와 비로 우리 병사들이 너무나 고통 받고 있다. 발은 마를 새가 없고 어떤 이는 신발 밑창이 없거나 양말도 없고, 어떤 이는 셔츠가 없다. 고국을 떠나 적진으로 향하던 병력을 보았던 사람들 중 이제 초췌해지고 아사 직전의 뼈다귀만 남은 이들을 알아볼 사람이 몇이나 될까? 우리는 진흙이 무릎까지 차오르는 흙 바닥에서 야영을 하고 있다. 천막이 안팎으로 다 젖어있다. 나무 막사를 지어도 된다고 들었지만 나무도 없이 어떻게 하는지 알 도리가 없다. 지난 화요일에 퀸 오브 더 사우스(Queen of the South)호에서 내려 우선 발라클라바 근처에서 야영하라는 명령을 받았다. 그런데 만에서 1.6킬로미터가량 떨어진 곳까지 지시대로 행군해 가서 천막을 모두 설치했더니, 전령이 와서는 이날 밤 다시 만으로 행군해 가라는 명령을 전했다. 이 때문에 우리는 다시 짐을 꾸리고 무기를 정리한 후 해변으로 되돌아 갔다. 자정이 다 되었다. 우리는 기병이 25일 작전을 펼치던 계곡을 통과하는 도로를 따라 다시 행군해 갔다. 도로의 상태가 엉망진창이었다. 무릎까지 진흙이 차오르고 노새와 송아지, 말 사체까지 곳곳에서 우리의 행군을 막고 있다. 완전히 깜깜해질 때까지 진흙 길을 따라 가다 보니 안내를 해주던 이가 지형을 모르

는 것이 아닌가 의심이 들었다.

딜레인이 같은 날 실었던 사설은 평범한 영국인의 능력과 비교해가며 귀족과 관료들을 조롱했다.

> 흔하게 볼 수 있는 스미스나 브라운씨가 연봉 몇 백 파운드면 쉽게 할 수 있는 일을 귀족 계급과 작위, 연금이라는 배경을 지니신 분들은 해내지 못한다. 우리 나라에는 배 선적 작업이 제대로 진행되었는지 감독할 수 있는 공무원이 하나도 없는 것 같다. 수하물이 애초에 계획된 목직지에 도착했는지 확인할 수 있는 사람도 아무도 없고, 수송 함대의 도착 과정을 지휘하는 능력자도 없다. 죽음에 이를 정도의 고통을 주지 않으면서 부상자를 상륙시킬 수 있도록 스쿠타리 해변에 선착장만이라도 지었더라면 고귀한 생명을 수 없이 살릴 수 있었을 것이다. 발라클라바에서 육지로 둘러싸인 정박지 측면에 선창 몇 곳만 만들었더라도 귀중한 화물을 잃지 않았을 것이다. 우수하고 용맹하고 대담하기 그지 없는 직원들이기는 하나 병사들에게 필요한 것과 이들이 원하는 것이 무엇인지 전혀 이해하지 못한 관계로 속수무책의 무질서와 절망적인 혼란을 크게 야기시켰다.

스쿠타리에서 토마스 체너리는 아직까지 정신이 온전한 사람들이 겪고 있는 절망감에 대한 내용을 전했다.

> 현재 관리 상태가 거의 없거나 전무하다. 메드웨이(Medway)호가 잉케르만에서 400명의 부상자를 싣고 왔는데 수송 기간만 (3일이면 충분하리라 보는데) 3주나 걸렸고, 이들 중 3분의 1 가량이 노중에 사망했다. 무시무시한 악취가 진동하고 있었다. 스쿠타리에 상륙하는 과정에서 더 많은 사망자가 발생했다. 여기 모든 이가 분노하고 있다.

11월이 말이나 12월 초 즈음에 1만 2천여 벌의 외투가 발라클라바에 도착했다. 이 물품이 병사에게 가장 절실한 시기임에도 9천여 벌의 외투와 2천여 벌에 달하는 보초병 망토까지 창고에 방치되어 있었다. 이 정도면 병사 두 명 중 한 명 꼴로 지급할 수 있는 분량이다. 절반 정도가 근무를 나간다고 가정하면 모든 병사가 따뜻한 외투를 걸치고 참호에 나갔다가 천막으로 되돌아올 수 있는 것이다.

연대에 외투를 보급하지 말라는 공식 명령이 떨어진 이유 중의 하나가 창고지기가 3년 이내에 병사 1인당 새 외투를 한 벌 이상 지급해서는 안 된다는 복무규정이 있었기 때문이다. 해당 규정에 따라 창고지기가 맡아야 할 크림반도의 부대 비율이 너무나 제한적인 데다 이러한 제한된 범위에서 작업하면서 준수할 지시사항도 없었고, 어떤 목적에서 나누어주어야 할지에 대한 통보도 없었다. 의복을 배포하는 일을 맡은 장교는 외투가 단순히 낡았다는 이유에서 이를 교체하기 위해 방대한 분량을 한꺼번에 선적했으리라고는 깨닫지 못한 듯 하다.

이렇듯 믿기 힘들 정도의 무지한 자들의 이야기가 매일같이 신문 전체를 뒤덮었다. 영국인들은 상류층의 실태를 믿기 어려워했지만 이에 대한 증거는 너무나 확실했다.

윌리엄 러셀이 보낸 장문의 기사는 군사훈련 그 이상의 것을 담고 있었다. 그는 이미 전쟁의 핵심 인물로 자리잡았다. "돌풍보다 더 거센 토네이도가 불어 닥쳐 천막의 버팀목이 부러지고 야영장의 천막 벽이 무너졌다. 사방을 다 뒤덮을 듯한 흙바람이 날리는 바람에 상상조차 힘든 불편을 겪고 있다. 참호에는 차가운 물이 들어차고 보루는 깊숙이 눈으로 뒤덮여 있다." 군대 지휘관들이 자신들에 관한 내용을 담은 기사가 나가는 것을 막고 있다는 견해를 되짚어보는 것도 놀랄 바가 없다. 장성들은 비도덕성과 영국인답지 않은 행동을 비난하는 등 기자들의 입을 막기 위해 온갖 수단을 다 동원했다.

> 이곳에는 '언론사를 위해 끄적거리는' 사람들에 대한 적대감으로 가득하다. 장성들이 노했다. 세바스토폴을 파괴할 수 있는 강력한 위력의 대포에 대한 상세 내용이 담긴 보고서가 고국에 도착하기도 전에 러시아 군에 전해지고 있다며 분노하고 있다. 자신들이 쏜 포탄이 멀리 날아갔다, 그 뿐이다. 그리고 어느 날은 많은 사상자를 냈지만 어떤 날은 작게 냈다 등의 기사를 내고 있는 특파원들이 특수 반역죄를 저지르고 있다고 이들은 강둑의 베쌍이 같은 열정으로 주장한다.

영국의 군 장성들은 실제로 모두 한꺼번에 불에라도 휩싸인 듯 자신들에 대한 비난과 전쟁에서 벌어지는 일을 상세하게 다룬 내용이 타임스에 실리는 것에 격분했다. 그들은 병사와 장교가 보내는 편지를 지면에 싣는 것도 반대했다. 적군에게 넘어갈 수도 있는 군 활동에 관한 정보를 공개하는 것을 극도로 싫어했다. 자신들의 실패를 분석하는 것은 난국에 처한 국가에 대한 배신행위라고 여겼다. 그들은 딜레인과 존 월터가 대중 선동가이자 혁명가라고 믿었다. 자신들의 권위와 지위를 끊임없이 깎아 내리는 행위를 정부가 왜 그대로 내버려두는지, 생각이 비슷한 다른 영국인들이 이들의 어린애 같은 장난질에 왜 침묵을 지키는지 이해할 수 없었다.

래글런 경만큼은 이들과 동일한 견해를 가지고 있는 것이 분명했는데 언론의 행위를 규탄하는 공개성명서가 나와야 한다고 요구하는 내용의 서한을 발라클라바에 있는 본부에서 직접 작성해 보냈다. 이들 언론의 파괴적인 행위를 중단할 수 있을 것이라는 확신으로 런던에 이 서한을 전달한 것이다.

이러한 위기의 파도가 자신을 덮칠 것이라는 사실을 알 리가 없는 딜레인은 전장에 나가 있는 군인들의 가족이 보낸 편지를 지면에 싣는 횟수를 오히려 늘리고 있었다. 래글런은 이를 중단하도록 딜레인에게 명령이 내려지고, 필요 시 그를 편집장 지위에서 끌어내릴 뿐만 아니라 타임스가 자발적으로 러셀을 철수시키고 영국으로 귀국시키도록 할 의도가 있었다. 그는 이러한 자신의 의도를 사적인 자리에서 털어놓았고 곧장 런던의 클럽에서는 타임스가 러셀을 본국으로 철수시킬 것이라는 소문이 팽배해졌다. 하지만 래글런이 런던으로 보낸 구체적인 지시사항은 유럽을 횡단하는 먼 여정을 하고 있었고, 이러한 여정이 진행되는 동안 타임스는 전쟁의 분위기를 계속해서 전달하고 있었다.

러셀은 자신이 병마에 시달리고 있다는 소식을 전했다. 극심한 열병에 시달리며 정상적인 생활이 불가능한 상황에서도 그는 특파원이라는 본분을 잊지 않고 계속해서 감동적인 기사를 써냈다. 딜레인은 한편의 서사시와도 같은 장편의 글을 받는 즉시 신문에 실었다.

> 강여울을 건너는 도중 흐르는 물에 비친 눈부신 햇살에 눈이 따갑다. 강둑을 따라 아무것도 보이지 않는 상태에서 카누를 타고 노를 저어가다 한 장교를 만났다. 33연대 군의관인 뮤어(Muir)였다.
>
> "자네 몸이 안 좋은가?" 그가 물었다. "안색이 안 좋아 보이네. 혀를 내밀어 보게."
>
> 다소 터무니 없는 요구였지만 뮤어가 고집을 피웠다.
>
> "이거 안되겠군! 자네 맥박을 짚어보겠네."
>
> 그가 내 맥박을 세어보고는 말했다. "내가 돌아올 때까지 여기에서 기다리게! 자네를 즉각 수레에 실어야겠네."
>
> 나는 건초더미가 쌓여있는 수레 위에 눕혀졌다. 그 이후 일어난 일은 모두가 꿈인 것만 같다! 수레가 가다 섰다를 반복하고, 천천히 덜컹거리며 앞으로 향해 가던 기억이 난다. 세찬 강물 소리와 숲 속을 행군해 가는 소리, 먼 곳에서는 대포 소리가 들렸다. 꽁꽁 얼어버린 추위 속에 목이 타는 듯한 갈증도 있었고, 군의관이 들어오고, 세바스토폴 항구에서는 퀸 오브 육신(Queen

of Euxine)호와 하얀 집, 바다의 만입부와 배 등이 눈에 들어왔다. 저녁 무렵 제복을 입은 남자가 수레 안으로 몰래 들어왔다. 그 친구의 얼굴을 볼 수 있었다. 그는 건초 더미를 내 얼굴에 집어 던지고는 한 손으로 나를 짓누르고 다른 손으로 내 주머니를 뒤졌다. 너무나 허약해진 상태라 저항할 수가 없었다. 이 때문에 금곽으로 된 필통과 작은 체인이 달린 펜, 아끼던 로켓 목걸이까지 잃어버리고 말았다. 내가 악몽을 꾼 것이 아닌가 확신이 서지 않았다. 귀금속은 애초에 없었고 노트는 조끼 안쪽에 안전하게 보관되어 있었다.

3~4일이 시나자 주변 상황이 이해되기 시작했다. 앉아서 설명을 듣거나 의사가 주는 약 등을 삼킬 수 있는 정도가 되었기 때문이다. 그들 모두 아주 친절했다. 파울 스미스(Fowle Smith)가 내 손을 잡고는 부드러우면서도 단호한 어조로 말했다. "안 되네! 자네 나가서는 안 돼! 지금 아무 일도 안 일어나고 있다네! 몸을 혹사시켜서는 안 되네." 얼마나 착하고 인내심이 강한 자였는가! 하지만 내 주변에서 일어나는 모든 일을 직접 보고 싶은 생각에 안달이 나서 미쳐버릴 것 같았다. 창문으로 밖을 내다보니 발라클라바 항구에 빼곡히 들어차 있는 군함이나 다른 배들의 돛대와 활대가 눈에 들어왔다. 가파른 언덕이 다른 쪽의 광경을 가리고 있었다. 정원의 장미울타리가 부서져 떨어져 나가고 담장까지 무너져 내렸다. 발라클라바는 황량함 그 자체였다. 그것만으로도 완벽했을 법하지만 일부 아는 척하는 이들이 가옥 몇 채 정도만 있어도 창고와 거주지로 유용할 것이라 여긴 듯 하다. 카디쿄이(Kadikoi) 마을이 거대한 빗자루로 쓸어버린 것처럼 깨끗이 휩쓸려 갔다. 모든 것이 얼마나 어리석은 짓이었는지 격렬히 드러나고 있었다.

딜레인에게는 놀랄 일도 아니지만, 이 기사가 발행된 날 서녁에 러셀의 아내가 프린팅 하우스 스퀘어까지 그를 만나러 왔다. 그녀와의 만남에 관해 장문의 편지를 써서, 이날 자리를 비운 조지 다선트에게 보냈다. 슬하에 다섯 명의 자녀를 둔 윌리엄 러셀이 고국을 떠난 3월부터 그의 공백을 느낀 아내와 아이들이 고통스러워했다. 그날 저녁 슬픔에 찬 러셀의 아내는 남편이 언제 돌아올 수 있는지, 특히 크리스마스 휴가는 영국에서 보낼 수 있을지에 대해 물었다.

딜레인은 큰 딜레마에 빠졌다. 군이 러셀을 꼴 보기 싫어한다는 사실을 알고 있는 시점에서 타임스가 그를 복귀시키면 이들의 요구에 순응하는 것처럼 보일 것이기 때문이다. 한편, 이미 오래 전에 러셀 부인에게 남편이 집으로 돌아오게 하겠다고 약속한 바가 마음에 걸리는 것이다.

러셀 부인은 남편이 국민들 사이에서는 인기를 누리고 군 장성들 사이에서는 눈엣가시 같은 존재가 된 것을 알고 있었다. 딜레인은 다선트에게 보내는 편지에서 러셀 부인은 남편이 깨끗한 환경에서 좋은 대우를 받으며 지내고 있는지 염려하더라고 전했는데 상황은 분명 그렇지 못했다. "그런데 그 부인은 나에게 설명할 필요가 없어야 할 감정을 설명하기 위해 망설이고 있더군. 러셀처럼 말을 하고 글을 쓰는 남편에 대해 아내가 무슨 말을 할 수 있을까? 나와 국민들에게는 없지만, 남편에 대한 아내로서의 권한이 그녀에게는 있는데도 말이야."

딜레인은 러셀의 복귀를 강요하지 말아달라고 애원했다. "그의 아내로서 그렇게 할 권한은 충분이 있지 않겠는가."라고 적었다. "내가 존 월터에게 말하듯이 러셀이 그 곳에 남아있는 것을 이 나라가 원한다고 그의 아내에게 말할 수는 없었네. 다행히 내 입장을 잘 이해해주더군. 이에 대한 보답으로 러셀 부인이 신문사로부터 무엇을 유도해낼 것인지가 관건이야."

"러셀 부인과의 만남이 상당이 거북했었다네."라고 적고 있다. "그녀와 그 어떤 분쟁을 일으킬 수도 없고 그렇다고 타임스와도 그럴 수 없는 상황이니." 모두가 힘든 한 주를 보내고 있었다. 그는 자신을 향해 불어 닥치는 군대의 폭풍우가 점점 거세어지고 있다는 사실을 모르고 있었다.

광고:

육해군 군의관에게 팔걸이 붕대와 목발, 의족, 탈장대, 린트천, 양모, 랜싯, 카테테르, 부목용 구타페르카, 철재 부목(초경량), 옥양목 롤러, 골절용 붕대, 상처에 쓸 오일 실크를 비롯한 각종 의료장비를 공급합니다. 각종 관장제 보유. WH 베일리(Bailey), 옥스퍼드가(Oxford Street) 418번지.

포트넘 앤 메이슨(Fortnum and Mason) 상회가 아서 키네어드(Arthur Kinnaird)씨가 보내신 귀중한 책을 수령하였으며 크림반도에 있는 육해군 병사에게 보낼 다른 다양한 물품과 함께 발송 단계에 있음을 알려드립니다. 피커딜리 182번지.

페토, 브래시, 베츠(Peto, Brassey, Betts) 업체가 크림반도로 즉각 파견 가서 근무할 수 있는 광부와 채석공, 선로공, 목수, 대장장이, 건설인부 등의 솜씨 좋은 엔지니어를 구합니다. 후한 보수 지급, 한정 기간 동안 작업. 이전 고용주의 추천서를 제출할 수 있는 성실하고 능숙한 근로자를 선호합니다. 요크 호텔(York Hotel) 근처에 있는 워털루로(Waterloo Road) 41번지에 위치한 사무실에서 지원 및 문의 바랍니다.

페토, 브래시, 베츠는 당시 영국에서 최대 규모를 자랑하는 도시계획 및 건축회사였다. 모턴 페토(Morton Peto)는 철도회사에게 유리한 국회법 통과로 자신의 회사가 건축계약을 수주하도록 한 것으로 악명이 높은 국회의원이었다. 그의 회사는 얼마 뒤 부도가 나고 불공정 행위마저 드러났다. 페토 앤 베츠 (Peto and Betts)*는 런던을 비롯한 영국의 주요 도시와 해외의 주요 철도 건설에까지 참여하였다. 당시 런던의 트라팔가 광장에다 넬슨 제독 기념비를 세우기도 했다. 12월 3일자 신문의 광고에 소개된 이 건축회사는 발라클라바에서 세바스토폴 외곽에 있는 참호 진영까지 연

*페토 앤 베츠(Peto and Betts): 앞에서 언급한 '페토, 브래시, 베츠'처럼, 사업에 따라 다른 업체와 제휴관계를 형성하던 영국의 유명 건축회사였다.

결하고 여기에 러시아 경비대의 감시를 받는 워론조프 도로까지 우회하는 철도선의 건설을 맡은 곳이다.

놀랍게도, 타임스 기사에서 다루는 정부와 영국 군에 대한 비난의 논점이 강해지는 것은 일반 병사들이 사용하는 탁월한 언어와 작문 실력 때문이라는 것을 딜레인은 알아차렸다. 그는 군인에 대한 동경을 표현함과 동시에, 평범한 가족이 신문사에 보내오고 있는 군인의 편지 수준과 성향에 대해 적어보라고 타임스의 논설위원들에게 요청했다. 당시 논설 내용이다.

> 군대에 지원하는 남자는 다른 일에는 쓸모가 없다고 말하던 시절이 있었다. 하지만 전장에서 온 이들의 편지는 사회 어느 자리를 차지하더라도 충분히 능력을 발휘할 정도의 글 솜씨를 드러낸다. 묘사는 간결하고 감정표현은 진정성이 느껴지며 표출된 느낌도 어느 남성이든 수치감 없이 표현할 수 있는 수준이다. 우호적인 감정이 곳곳에서 드러나고 누구보다 용감한 결의를 지닌 자들이지만 사악하고 잔인한 영혼과는 절대 융합되지 않는다. 40년 전이라면 이러한 자질이 전장에 필요한 능력과 무관하다고 했겠지만, 지금껏 우리가 보아온 알마와 발라클라바, 잉케르만 등에서 치른 전투에서 이들이 떨친 용맹은 누구도 따를 수 없는 정도다.

편집장에게 온 편지:

> 동방에서 겨울을 보내고 있는 우리 장병들의 고통을 덜어주자는 뜻에서 귀사가 최근에 내놓으신 근사한 제안에 응하고자 합니다. 전장에 250파운드어치의 최고급 아바나산 담배를 보내고자 합니다. 눈 덮인 크림반도의 고지에서 이번 겨울 동안 수많은 밤을 피로와 싸우며 지내는 이들의 지루함과 고

통을 덜어드렸으면 하는 마음에서입니다.

허드슨(Hudson) 상회 올림, 옥스퍼드가 132번지.

크림전쟁 때 시작되어 지금껏 영국의 문화로 남은 몇 가지 전통 중의 하나가 군인들이 따뜻하게 입을 털옷을 짜는 것이다. 이 운동은 추위로 고생하는 장병에 관한 소식을 듣고 타임스가 시작한 것으로 곧 조직적인 활동이 되어 엄청난 파급 효과를 가져왔다. 다음의 편지는 이러한 활동 조직이 형성된 계기와 '부인'이 주축이 되어 하는 일과 '가난한 여성'이 하는 일이 구별되었음도 보여준다.

영국의 여성들에게 고함: 많은 여성분들의 제안에 따라, 털양말(황갈색 털실)과 털장갑(코바늘 작업)을 만들어 보내는 일에 동참해주시기를 감사의 마음으로 호소합니다. 보내실 주소: 헤이터 앤 하웰(Hayter and Howell), 군용품 포장업체, 마크 레인(Mark Lane) 52번지. 털장갑은 사격용 장갑과 같은 형태입니다. 즉 왼쪽 엄지를 반만 만들고 다른 손가락도 반만 가리면서 손가락을 별도로 분리하지 않는 구조입니다.

코바늘 작업은 뜨개질보다 빠르며 효율적이라고도 할 수 있습니다. 마모 방지를 위해 엄지와 손바닥을 연결하는 부위의 두께를 두 배로 합니다. 일의 효율을 위해 장갑은 부인들이 해주시고, (털실이 제공되는) 마을의 가난한 여성들이 양말을 담당하되 수고비로 한 켤레당 4펜스씩 지급해드리며, 그 외 다른 분들은 온정을 베푼다 생각하시고 무료로 해주시면 감사하겠습니다. 한 번에 8~9켤레의 장갑을 짤 수 있는 털실 꾸러미가 2실링 정도 합니다. 전국의 많은 부인들께서 이번 운동을 위해 자애로운 마음을 베푸시면 크림반도에 나가 있는 우리 장병들에게 훌륭한 은택이 내려지리라 봅니다. 양말은 큰 치수가 필요합니다. 긴 스타킹도 가능합니다. 목도리와 장갑의 온기가 더해질 수 있도록 장갑의 길이를 손목까지 이어지도록 해주십시오.

감사합니다.

요크셔 여성, 요크셔 12월 1일.

이러한 일이 한창 진행되고 있던 12월 초에 타임스의 칼럼이 총리의 행위에 대한 부정적인 발언을 처음으로 실었다. 런던 시장 토머스 시드니(Thomas Sidney)가 임기를 마친 직후 타임스에 장문의 편지를 보냈다. 총리인 애버딘 경의 사퇴를 요구하는 내용이었다. 이제 국회에까지 나선 그의 이러한 활동은 총리의 퇴임을 강력히 호소한 전날의 시참사회(市參事會) 모임에서 환영을 받았다. 국가의 관료가 이런 공개적인 방식으로 애버딘 경의 권위에 도전하는 것은 적절하지 못한 행위로 보였다.

하지만 시드니 시장은 자신의 입장을 침착하게 합리화시켰다.

> 사람이 살기 힘든 타국 땅의 전장에서 우리 병사들이 죽어가도록 내버려두고, 너무나 고된 일을 매섭게 추운 황무지에서 시키고, 환자와 부상병을 위한 의료지원도 부족하고 의복도 제대로 안 갖춘 상태에서 차가운 땅바닥에 누워 하늘을 이불 삼아 지내게 했다. 그토록 애타게 원하던 천막과 보강병력이 도착했을 때는 이미 병력의 숫자가 너무나 줄어버린 상태였다. 8천 명의 병사들이 일곱 배나 많은 수의 적군과 싸워 이기거나 죽음을 당할 수밖에 없다는 생각만해도 누구나 소름 끼칠 것이다.

타임스가 이 사안 전체에 대해 조롱 투로 글을 냈다. 딜레인은 전쟁에서 벌어지는 일에 관한 어떤 의견을 가졌든 런던 시장이나 그 조직, 부시장 등에 대한 존경심은 전혀 없었다.

그런데 딜레인 자신도 동의하는 바이면서도 애버딘 경에 대한 비난을 공개적으로 표명하기 전에 망설인 것은 또 다른 아주 중요한 이유가 있었기 때문이다. 런던 시장이 총리에 대한 최초의 공개 비난의 글을 쓰던 날 딜레인과 존 월터는 뉴캐슬 공작과 육군 참모총장인 하딘지(Hardinge) 경, 시드니 허버트가 참석하는 육군성 회의에 초청되었다. 이들은 세바스토폴 함락의 진행사항을 듣는 자리라고 추측했다.

하지만 상황이 유쾌하지 않은 방향으로 흘러갔고 의회에 제출될 문서 형태로 된 편지를 전달 받았다.

> 귀하에게
>
> 래글런 경으로부터 최근에 받은 개인 편지를 발췌하여 보내드립니다.
>
> 전장의 소식을 신문에 실음에 따라 적군에게 유리한 방향으로 전투가 흘러간다는 불평이 군 당국으로부터 수없이 제게 들어왔습니다. 영국 신문사의 통신원이 보낸 편지뿐만 아니라 병사가 친밀감의 표시로 고국에 있는 친구에게 적어 보낸 편지도 이에 해당합니다. 이러한 친구는 순수한 허영심에서 신문사에 편지를 보낸 것이라 봅니다. 하지만 문제는 이러한 행위가 군 당국과 국익에 악영향을 끼칠 수도 있다는 생각은 못했다는 점이죠. 이러한 편지에 대한 엄격한 감독을 부탁드리며 래글런 경이 그토록 불평해마지 않는 해악도 발생하지 않도록 귀하의 애국심에 호소하는 바입니다.
>
> 뉴캐슬 올림.

> 래글런 경이 육군성에 보낸 편지에서 발췌한 내용이다.

> 로메인(Romaine)씨에게 요청하여 각 신문사 통신원들을 모아놓고 그들의 글로 인해 발생하는 국가적인 차원에서의 불편함을 조용히 지적하고 향후 매사에 신중함을 기해줄 것을 당부했습니다. 또한 나의 발언이 경고라는 것을 분명히 인식시켜주었습니다.
>
> 기사에서 적군에게 기밀을 누설할 만한 부분이 있으면 신중히 지워줄 것을 상력히 권고했습니다.

포위스 소령이 타임스를 영국에서 평판이 가장 나쁜 신문사라고 폄하할 때처럼, 일반 장교는 물론 래글런과 뉴캐슬이 보낸 이러한 편지 등을 통해 당신 신문사에 대한 군 당국의 견해를 알 수 있다.

영국인은 전쟁만 벌이는 것이 아니라 다른 방법으로도 자신과 다른 견해를 가진 사람을 적대적으로 대하고 방해가 되지 않도록 제거하고 있었다. 그들은 다양한 방식으로 우월의식을 강력하게 표출하고 빈정대었다. 군 당국은 당시 장교와 장성들에 의해 우월감에 넘치고 거만한 자세로 경멸하는 방법을 택했다. 이러한 행동은 훌륭한 지성이나 독창성과는 거리가 먼 갑부나 아주 냉담한 사람들이 주로 모이는 얼간이 클럽의 회원들에게서 보였다. 이러한 사람들이 이십 대이던 40여 년 전만 해도 그들의 아버지나 삼촌이 군 간부가 되어 나폴레옹의 제국주의 야망에 맞서 영국이 다른 부유한 유럽 국가를 지켜야 한다는 목표로 기나긴 전쟁에 참여했다. 이제 세월이 흘러 이들도 나이가 들었음에도 여전히 이 나라 국민들의 행동 방침을 결정할 권리가 자신에게 있다고 여기는 것이다. 윌리엄 러셀은 도발적인 태도를 보였다. 이들에게 러셀은 무례한 아일랜드 부랑아일 뿐이며 문화적 유산이라고는 찾아볼 수 없는 존재이기 때문에 비난에 나설 입장이 아니라고 여겼다. 그는 군 장교와는 런던에서 하루라도 같이 시간을 보낼만한 인물이 아니라는 것이다. 이렇듯 무지막지한 짐승 같은 존재가 자신들의 천막에서 생활하고 같이 식사를 하는 환자들의 고통을 지켜보면서도 신문에다 자신들의 체면을 구기는 글을 써대는 것이다.

타임스 사주와 편집장은 세바스토폴에서의 습격에 대한 발표를 들을 것으로 예상하고 있다가 상황이 전혀 엉뚱하게 흘러가고 있음을 깨달았다. 군대와 국가를 위험에 처하게 한 이들의 죄를 혹독하게 질책하는 자리가 되는 것으로 회의실 분위기가 조성되었기 때문이다. 이는 우호적인 정치적 환담이 될 수가 없었다. 가장 심각한 분위기의 군대였기 때문이다. 인간 관계에서는 위기의 순간이 반드시 오기 마련인데, 이 순간이 분명 그러한 때이리라. 딜레인은 어려움을 겪던 학창시절이나 고인이 된 전임자 월터씨와의 면담 순간과도 같았다고 다선트에게 그 당시에 대해 토로했다.

딜레인은 이날 벌어진 일을 프린팅 하우스 스퀘어의 논설위원들에게 보고해야 했다. 그는 이들끼리 해당 문제를 의논할 수 있도록 보통 때보다 일찍 자신의 자리로 돌아갔다. 다음 날 논설은 한층 침착해진 어조로 시작되었다.

> 군부에서 강력한 반대의 목소리가 나왔다. 깊은 존중의 의미로 자유롭게 지면에 싣고 있는 편지가 적군에게 유리한 뉴스를 담고 있다는 것이 이들의 주장이다. 우리가 저버려서는 안될 독자의 호기심이나 과학적 관심을 충족시키려 하다가 분별력을 잃을 지경에 이르렀다는 것이다. 우리 칼럼을 대충 한눈에 훑어 보는 사람에게는 위험할 정도로 많은 정보를 드러내는 것처럼 보일지도 모른다.

딜레인은 기사를 통해 천진난만하게 저항했다. 즉, 다른 신문사들이 적어내는 것처럼, 지도업체가 지도를 찍어내는 것처럼 했을 뿐이며, 이러한 정보는 전국 방방곡곡의 가족에게 병사가 보내는 수많은 편지에서도 볼 수 있는 것들이라는 것이다. 타 신문사도 동일한 내용을 지면에 실을 때, 타임스는 자신들이 자부심을 가질 수 있을 만큼 더 명확하고 정확한 정보를 전달했을 뿐이라는 것이다. 타임스의 논설위원들은 이번 군부의 공격에 상당히 충격을 받은 것이 분명했다. 언론의 신념이 한꺼번에 무너져 내리는 순간이었기 때문이다.

색상이 화려한 장교의 제복에 관심을 집중시킨 점을 들어 타임스에 대한 비난이 다른 어떤 주제보다 훨씬 더 강했다. 일반 병사의 제복과 달리 색상이 훨씬 더 밝은 제복을 입은 장교는 적군의 총격을 받을 위험이 더 커진다. 이러한 비난의 근거는 일반 병사의 수에 비해 장교가 사망하거나 중상을 입는 비율이 높다는 점에 있다. 야단맞은 학생처럼 피곤하더라도 타임스는 이러한 과오를 인정하면서도 스스로를 방어할 열정을 찾았다.

> 장교가 흰 깃털 장식의 삼각모를 착용해야 한다면… 일반 병사가 선홍색 제

> 복을 입을 때, 이들은 파란색을 입어야 한다면…보병들 사이에서 말을 타고 가야 한다면…이들의 정체가 금방 드러난다고 해서 고국의 언론사를 비난하지는 말지어다. 사실상 이 나라의 전쟁 필수품은 평화 시 변덕에 의해 가장 잔인하게 소모될 뿐이다. 장교에게는 열병식에나 어울릴 법한 제복을 입힌다. 사냥터 외에는 화약 냄새라고는 맡은 적도 없는 왕실 재단사를 시켜 이들의 옷을 짓게 한다.

이러한 기사에 힘입어 익명의 논설위원이 자신의 목소리를 높여 타임스가 이룩한 일에 대한 자부심을 한층 더 강조했다.

> 언론 활동으로 적군에게 유리한 일이 한두 차례 발생했다 하더라도, 대중의 의견이 담긴 힘이 고국의 권력자를 움직여 군대에 엄청난 변화의 물결을 일으킨 것과는 비교할 수조차 없다. 부대 전체가 따뜻하고 물이 새지 않는 주거 공간에 살면서 든든하게 식량을 비축하고, 양호한 식사와 건강한 소화 기능을 즐기고 있다고 내용을 화려하게 꾸밈으로써 적군을 속이고 우리의 자만심을 만족시킬 수도 있다. 그러한 행위는 반역죄에 해당한다.

그러고 난 뒤, 곤란한 지경에 이른 듯한 거친 바다를 잠재우기를 바라며 겸손의 자세로 기사를 마무리 지었다.

> 적군이 이용할지 모르는 정보를 신중하게 다루는 것이 적절하다고 인정하고 이러한 신중함을 유지하겠다는 선언을 하는 한편, 우리의 노력이 잊히지 않기를 바라며 우리 군의 실태와 이들의 영웅적 행위를 글로 실어 고국에 전하는 서비스를 이어갈 수 있도록 허용해주기를 간청하는 바이다.

러셀을 특파원직에서 물러나게 하여 귀국시켜야 하는가? 아니다. 적어도 다음 페이지의 맨 밑 구석에 깨알 같은 글씨로 난 기사가 크림반도에

가 있는 특파원의 업무 정도와 품격에 대해 칭송하는 내용이 있긴 했다.

러셀 부인은 이러한 기사를 신문에서 읽고는 당장 그날 딜레인과 다시 만나 자신의 남편에게 어떤 적절한 조치가 취해질지에 대한 의논을 하고자 했다. 딜레인은 래글런 경과 뉴캐슬 공작의 편지를 보여줬다. 그러자 러셀 부인은 남편을 지금 시점에서 고국으로 복귀시킬 경우 비록 그가 아플지라도 군대의 요구에 응하는 모양새로 비추어질 수 있다는 딜레인의 우려를 감지했다. 러셀 부인은 크리스마스 휴가 동안 자녀를 딜레인의 여동생과 다선트 부부의 집에 맡기고, 자신은 콘스탄티노플로 즉각 방문하는 것을 제안했다. 남편이 크림반도에 계속 머물러야 한다면 연말만큼은 적어도 일주일 정도의 휴식과 에너지 충전의 시간을 가져야 한다고 강조했고 실제로 그런 과정을 지켜보고자 했다. 다만, 남편도 이를 원할 것이라는 생각에서, 크리스마스 연휴가 끝난 후 러셀을 발라클라바의 부대로 즉각 복귀시키는 것으로 딜레인과 합의했다. 딜레인은 토마스 체너리에게 곧바로 전보를 보내 발라클라바에 있는 러셀에게 가서 아내가 콘스탄티노플로 향하고 있으니 그곳으로 떠나라는 소식을 전하도록 했다.

딜레인은 이 때 벌어진 모든 일을 아내에게 보내는 편지에 담았다. 러셀 부인이 이때부터 타임스가 남편과 가족에게 어떤 대우를 해주고 있는지 판단하는 계기가 된 것이라 여겼다. "그녀는 자녀들에게 가장 중요한 부분을 제외하고는 러셀이 쌓아온 명성에 대한 대가로 요구한 것이 하나도 없어요. 러셀 부인은 천여 가지의 부탁을 할 수도 있었지만, 그러지 않았지요. 우리 회사가 러셀에게 얼마나 많은 의존을 하는지 너무나 잘 알고 있었기 때문이죠. 자신의 입장이 가장 유리한 지금 이 때만큼은 특히나 아니겠죠. 우리는 러셀 부인의 배려를 결코 잊어서는 안 될 것이오. 우리 신문사와 온 국가가 추앙하는 러셀의 용맹한 활약과 글 솜씨 때문에 그의 자녀들은 아버지를 걱정하고 아내도 너무나 많은 고통을 감내해 왔으니까요. 수많은 악성 루머가 그를 괴롭혀 왔는데 직업상 우리 모두가 감내하고 맞대응할 의무가 있지만, 이를 견뎌야 할 의무가 없었던 러셀의 아내에게까지 이런 무거운 짐이 내려진 셈이었어요."

훗날 딜레인이 사망할 무렵, 이전에는 침묵을 지키던 비평가들이 그에 대한 언급을 시작하자, 러셀은 이러한 일들을 자신의 아내도 겪었고 아내에 관한 소문도 있었음을 항상 기억하고는 동료의 평판을 명예롭게 지키기 위해 노력했다.

광고:

> 크림반도로 운송하기 위해 서인도 부두에서 선적 작업 중이오니, 물품을 보내실 분은 늦어도 12월 11일 월요일까지 전달해주시기 바랍니다. 콘스탄티노플이나 스쿠타리로 보낼 화물 중 20여 톤 정도의 공간이 남아 있습니다. 알프레드 힐(Alfred Hill), 치프사이드(Cheapside) 밀크가(Milk Street) 35번지.

> 러시아와의 전쟁: 육해군 장교를 위한 다양한 종류, 색상의 플란넬 셔츠와 따뜻한 내의, 침대시트, 담요, 타월 등을 즉각 사용할 수 있도록 준비 중입니다. 랙(Lack) 상회, 항해준비 창고, 스트랜드가(Strand) 90번지.

크리스마스를 몇 주 앞두자 매일같이 대형 출판사가 크리스마스 선물로 적합한 도서목록을 종합적으로 담아 광고하였다. 12월 8일에 롱맨 출판사는 세 가지 다른 방식으로 장정(裝幀)한 토머스 무어(Thomas Moore)의 시집 랄라 루크(Lalla Rookh) 특별판에 이어 로버트 사우디(Robert Southey)의 시집 등이 담긴 도서목록을 냈다.

타임스의 논설위원실 분위기는 암울했다. 이들이 직업상의 허용 한계를 넘는 바람에 정당성이 있든 없든 지나치게 심각한 반감을 일으켰다는 현실적인 의견이 이들 사이에 있었다. 이번 일로 인해 타임스의 영리사업에 영향이 미쳤는지에 대한 질문을 하지 않을 수 없다. 존 월터는 의미심장한 반응을 보였다. 만일 그가 군 당국과 정부의 비위를 맞추고자 한다면 신문사의 정책을 변경해야 하고, 이로써 딜레인의 편집장 직위도 도마에 오르게 되는 것이다. 러셀과 체너리가 보내오는 소식의 내용도 수정하고 지면에 실리는 글의 분위기와 내용도 변경해야 할 것이다. 이미 월터는 하원 의사당에 속한 정치인 동료들로부터 그러한 변화의 압력을 받고 있었다. 딜레인에게는 이에 대한 선택의 여지가 없었다.

그러나 월터는 회사가 견해를 바꾸어서는 안 되며 고집스럽게 진실을 밝혀내고자 하는 노력과 고품격의 기사는 신문의 의무라는 견해를 굳건히 지켰다. 곧이어 자신의 견해를 만천하에 드러냈다. 일간지 판매부수가 5만부를 육박했고 계속 증가 추세다. 인지세를 제외한 판매가는 오늘날 보다 4배에 달하는 한 부당 2파운드나 되었다. 월터는 정부 측의 압력에 대해서는 걱정할 필요가 없었다. 그를 비롯한 회사 주주들이 매일 거대한 수익을 거둬들이고 있었기 때문이다.

딜레인은 다음 날 어느 때보다 더욱 결심이라도 한 듯 간편한 옷차림을 하고 나타났다. 신문은 이제 군인들로부터 온 편지를 쏟아내듯 지면에 실었다. 모든 편지에는 반역 행위와는 무관한 비난이 글만 담겨 있었다.

첫 번째는 클로로포름을 군 부대에서 사용하지 말라고 한 군 병원 사령관 존 홀 박사가 내린 명령과 직접 관련된 것이었다. 그의 견해에 따르면 군인은 마취제 없이도 버텨야 한다는 것이다. 조국을 위해 그런 허망한 시기에 전장에 뛰어든 런던 출신의 젊은 의사들은 그의 말이 얼마나 터무니 없는지 알고 있었다.

이 편지는 88연대의 장교가 11월 11일에 보내온 것으로 자신이 언급하고자 한 의사의 실명을 제대로 가리지도 않았다.

> 군 병원 사령관인 H박사는 누구보다 비난 받아 마땅합니다. 다른 의사들은 클로로포름 사용에 관한 그의 악랄한 논리에 귀를 기울이지 않아요. 이들은 약품이 남아 있는 한 계속해서 사용할 것입니다. 병원 지출이 적을수록 자신들의 승진 기회가 커진다는 고리타분한 사상을 지닌 의사들 때문에 일부 연대의 병사들은 치료 과정에서 방치되어 극심한 고통을 받고 있다는 믿기지 않는 소식을 듣고 있습니다. 어제 날이 밝기 전 새벽에 몇 시간 동안 세차게 비가 내린 뒤 날이 개었습니다. 참호에 있던 불쌍한 전우 모두가 흠뻑 젖어버렸음에도 9월 18일 이곳에 상륙했을 때 배낭을 함대에 남겨둔 이후 한번도 이부자리를 갈지 못했습니다.

19연대 군악대원의 편지다.

> 누이에게... 전우가 고통으로 신음하는 소리를 듣고, 괴로워하는 모습을 보는 것 만으로도 천국의 가장 헌신적인 성자조차도 이러한 살인 행위를 선동하는 자를 저주했을 것 같구나. 우리가 견뎌야만 하는 고통과 고문은 무자비하다. 우리 연대 차례가 되었을 때 침묵 속에서 참호를 수비하라는 명령을 받았다. 함락 작전이 시작되었을 때부터 병석에 있던 불쌍한 전우를 동이 트기도 전에 급히 끌어내었다. 옷을 갈아입을 겨를조차 없어서 러시아 군의 포격과 대포를 피해 피곤한 다리를 끌고 갔다. 이곳 참호에서 폭우와 차가운 바람을 맞으며 24시간이 아니면 48시간까지 누워 있어야 해. 장에 문제가 생긴 환자들로 병원이 북새통을 이루고 있어. 지금껏 견뎌온 것들을 떠올리기만 해도 온몸이 공포에 떨릴 정도란다. 전쟁으로 인한 고통은 지옥의 그것과 거의 한 치 차이지. 세바스토폴은 거대한 총기 창고가 되었어. 비스킷 공급량이 너무나 작단다. 야채나 쌀도 없고 무엇이든 사려고 하면 사치야. 사실 돈도 구할 수 없는데다 몰타인과 터키인들이 발라클라바 항에 들

여오는 것들이 너무 비싸서 살 수조차 없어.

어느 아침, 우리가 참호 사이를 지나갈 때 러시아 포대가 직격탄을 날리는 바람에 포탄 한 발에 우리 측 소총수 3명이 사망하고 한 명이 부상을 입었어. 포탄이 내 외투도 관통했는데 다행히 생채기 하나 나지 않았단다. 무사히 끝까지 위기를 모면했고 하느님이 계속해서 나를 보호해주리라 믿어. 봅과 잭도 나와 함께 이곳에서 신의 은총을 받고 있으니 내년이면 너를 볼 수 있으리라 희망한다. 아버지에게 안부 전해드리렴. 사랑하는 동생 사라에게도 소식 전해줘.

나이팅게일의 일행에 속했던 간호사 한 명이 보낸 편지도 이날 지면에 실렸다.

저는 정부 소속 간호사단의 일원으로 이곳에 왔습니다. 지금 저희가 처한 상황 때문에 귀하에게 이 서한을 전하게 되었습니다. 지금 당장 와인 몇 십 병이나 그 외 다른 물품을 보내주셨으면 하는 바람에서 입니다. 현재 저희들 곁에 지내고 있는 수백 명의 환자와 죽어가는 병사에게 유용하리라 봅니다. 이들은 저희가 거주하는 방 옆의 통로에까지 누워야 할 처지입니다. 제가 돌보고 있는 병동에서 지난 밤 11명의 병사가 사망했습니다. 이들에게 영양을 공급할 이러한 품목이라도 있었더라면 죽음을 막을 수 있었다고 봅니다. 무엇이든 좋으니 XYZ: 베이커가(Baker Street) 45번지로 보내주세요.

나중에 기사를 접한 나이팅게일은 기분이 언짢았다. 자신들의 자질 부족을 기사로 낸나는 섬에서 신문사를 증오하는 군 당국의 분노를 야기할 것이라는 사실을 알고 있었기 때문이다.

플로렌스 나이팅게일과 존 딜레인은 가깝지 못했다. 각자가 자신의 목적 달성과 어려운 시기를 버티는 것에 너무나 전념하던 탓에 상대의 활동에 신경 쓸 겨를이 없었기 때문이다. 비록 정치인들이 그의 세력을 얻으려 한 점은 있지만 딜레인은 너무나 가차없는 언론인이라 아무에게서도 신뢰를 얻지 못했는데, 나이팅게일도 그러했는지에 대한 증거는 없다. 그녀가 가장 걱정했던 점은 딜레인이 체너리와 맥도널드를 통해 듣고 있던 그녀의 역경을 이용해 군부와 관료주의의 폐해를 강조하지만, 지면에 실리는 기사는 종종 나이팅게일 자신에게 역효과로 작용한다는 점이다. 이러한 기사 때문에 군부가 그녀를 미움의 대상으로 삼게 된 것이다. 그러나 어쩔 수 없이 그녀와 러셀 두 사람은 딜레인의 눈 앞에 펼쳐지는 사건의 중심 인물이었다. 그는 이러한 문제의 해결책이 무엇인지 몰랐지만 이들 둘의 힘을 합쳐 문제를 반복적으로 드러내고 표현하는 것은 가능했다.

그녀에 관한 정보는 체너리와 맥도널드를 통해 입수되지만 나이팅게일이 보낸 편지에서 그 어느 것보다 더 명확하게 드러났다. 그녀의 증언은 그녀의 삶을 설명하는 중요한 정보일 뿐만 아니라 딜레인과 타임스가 채택하는 정책도 그 속에 담겨있다고 할 수 있다.

나이팅게일이 유일하게 의지할 수 있었던 사람은 자신과 같은 문제로 고심하고 있을 것이라 그녀가 추측했던 시드니 허버트였다. 어떤 군의관도 군 병원에서 최고 위치에 있는 존 홀의 말에 반박할 수가 없었다. 그런 그가 병원이 모두 만족스러운 상태로 운영되고 있다고 천명한 것이다. 하지만 나이팅게일이 허버트에게 보내는 편지는 홀 박사의 보고 내용을 정면 반박했다. 그녀는 식품의 배급과 조리는 물론 보급품 보유 상태에 대해서도 비난했다. 또한 담당 장교의 무능함을 여실히 드러내는 다른 다양한 정보도 보내왔다. 군의관들은 나이팅게일이 자신을 곤란에 빠지게 할 만한 소문의 진원지인 만큼 그녀를 공개석상에서 피하는 것이 최선이라고 결론 내렸다. 그러한 불충의 행위가 어느 부대에서 일어나고 있는지에 대한 의문이 군 사령부에 제기될 것이기 때문이다. 그럼에도 개인적으로 나이팅게일에게 와서 자신의 이름은 비밀로 유지하되 절박하게 말하고자 하는 내용을 그녀의 이름으로 써달라고 간청했다.

나이팅게일은 허버트에게 다시 연락했다.

이곳에서 근무하는 분으로부터 부탁을 받고 이 편지를 전합니다. 여자의 무한한 동정심에서 나온 말이 아니라, 이곳 사정을 잘 아는 분이 지금 이순간 우리에게 닥친 끔찍한 사태에 우리를 지켜줄 것이라고는 아무 것도 없다는 신중한 결론에서 나온 것입니다. 하지만 이들은 자신이 믿는 바를 공개적으로 드러냈다가는 자신의 앞길을 망칠 수 있다고 두려워하고 있어요. 그들은 감히 말하지 못한답니다. 이런 말을 진작 했어야 한다고 말하실지도 모르겠지만 저는 첩자가 되고 싶지는 않았답니다.

침구류나 육류, 물, 연료 등이 전혀 공급되지 않고 있어요. 병원에 의복을 공급하는 것은 체에다 물을 쏟아 붓는 것과 같아요. 알마에 우리 병사를 상륙시켰을 때 발생한 것처럼 군대 전체가 장비를 포기해버리는 것과 같은 기상천외한 일이 벌어졌음에도 완전히 간과되고 말았지요. 사실은 영국 군의 제복을 제가 새로 지급하고 있어요. 환자를 실은 배가 발라클라바에서 출발하여 우리 병원에 도착했을 때 이들은 제복도 없는 반 벌거숭이었어요. 지금과 같이 눈앞에서 재앙이 펼쳐지는 순간에는 보급품을 공급하는 사람들에 대한 연민도 남아 있지 않아요. 그들은 전혀 예상치 못한 수요에 눈코 뜰 새 없이 바쁘니까요.

5만 4천 명의 병사 중, 1만 1천 명만이 전투에 적합한 상태입니다. 나머지 병사들은 어디에 있을까요?

이제 이곳은 세계에서 가장 큰 병원이 되었어요. 지난 2주만에 4천 명의 환자를 받았습니다. 이미 3,600명을 수용하고 있던 상태였어요. 목요일에 이곳 거대한 건물의 반을 차지하는 C 복도에다 환자를 채웠어요.

지금 제 앞에 창고지기의 장부를 가져다 놓았는데 거기에 적혀있는 내용을 무작위로 뽑아 옮겨보겠습니다.

면 셔츠	474
환자용 변기	55
손전등	6
양철 접시	285

물통	37
물컵	200
소형 빗자루	1
털빗자루	5
대걸레	1
플란넬 셔츠	3
촛대	5
대형 바구니	6
부서진 램프(장부에 적힌 내용임)	4
도어 매트	1
식사용 나이프	2
못 꾸러미	6
바늘 꾸러미	1

서명: '군대 조달업자'
친애하는 벗이여, 내 말을 믿어주길 바라요.

F.N.

그녀가 나중에 적은 글이다, "우리 병원의 불청객인 죽음의 천사처럼 콜레라가 발병했어요. 병사들이 처음 입원할 때 걸린 질병이나 부상이 아니라 병원에서 감염된 균으로 죽어가고 있어요. 3주 만에 4명의 의사와 3명의 간호사도 목숨을 잃었답니다. 조달업자인 워드씨와 그의 아내마저 사망했습니다." 영국 병사의 사체가 물을 오염시키는 바람에 콜레라가 창궐했다. 그곳 한 병원에서 3천여 명이 두 달 만에 사망했다.

나이팅게일은 너무나 많은 양의 포트와인과 브랜디를 환자들에게 계속 사용했다. 맥도널드는 그녀가 술을 지나치게 많이 요구한다고 지적했다. "브레이스브리지 씨가 와인을 일종의 약처럼 자신에게 쓰고 있는가 보군요."라고 그녀에게 농담하듯 글을 보낼 정도였다.

나이팅게일이 모친에게 보낸 편지다.

> 저는 잘 지내고 있어요. 저희가 접하고 있는 일과 문제점들이 너무나 당혹스럽긴 하지만 대부분 극복해왔으며 저희도 버티고 있습니다. 개선되고 있는 부분도 있고요. 콜레라도 발생하지 않았고 소독제도 충분히 공급 받고 있으니 안심하세요. 병원 복도의 구석마다 자루가 하나씩 놓여있어요. 신문을 정기적으로 읽지는 않지만 한번씩 타임스에 실린 내용을 들을 때가 있지요. 어머니가 보시는 내용이 반드시 공정하다고 할 수는 없지만 이들은 종종 선의의 목적에서 기사를 적고 있지요. 메리 스탠리에 대해서는 안심하셔도 됩니다. 그녀는 이곳 다른 병원과 경쟁이라도 하려는 듯 너무나 괴이한 방식으로 행동해 왔어요. 메리는 곧 쿨랄리(Koulali)의 병원을 떠나 귀국합니다. 이는 시간이 지나면 차차 이해할 수 있는 일이지만 걱정할 만한 것은 아니니 안심하세요.
>
> 저는 시간이 날 때마다 절벽을 따라 걷곤 합니다. 주변 절경이 정말 아름답거든요. 며칠 전 저녁에 산책을 하던 중 제가 키우던 아테나가 땅으로 내려와 제게로 다가오더군요. 믿기세요? 처음에는 그 광경을 그냥 지켜보기만 했던 것 같아요. 검푸름이 짙어지고 있는 하늘에서 외로운 별 하나가 콘스탄티노플 위로 떠올랐어요. 그 애를 만나게 되어 얼마나 기쁘고 가슴이 벅차 올랐는지 몰라요. 그 때 일로 어머니와 더 가까워진 것 같아요. 정말로요. 제 올빼미 때문에 울기도 했지만 안심하세요.
>
> 걱정 안 하셔도 됩니다만, 이 절벽은 지진이 자주 일어나는 곳이랍니다. 28일에 제법 큰 규모의 지진이 몇 차례 있었어요. 그 때의 경험으로 주님께 한층 더 다가간 느낌이에요. 파도가 골든 혼(Golden Horn)까지 치솟았고 정박해있던 배 때문에 사상자가 발생했으니 보통 일이 아니죠. 콘스탄티노플 전체를 돌아보니 두 개의 첨탑이 사라졌더군요. 사상자가 3천에서 8천 명 정도라는 보도가 있었어요.

클라크(Clarke) 부인과 제 몫의 식비 5파운드를 할리가 병원에 내주십사 부탁해도 될까요? 한밤중에 깨어나보니 돈을 갚지 않았다는 사실을 깨달았어요. 5파운드 5실링이 1855년도 사용료입니다.

사랑하는 딸

플로 올림.

시드니 허버트는 나이팅게일을 후원하고 전장에 여간호사를 파견한 자신의 행동으로 위험에 처해졌다. 신경 써야 할 다른 일이 너무도 많은 상태에서 그녀에게 집중하는 것은 옳지 않은 행동이었다. 그럼에도 나이팅게일은 다른 누구보다 허버트에게서 실망감을 느꼈다. 간단하게 해결 가능한 일이라 여겼던 것에 관해 허버트 부부도 자기와 같은 생각을 하고 있을 것으로 기대했기 때문이다. 그러나 실상은, 정부에 몸 담고 있는 다른 수많은 각료들과 마찬가지로 허버트도 자신의 직위에 어울릴 정도의 유능한 인물은 아니었던 것이다.

광고:

크리스마스 연휴: 환등기와 사진쇼: 자녀에게 특별한 시간을 선사하세요. 우리 병사들이 주둔하고 있는 곳의 사진과 새로운 코미디물을 담은 필립스(Phillips)씨의 작품이 매일 밤 펼쳐집니다. 사령관의 초상화도 있습니다. 가격: 환등기: 1기니; 사진쇼: 1파운드 10실링. H 필립스, 램버스, 벨베데레로(Belvedere Road) 22번지. 주요 인사 참석: 기차요금 별도.

새커리(Thackeray)씨가 58점의 목판화로 제작한 새 크리스마스 책 '장미와 반지'가 출간되었습니다. 가격: 5실링. 스미스 엘더 (Smith, Elder) 상회, 콘힐(Cornhill) 65번지.

편집장에게 온 편지:

> 어제 지면에 소개된 '요크셔 여성'이라는 이름의 편지에서 장갑이 '왼쪽 엄지를 반'으로 코바늘 뜨개질한다고 한 것은 '엄지의 반'이라고 정정해야 하며, 양쪽 장갑 모두에 엄지가 반만 있는 형태임을 알립니다. 이러한 작은 실수 정도는 친절히 고쳐주시리라 믿습니다.
>
> 감사합니다. 요크셔 여성, 요크셔.

마침내 전쟁에 관한 논의를 위해 의회가 소집되었다. 12월 15일 금요일, 의회 개회식에서 총리가 러시아와의 전투에 참가 중인 군인들을 보강하기 위해 1만 5천 명의 외인부대를 창설할 법안이 마련되어야 한다고 제안했다. 외국인 용병을 영국에 배치시켜 고국에 주둔하고 있는 병사가 해외의 전장에 나갈 수 있도록 한다는 것이다.

야당에서는 물론 국가 전체가 이러한 충격적인 제안에 분노와 놀라움으로 가득했다. 상원의 토리당 당수인 엘렌버러(Ellenborough)경은 상인 의원 전체가 총리의 제안에 놀라움을 금지 못했다고 전했다. 아무도 이러한 제안을 예상치 못했고 의논조차도 없었다. 총리의 생각은 외국인, 즉 독일인이나 스위스인 등으로 구성된 병력이 영국에 주둔하면서 정부가 운영하는 민병대 역할을 한다는 것이다. 이들의 급여를 영국인의 세금으로 지불한다면, "다른 국가에서 더 많은 돈을 준다고 할 경우 무슨 일이 발생할까" 라는 의문이 제기되었다. 그와 같은 상황에서 이들은 어떻게 나올까?

7 장

크리스마스

휴회 기간이 끝나고 의회가 재소집될 때까지 너무나 오랜 시간이 걸린 것만으로도 놀라울 따름이었다. 하지만 타임스가 보도해온 문제의 심각성을 정부가 제대로 받아들이지 못한 점은 더 놀라웠다. 이는 마치 각료들이 "별 큰 문제도 아닌 것을 신문사가 유명세를 타보고자 난리를 떠는 것뿐이다."라고 말하는 듯 했다. 이러한 성향의 의견은 요즘과 마찬가지로 당시 의회가 개원할 때 실시되는 여왕의 국정연설*에 반영되었는데 신문사의 공격이 주 내용이었다. 실제로 당시 여왕의 국정연설 길이는 역대 최고로 짧았는데 타임스의 말문을 닫으려는 것 말고는 의회가 특별히 관심을 가지는 사안이 없음을 뜻하는 듯 했다.

다음 날, 뉴캐슬 공작은 새 시민군 법안으로 1만 5천 명의 외국인 군인이 영국에 주둔하게 되지만, 이는 애초에 의도했던 바가 아니거나 정부가 하려는 바도 아니라는 점을 인정했다. 그는 법안에서 제시된 숫자를 1만 명으로 수정할 준비가 되어 있다고 밝혔다.

12월 18일 월요일, 이에 대한 책임과 문책으로 신문은 크리스마스가 되기 전에 정부가 와해될 것이라고 예측했다. "화요일에 외국인 용병 법안이 하원에서 기각되고 만다면, 각료들이 정권에서 물러날 각오까지 하고

---

*여왕의 국정연설(Queen's Speech): 집권당에서 작성한 내용을 여왕이 의회 개원 시 낭독한다.

있다고 전해졌다. 이들은 외국인의 도움 없이 전쟁을 수행하는 것에 대한 책임을 지려 하지 않는 것이다.”

타임스는 국내에서 병력을 모집하기 위한 시도를 거의 하지 않은 때에 왜 정부가 돈을 주고 해외의 인력으로 병력을 대체하려는지 이해할 수가 없었다. 당시 영국은 누구라도 할 것 없이 서로 나서서 국가를 위해 무언가 하겠다는 분위기였다.

> 다른 모든 것과 마찬가지로 전쟁에 관해서는 가식적인 것 보다는 실질적인 것을 선호하는 영국인의 특성상 전투가 벌어졌다는 소식을 듣자마자 누구나 돕겠다고 나섰다. 그럼에도 불구하고 우리 각료들은 이들을 못 믿겠다는 듯 유럽 전역에 모병관을 보내 돈을 받고 전투를 하거나 러시아가 싫다는 이유로 나설 사람을 뽑으려고 한다. 하지만 대영제국은 병사들로 가득한 완벽한 집합체이다. 아일랜드인들은 어떤 형태든 전투를 좋아한다. 13세기 말부터 잉글랜드의 지배에서 벗어나기 위해 치열한 전투를 벌이고 그 이전에는 로마제국의 침입에도 맞서온 스코틀랜드인들은 험악한 지형과 열악한 날씨를 오히려 외부 세력을 막는 수단으로 이용하며 독립과 자유를 꿈꾸고 호전성을 키워온 민족이다.

딜레인은 ‘여왕의 부군인 앨버트 공께서 사냥을 나가셨다’는 내용을 반드시 신문의 궁정 소식란에 싣도록 하였는데, 이는 ‘외국인 신병이 충성스럽게 궁전을 지켜야 하지 않겠는가’라는 메시지를 독자들에게 넌지시 던질 의도였다.

엘렌버러(Ellenborough) 경이 상원의 야당 측 대표로 연설하면서, 영국의 지도층에 경악할 수준의 대혼란이 펼쳐지고 있음을 감지하고는 전쟁 시에 정부 의견에 대항하는 것의 어려움에도 불구하고 외국인 용병 법안을 완전히 철회하는 것이 나을 것이라는 의사를 선포했다. 지금 직면한 문제점으로, 고위직 각료들은 전쟁터에 나가 싸우는 사람이 아니라는 점을 지적했다. 야당을 공식적으로 대변하고 하원의석을 차지하는 더비(Derby) 경은 이번 법안에 대한 논의와 제안은 국가의 수치이자 굴욕이라고 한탄했다. 18개월의 시간을 전쟁 준비에 쏟아붓고도 두어 달 만에 독일군의 도움 없이는 전쟁을 계속 추진할 수 없음을 깨달은 셈이다.

하원의원들과 논의를 하던 시드니 허버트는 현재까지 1,350명의 병사가 작전 중 사망했고 2,782명이 부상과 질병으로 사망했다는 놀라운 정보를 전했다. 이번 전쟁에서 질병에 의한 실제 사망자 수만해도 이미 1만여 명에 달하고 있으며 전장에서 전해져 오는 각종 보고에 따르면 그가 공개한 것보다 훨씬 많은 수가 전투 중에 사망했음을 그도 알고 있었을 것이다. 전쟁에 관해 보고를 하던 허버트 장관이나 장성 모두 위기를 모면하고자 거짓 증언을 한 것이다. 나이팅게일이 이러한 기사를 읽었더라면 충격을 받았을지 모르나 그녀는 몇 주 동안이나 이를 보지 못했다. 뒤늦게야 그 기사는 물론 다른 정부 문건을 접하고 나서는 크게 실망하고 말았다.

타임스는 의회 토론 내용을 상세히 담은 특별판을 발행했다. 전국 곳곳에서 이번 사안에 대한 지대한 관심을 보이고 있음을 알리는 편지가 신문사에 도달했다. 랭커셔(Lancashire)에서 온 편지다.

> 이곳 마을의 노동자 계층 주민들은 국민의 안위를 위해 적극적으로 도울 의지가 있다고 합니다. 허나 외국인을 용병으로 고용하는 것에는 강한 반감을 지니고 있습니다.

매일 밤 열띤 토론이 벌어졌다. 12월 21일 목요일 린델(Lidell)씨의 의견이다. "원내 총무가 전달한 의견만큼이나 불확실한 내용의 연설은 들은 적이 없습니다." 인민 헌장주의자인 콥덴(Cobden)씨의 논쟁이 이어졌다.

> 발라클라바 고지에서 비참한 생활을 하고 있는 우리 병사들에게 지금 당신네들이 제안하고 있는 지원병에 대해 질문한다면 이들이 무어라 답할 것 같

> 은가요? 그들이 독일 군인에게 지금 처한 곤경에서 구해달라고 도움을 요청할까요? 아니요. 고국 사람들을 원할 겁니다. 우리는 정부가 일으킨 전쟁에 대한 열정이 식어버린 파산 국가의 국민임을 그들에게 그리고 전 세계에 알리는 신호가 될 것입니다.

시모어(Seymour) 씨의 발언이다. "의회 평의원으로서 저는 이번 법안에 찬성표를 던졌지만 제 생애 이처럼 후회를 한 투표 결정은 없을 것입니다." 야당 측에서 환호의 목소리가 들렸다.

우월감을 내세우는 영국 상류층이 이 정도의 겸손과 혼란에 스스로 빠지는 경우는 드물다. 하지만 의회에서의 정부는 전장에 드러난 장성과 제독만큼이나 난장판 그 자체였다. 병사와 장교의 부모, 아내, 자녀가 이토록 무능한 자들의 처분에 맡겨진다는 것은 너무나 절망적인 현실일 수밖에 없다. 영국의 지성인들은 관심과 자부심의 혼란 속에 사라지고 말았다.

타임스가 기고문을 통해 정부는 물론 야당, 의회 토론이 진행되는 수준, 자축의 정도에 대해 신랄한 비판을 했다.

> 이들은 과거의 일에 대해 논의했을 뿐이다. 이번 중요한 작전회의의 주제는 '대참사가 벌어진 이후'에 무엇을 해야 하나였다. 앞으로 벌어질 일에 대비해야 할 때에 우리는 토론클럽을 육성하여 수개월 전에 벌어진 일을 가지고 논의할 것이다. 그런데 현재 상황이 어떻게 진행되었는가?

신문은 장문의 기사를 통해 침대와 담요, 화장실은 물론 장병들이 추위를 견딜 수 있는 시설 등의 부족에 대한 책임을 물어 허버트를 비난했다.

딜레인은 의회는 물론 온 국민이 논쟁을 벌이고 있는 동안 신문사에도 비난의 화살이 닿은 것은 사실임을 논설로 인정하였다.

> 하지만 이번 논쟁에 참여했던 이들이 증거로 제시했던 내용은 현장에 나가

있는 타임스 특파원이 전달한 것이다. 이러한 자료가 없었더라면 국회의원이나 일반 시민 누구도 실제 벌어지고 있는 비극적인 사태의 전말을 전혀 알 길이 없었을 것이다. 의회가 직접 해외로 가서 정보를 들여오지 않는데, 부모가 자식의 전사 소식을 어떻게 듣겠는가? 어떤 일로 인해 600여 명의 병사가 한꺼번에 목숨을 잃게 되었는지 소식을 전할 길이 있었을까? 침대와 침구, 붕대, 부목, 반창고, 약품 등의 수많은 품목이 구비되어 있지 않은 병원으로 수천여 명의 병사들이 쏟아져 들어오고 있음을 정부는 어떻게 알 수 있을까? 각료의 주치의는 이에 대해 일언반구도 하지 않았다. 이들의 임무는 자신의 상관이 추문이나 곤란한 지경에 빠지지 않도록 보호하는 것임이 분명했다. 타임스가 없었다면 이러한 정보들은 모두 묻히고 말았을 것이다.

나이팅게일의 편지는 개인 성격을 띠었고 타임스 기금이 어떻게 집행되고 있는가에 관한 맥도널드의 보고서에는 스쿠타리에서 펼쳐지는 활동의 문제점에 관한 상세 내용은 없었다. 11월 말에 처음으로 토마스 체너리가 병원 내부에서 벌어지고 있는 혼란의 정도와 원인을 기사로 적었다. 그의 기사가 도착하고 발행되는 기간은 의회 토론이 진행되던 첫 며칠간과 겹쳤다. 자신이 목격한 끔찍한 상황을 전달하려는 그의 비난 글이 지면에 실리는 순간, 글 속에 밝혔던 관료와 부처로부터 맹목적인 비난의 화살이 체너리 자신에게 쏟아질 것이라는 것을 알고 있었다. 그러한 기사를 쓴 이유는 관련자들에게 죄를 묻고자 하는 것이 아니라 문제에 관심을 돌리고 이에 대한 해결책을 찾고자 하는 데 있다고 그는 항변했다. 그는 또한 나이팅게일도 자신과 다를 바 없이 장교와 정부 고위직으로부터 반감을 살 것이 뻔하다는 것도 잘 알고 있었다. 어떤 형태의 권력이든, 권력자들 사이에서 그녀만이 분별력과 인간성을 지닌 사람으로 인식되었기 때문이다.

스쿠타리: 행정부에 드러나는 심각한 결함을 지적하는 행위는 불손한 것으로 치부하는 듯 하다. 그래서 한치의 과장도 없이 있는 그대로 전하되 관련된 자들을 일일이 드러내지 않는 선에서 내용을 밝히겠다. 현재 스쿠타리에 있는 병원들은 정확히 세 가지 종류의 번식력 강한 악(惡)으로 몸살을 앓고 있다. 첫 번째 악은 부실한 의료부서 조직이고, 두 번째 악은 이러한 부서의 장교가 타 부서 장교에게 책임을 전가하는 행태이다. 마지막 세 번째는 환자와 부상병을 배편으로 운송시켜 병원까지 옮겨오는 과정을 관리하는 장교가 보스포러스에서 차지하는 지위이다.

조달부서는 과거에는 물론 현재도 여전히 혼란의 상태이다. 애초에 현지에 파견된 직원은 너무나 무능하여 재고가 있는 물품은 찾지를 못하고 찾을 수가 있다 하더라도, 이들이 가장 절실히 필요한 때에 공급할 수가 없다. 이토록 역경 속에 발생하는 악들은 그 수가 늘어나고 이를 해결할 수 있는 노력이 보이지 않는다는 특징이 있다. 한편 찾을 수 없거나 공급을 할 수 없는 물품은 나이팅게일씨의 도움을 얻어 타임스 기금으로 구매 후 전달한다.

환자와 의료진을 위한 세숫대야와 수건, 시트, 침대틀, 연료 등 의식주의 기본 요소이면서 병원 운영에도 없어서는 안될 기본 물품을 나이팅게일씨가 콘스탄티노플에서 타임스 기금으로 구매한 후 직접 배포했다.

콜레라, 발진티푸스, 괴저(壞疽), 단독(丹毒) 등이 모두 심각한 수준으로 진행되고 나서야 세탁공간을 마련하려는 노력이 활발히 진행되었다. 이러한 일은 기금 지원뿐만 아니라 작업에 필요한 물이 병원에 원활히 공급되도록 노력한 나이팅게일씨의 도움이 있어 가능했다.

이러한 총체적인 난국으로 이르게 한 권력자에 대한 비난과 이들의 냉담을 공개하는 것은 자제하면서도 그의 글은 계속 이어졌다. 그가 말하고자 한 것은, 군 사령부와 조직이 전반적으로 와해된 가운데, 나이팅게일만이 타임스 기금의 도움으로 이러한 상황을 통제할 능력을 발휘한다는 것이다. 너무나 충격적인 증언의 말이었다.

윌리엄 러셀은 동일 자 신문에서 발라클라바 항구에서 벌어지는 부실한 해상운송 관리에 대한 기사를 다루었다. 이는 카미슈 만에 기지를 둔 프랑스 해군의 진행과정과 비교가 될 정도였다. 프랑스 군은 해상운송과 하역작업을 관리하고 우선순위를 정하는 항구관리국을 설립하였다. 반면 러셀의 보고서를 비롯한 기존의 다양한 군 자료에 따르면 영국 군의 항구는 지시사항이 전혀 전달되지 않다 보니 위험하고 지저분한 수렁 상태가 돼버린 것이 분명했다.

> 담당자가 누구든지 이번 사안에 관해서는 아주 크나큰 치욕이라고밖에 할 수 없다. 강풍이 불어 닥친 지 18일이 지났지만, 군마들이 굶어 죽어가고 있는 상황에도 사료로 절실히 필요한 건초 더미가 여전히 항구에 떠다니고 있다.

의회 토론이 벌어지던 첫 며칠 동안, 딜레인은 군사작전의 다방면에서 정부가 보인 능력과 통찰력에 대해 신문 지면을 통해 옹호하는 글을 길게 쓴 시드니 허버트에 대해 특히 냉소적인 반응을 보였다. 정부가 숨기려 했던 문제의 실태에 대해 전 국민을 대상으로 경각심을 불러일으켰던 타임스의 역할에 대해 딜레인은 확신이 넘치는 입장을 보였다. 해당 기사는 특히 허버트를 집중적으로 다루었다.

> 스쿠타리에서 모든 일이 제대로 진행되고 있다는 주장은 정부 관계자의 입장일 뿐이다. 그의 집무실은 모든 것이 올바르고 충분하고 완전하기 때문에 외부의 도움이 전혀 필요치 않을지 모른다. 집무실에서 하는 일이 주로 사무적이고, 방문객을 접견하고, 문을 여닫고, 펜과 종이만 있으면 되는 지성소(至聖所)라면 그 정도는 충분할 것이다. 하지만 현재 우리가 말하고 있는 일은 유럽의 다른 쪽에 있는 대형 병원을 관리하고 더럽고 차가운 돌 바닥에 길게 늘어져 있는 환자를 돌보는 것이다. 전쟁에 희생된 자들을 수송하

는 비참한 상태의 함대도 관리 대상이다. 이러한 임무와 집무실에 대한 우리의 참견이 주제넘는 행동이었다는 반응이 있었다. 이에 대한 해명을 하기 위해 최근에 서신을 전해왔던 우리 통신원의 말을 빌리면 아직도 천여 개의 침대틀이 모자란다고 한다. 이 때문에 이동 과정에서 피곤하고 병든 팔다리를 부드럽게 받쳐줄 담요조차 없이 부상자를 나무 구유에 눕혀 보낸다. 우리 병력에게 또 다른 공격이 가해진다면 이제는 더 이상 훼손될 것조차 없다는 것이다. 지금까지 밝혀진 것 외에도 수많은 결함들이 존재하는 한 우리가 하는 일에 간섭이라는 오명을 씌워서는 안 된다. 이러한 참견이 정부에 몸담고 계신 분에게는 자신의 자속 상태를 비난하는 것으로 보이더라도 우리가 책임질 일은 아니다. 최고의 실력자라고 하는 이들이 대혼란에 빠져 있다는 소식을 우리가 전달한다고 해서 신문사로서 당연히 해야 하는 일에 대해 국민 앞에서 해명할 필요도 없다. 우리가 한 일에 대해 해명해야 한다면, 이번 전쟁을 통해 병사와 돈은 물론 자신감까지 부여할 의무가 있는 정부를 평가하겠다고 마음 먹은 바로 그 대중들에게 즉각 호소할 것이다. 정부 각료들은 이러한 대중들이 우리 신문사를 신뢰하고 우리가 전하는 전장의 소식을 애타게 기다릴 뿐만 아니라 부상병을 위한 위문품을 마련하자는 우리 제안을 받아들이고 기금 마련에 나서준, 바로 그 사람들이라는 점을 유념해야 한다.

전보로 온 최신 뉴스: 세바스토폴 앞에 있는 부대, 12월 13일. 캉로베르 장군 발신: 폭우가 쏟아지고 있다. 도로가 차단되고 참호가 물로 가득 찼다. 포위 작전은 물론 진행하던 건설 작업마저 중단된 상태이다. 적군도 우리와 마찬가지의 이유로 부동의 상태를 지키고 있다. 이러한 시련 속에서도 다들 의욕을 잃지 않고 있다.

윌리엄 러셀이 보낸 장문의 서신에서 다른 많은 문제들 중에 특히 영국에서 장병에게 보내는 편지 수령이 늦어지고 있음을 지적했다.

> 항해선에서 지내는 수많은 장교와 병사들은 수개월 동안 이곳에 나와 있으면서 고국으로부터 소식을 듣고자 애타게 기다리고 있다. 그러한 우편물 '관리'와 이를 배포하는 '규정'은 멸시할 수 없거나 멸시할 가치가 없음에도 불구하고 공개적으로 멸시와 비난의 대상이 되기에 충분하다. 이러한 장기간의 여정에서 가장 중요한 업무를 책임지는 자가 이들 병력의 운명을 희망과 두려움으로 지켜보고 있는 수십만 명의 가족의 위안과 행복에 그토록 무관심하다는 것은 결코 용서할 수 없는 일이다.

크리스마스를 앞두고 열린 의회 토론 기간 동안 이토록 타임스의 맹비난이 쏟아지자 정부 측이 적대감을 드러냈다. 딜레인은 모르고 있었지만, 각료들 사이에서도 심각할 정도의 반대 목소리가 나오고 있었다. 연립정부*의 총리직을 자기가 맡았어야 한다고 늘 믿어왔던 존 러셀(John Russell) 경은 애버딘 경에게 가서 무능력한 육군성에 대한 불만을 토로했다. 뉴캐슬 공작을 해임시키지 않는다면 자신이 사임하겠다고 나섰다. 존 러셀 경이 그 시점에서 사임할 경우 애버딘 총리는 곤란한 지경에 이를 것이다. 총리는 전시 상황일수록 각료들이 서로 협력하는 자세를 보여주어야 한다고 강력한 어조로 주장했다. 러셀에게 직위를 지켜달라고 애원했다. 그 어느 때보다 심각한 수준으로 수일간 지속되었던 이러한 대립 상태는 몇 년 뒤 존 러셀 경의 자서전이 나오고서야 그 전말이 세상에 드러났다.

딜레인은 분명 어떤 식으로든 집권당이 이 기간 동안 분란이 일어났거나 야당에 패했을 가능성이 있다고 생각했다. 누가 어떤 제안을 하든 모두들 한 발짝 뒤로 물러서고 누구나 혼란스러워 하는 모습 때문이었다. 하지만 거대 다수당인 집권당에게 그 정도의 걸림돌은 금방 해결 가능하다.

*연립정부: 당시는 애버딘 경이 당수를 맡았던 필라이트와 존 러셀 경의 휘그당이 연립했다.

크리스마스가 다가오자 야당의 벤저민 디즈레일리(Benjamin Disraeli)는 이 나라 국민은 군대와 정부를 잃고 아무도 상점을 돌볼 사람이 없는 상태에서 휴가를 보내기 위해 떠날 수는 없다고 신랄하게 지적한 사람이다. 그의 연설에 힘입어 역사상 가장 우유부단했던 면모를 드러낸 영국 의회의 회기는 아무런 결론을 내리지 못하고 막을 내렸다. 딜레인은 체계적이지 못하고 비효율적인 방식으로 운영되었던 당시 상황을 빗대어 '크림반도 의회'라고 이름 지었다.

그 동안 일어난 일들의 적막함은 런던과 발라클라바의 1854년도 크리스마스 준비 과정에도 영향을 미쳤다. 당국의 무능력으로 인해 고귀한 자들이 목숨을 잃고 이에 따른 박탈감이 드러나고 있는 상황에서 제대로 축제 분위기를 낼 수는 없었다. 즐거움이라고는 없었다.

그 무렵 육군성은 나이팅게일로부터 편지를 받았다.

12월 21일

허버트 씨에게

구매와 선적, 발송, 상륙 등의 복합 업무를 관할할 능력자가 이곳뿐만 아니라 고국에도 필요합니다. 우해군 한대는 병원용 의복과 침구를 실었으나 주방용품은 전혀 없다는 보고를 전해왔습니다.

물품을 구할 수 있는 유일한 방법이다 보니 제가 거의 매일 하던 대로 오늘 아침 조달부서의 창고를 둘러보았습니다. 대걸레도 없고 접시, 목재 트레이, 슬리퍼, 구둣솔, 구두약, 나이프와 포크, 숟가락, 가위(의료용이 아닌 말 그대로 살아있는 사람의 머리를 자르는 용도), 세숫대야, 수건, 소독제까지 아무 것도 없었습니다.

저희에게 보내주셨으면 하는 물품입니다.

대걸레 1000개

양철 접시 3000개 (이곳에서 직접 제작 중이긴 하지만, 너무나 비싼 탓에

영국에서 3천 개를 보내주시면 긴요히 사용 가능할 것입니다)
양철 식기 500점
수건 천 (굵은 직물) 2천 미터 가량 – 캔버스 천이나 허커백직이 좋으며 각 병동의 이름이 새겨진 둥근 수건을 구비해두면 좋을 것 같아요.
평범한 큰 가위 200개 – 상기한 목적에 적합한 두 가지 크기
윌리엄버넷 살균소독제 쿼트들이 병 50개

군의관과 의논한 끝에 마르세유에서 수건 천을 천 미터 가량 추가로 받아와야 할 것 같습니다.

저희와 함께 수고하신 고든(Gordon)씨의 노력 끝에 새로운 병동을 개원했고 19일에 리펀(Ripon)과 골든 플리스(Golden Fleece)호로부터 500명의 환자를 받았습니다. 전반적으로 탈진의 막바지 상태에 이른 듯한 이들을 맥그리거 박사와 제가 병동에 수용했습니다.

이곳 병원에 있는 남녀 모두가 이번만큼 황량한 크리스마스를 맞이한 적은 없었을 것 같다.

여왕이 부상자와 환자에게 전달할 서한을 플로렌스 나이팅게일 앞으로 보내왔다.

빅토리아 여왕이 시드니 허버트에게 보내는 편지

본 서한은 12월 6일 윈저 성(Windsor Castle)에서 작성되어 시드니 허버트를 통해 플로렌스 나이팅게일에게 전달한다.

나이팅게일이나 브레이스브리지 부인에게서 받는 소식을 저에게도 자주

보여달라고 허버트 부인에게 부탁드려 주시겠습니까? 장교로부터 전장에 관한 소식을 듣곤 있지만 부상자에 관한 자세한 이야기는 듣지 못합니다. 당연히 저는 부상자의 소식이 다른 누구의 것보다 관심이 갑니다. 나이팅게일 씨를 비롯한 다른 여성들 모두 불쌍하고 고귀한 부상병과 환자들에게 이 말을 전해주십사, 라고 허버트 부인에게 부탁드립니다. 이 나라 여왕은 그 누구보다 이들의 고통에 마음 아파하고 이들의 영웅적 행위와 용맹에 찬사의 마음을 보내고 있다고 말입니다. 친애하는 우리 장병들을 밤낮으로 생각하고 있습니다. 제 남편 앨버트 공도 마찬가지입니다. 이러한 마음이 이들 고귀한 병사에게 소중하게 다가가리라 믿으며, 제가 하고자 하는 말을 그곳 여성들에게 전달해주실 것을 허버트 부인께 간곡히 부탁 드립니다.

빅토리아 여왕 올림.

크리스마스 당일 나이팅게일은 장문의 편지를 두 통이나 썼다. 임무를 맡기고 이곳으로 오게 한 후, 자신을 실망시킨 이에게 좋은 감정이 남았을 리 없다.

허버트 씨에게

당신은 나를 저버렸지만, 저는 계속 당신을 지지했어요. 당신의 지시를 따르고 일관적으로 일을 처리하기 위해 노력해왔습니다. 제가 이렇게 하지 않았다면 저희는 한 달 만에 병원에서 쫓겨나고 저희들의 임무를 망친 죄를 물어 육군성이 비난을 받았을 수도 있습니다.

당신이 모르는 사이, 이곳 조그만 공간에서 그토록 강력한 태풍이 몰아치고 있었다는 사실을 돌이켜보시기 바랍니다. 하지만 저는 당나귀*처럼 사자의 탈을 뒤집어 쓰기만 하면 (이전에 누군가를 상처 준 적이 없지만) 영국까지 들릴 정도로 당나귀처럼 크게 소리지를 수 있답니다. 그런데 이곳에는 사자는 없고, 당나귀만 많이 있답니다.

*당나귀: 이솝우화 중 '사자 가죽을 쓴 당나귀'를 인용하여 하는 말이다.

허버트 씨에게

워드 씨의 동료이자 참전용사였던 분이 오늘 크리스마스 날에 저를 찾아왔습니다. 무거운 책임감과 분별력을 잃을 것 같은 두려움에 떨면서 위안을 찾으려 했습니다. 저희는 함께 이 편지를 보냅니다.

이곳에 돌아온 병사들은 동상에 걸린 데다 헐벗고 굶주린 상태였습니다. 참호에서 근무하는 병사에게 따뜻한 옷을 지급하지 않는다면 나폴레옹의 러시아 원정과 같은 사태가 이곳에서 되풀이될 수 있어요.

저희가 필요로 하는 물품입니다.

1. 양말 1천 켤레
2. 플란넬: 1만 미터 가량의 플란넬 혹은 가능한 경우 플란넬 셔츠
3. 슬리퍼 2천 켤레. 병사들을 위한 따뜻한 신발도 있으면 좋겠다는 생각이 들지만, 제가 결정할 바는 아니겠죠.
4. 의사가 권고한 속바지와 장갑
5. 비누 일정량 – 이곳 비누 품질이 안 좋아요.
6. 저희가 이미 요청한 것 외에 추가로 3천 점의 나이프와 포크, 숟가락
7. 길게 생긴 도어매트
8. 공기쿠션 100개 – 욕창 방지용으로 가운데 구멍이 있는 둥근 형태 50개 포함.

요청하신 대로 여왕께서 다음 번 우편물을 수령하실 시간에 맞춰 편지를 써 보내지는 못합니다. 저는 낮에는 종일 병원에서 근무하고 밤에는 글을 씁니다. 군인들이 이전에는 얻지 못했던 일상의 위안이 될만한 것을 여왕께서 선사해주셨으면 합니다. 모직을 잘라서 병상에서 나온 군인이 목에 걸칠 수 있는 목도리를 만드는 것은 어떨까요? 아니면 브러시와 빗은 어떨까요? 아니면 면도칼은요? 당신이 제안했던 향수와 진토닉도 괜찮은 것 같습니다.

런던의 정부 관계자는 크림반도와 스쿠타리에서 펼쳐지고 있는 상황

의 심각성을 이제야 상세히 파악했다. 이들은 사망자 기록부터 확인했다. 참사가 발생한 원인은 적군의 효율성도 아니고 예측불능의 날씨나 지형에 있는 것이 아니라 그들이 책임을 맡겼던 자들의 행동에서 전적으로 나왔다는 사실도 알아냈다. 그런데 아직도 이러한 자들을 교체하거나 그들의 계획을 수정하는 등의 조치를 전혀 취하지 않았다. 자신들에게도 책임이 있다는 사실을 인정하지 않았다. 자신은 물론 장성에게 업무상 과실이 있음을 부인했다.

크리스마스에 고국에 들른 시드니 오스본은 이 모든 주제를 끈질기게 추적해온 덕에 나이팅게일에게는 전해지지 않았던 바를 파악할 수 있었다. 오스본과 나이팅게일 둘 다 예상하기를, 런던의 고위 관료들이 현재 상황을 사실대로 파악하기만 해도 적합한 해결책 마련에 고심할 것이라는 것이다. 하지만 이들의 예측은 빗나갔다. 런던의 고위 관료가 진실이 정확한 방법으로 공개되고 있음을 알아차린 후부터 그들의 최우선 관심사는 정보제공자에게 압력을 넣어 현실을 부정하는 것이었다. 이들의 눈에는 뉴스를 전하는 사람이 원흉이며, 뉴스 속 상황보다 이러한 행위가 더 심각한 것으로 보이는 것이다. 실제 그림은 관료들이 능력이 부족한 데다 패배감에 사로잡혀 있는 것으로 나오는 것이다. 물론 그것은 공무원이나 군 관료들이 원하는 그림이 아니었다.

오스본은 나이팅게일이 속고 있다는 사실을 이제야 깨달았다. 관료들은 그녀가 보내온 편지를 읽고 응답할 수도 있었지만 정부는 근본적으로 나이팅게일과 타임스가 어떠한 증거를 내놓더라도 군대의 끔찍한 관리 상태를 해결할 의지가 없었던 것이다. 또한 나이팅게일이 죽어버리기라도 했으면 하는 것이 정부의 바람이라는 것을 쉽게 알아차렸다. 이들은 다른 수많은 사람들도 죽게 내버려두었다. 이야말로 가장 쉽게 이들을 잊어버리고 이들의 입을 막는 방법이기 때문이다. 나이팅게일은 혁신의 상징인 만큼 그녀의 죽음은 군대는 물론 심지어 정부측에서도 큰 동정의 반향을 일으킬 것이다. 공격적인 편지를 쓰는 지적이고 아름다운 젊은 여성보다는 영국 장교들과의 우호적인 관계를 유지하는 것이 애버딘 경에게도 훨씬 수월할 것이다. 그녀가 해온 일이 얼마나 용감하고 고귀한지에 대해 계속 지껄이기만 하면 되기 때문이다.

나이팅게일은 다시 병에 걸려 히스테리 발작을 일으켰다. 그녀는 신비스러운 동방의 신사들이 자신에게 엄청난 부를 물려주었노라고 주장했다. 존 홀은 나이팅게일의 병세가 심각해지자 귀국시키려 했지만 그녀가 거부했다.

군 사령부는 여러 가지 혐의를 들어가며 나이팅게일을 비난했다. '장부를 제대로 작성하지 않았으며, 물품부족을 상부에 보고하지도 않았다.' '영국에서 보내온 선물 관리에도 부실함이 드러났다.' '군인들을 천주교로 개종시키려 했다.' '군 사령부의 권위를 훼손하고 반역적인 선동을 하고 다녔다.' '자신이 해고한 간호사와 준장이 연루된 명예훼손 사건의 핵심 인물이다', 등의 내용이다. "스미스 박사는 내가 목적의식을 가질 만큼 진중한 사람이라고 여긴 적은 전혀 없지만 앙증맞은 천치라고 여겼다."고 그녀가 글로 전했다. "나를 뉴캐슬 공작과 허버트 씨의 중간에 해당하는 변덕쟁이라고 여기는 것 같았다."

광고:

> 촌극 배우들에게 고함: 꿈나무 배우들을 위한 코너(Corner)씨의 작품. 입장권 가격 다양. 해리슨 위어(Harrison Weir)와 바렛 & 알프레드 크로우퀼(Barratt and Alfred Crowquill)이 삽화를 담당. 언어와 연기면에서 어린이에게 적합합니다. 숲 속의 어린이, 장화 신은 고양이, 마더 구스, 딕 휘팅턴과 고양이, 신데렐라와 유리구두, 미녀와 야수. 딘 앤 선(Dean and Son), 루드게이트 힐(Ludgate Hill) 31번지.

세이크리드 하모닉 서사이어티(Sacred Harmonic Society), 엑세터 홀(Exeter Hall); 지휘자 코스타(Costa) 씨. 12월 23일 토요일: 헨델의 메시아, 보컬리스트: 클라라 노벨로(Clara Novello), 돌비(Dolby), 심스 리브즈(Sims Reeves), 헤어 포미스(Herr Formes), 합창단, 16명의 콘트라베이스 연주자가 포함된 700명의 오케스트라. 입장권 3실링, 예약석 5실링, 1등석 10실링 6페니.

새로 나온 중국 감자(참마): 중국에서 폭넓게 재배되고 병충해에 강하여 식용 가치가 뛰어난 본 작물은 전분이 많고 영양까지 풍부하여 우리가 재배하던 기존 감자보다 효용가치가 훨씬 뛰어나다고 합니다. 존 헨더슨(John Henderson) 씨, 킹스 커즈웰(Kings-kerswell), 사우스데본(South Devon).

수정궁 크리스마스 축제: 크리스마스 트리와 크리스마스 선물, 과일, 꽃을 비롯하여 다가오는 크리스마스 축제 분위기를 물씬 풍기는 각종 진귀한 전시물을 보실 수 있습니다. 매일 오후 1시에 밴드공연이 있습니다.

곤경에 처하신 분에게 고함: 어려움을 겪는 분은 누구나 스트랜드(Strand) 4번지, 존 버든(John Burden) 씨에게 문제 해결을 위한 상담을 신청하시기 바랍니다. 이미 수백 명이 버든 씨의 도움을 받아 빠른 시일 내에 조치를 취해 감옥행을 피할 수 있었습니다. 근무시간에 문의.

극빈자들 위한 크리스마스 식사: 부료급식소, 주소: 세인트 제임스(St James), 그레이트 윈드밀가(Great Windmill Street), 햄 야드(Ham Yard). 부유하고 사비가 넘치는 분들에게 고합니다. 웨스트엔드(West End) 지역 극빈자들에게 따뜻한 크리스마스 식사를 제공하는 일에 많은 온정을 베풀어 주시기 바랍니다. 소호의 대규모 지역에 최근 콜레라가 발병하여 수많은 가정이 도움의 손길을 기다리고 있습니다. 식품이나 기부금 등 무엇이든 감사히 받겠습니다.

> 존 스마트(John Smart) 씨는 본 기관의 기금 활동에 참여할 권한이 더 이상 없음을 알려드립니다.

딜레인은 지난 2개월 동안 나라의 분위기가 완전히 바뀌었다고 설명했다. 알마 전투의 승리 뒤에 이어진 열광의 분위기가 슬픔과 두려움을 동반하는 낙담으로 변해갔다. 이에 대한 이유로 군대와 정부가 이번 전쟁이 러시아의 전면 침투로 이어질 수도 있다는 것을 예측하지 못했음에 있다고 했다. 적군이 병력을 보강하고 재건, 보충할 수 있는 능력이 있음을 영국 장성들이 완전히 과소평가한 반면 영국 병력이 이들에 비해 훨씬 더 뛰어나다고 과대평가한 것이라 믿었다. 성공하고 있다는 긍정적인 내용의 보고서는 실제로 얻은 증거물을 바탕으로 만든 것이 아니었다. 이러한 상황에서 정부 여당은 사임한다고 해놓고 자신들의 외국인 용병 계획에 반대한다는 이유로 의회를 비난해서는 안 된다.

12월 23일자 신문에 그가 쓴 기사다.

> 고국을 떠나 전장으로 향한 우리의 고귀한 병사들이 지독한 관리 부실로 희생되고 말았다. 세바스토폴 앞에 주둔한 부대와 발라클라바 항구, 스쿠타리 병원에서까지 보인 무능력과 무기력, 귀족특유의 거만함, 관료들의 무관심, 특혜, 판에 박힌 일상, 삐딱한 태도, 어리석은 책임자, 광기와 폭동까지, 얼마나 가까운 곳에서 벌어지고 있는지 상상조차 못한다.

딜레인의 공격이 강해질수록 그 자신과 타임스가 증오의 대상이 될 위험이 분명해졌다. 그의 공격이 미친 영향력으로 각료들 주변 인물에까지 큰 충격을 안겨주었고 그는 분노는 물론 심지어 혐오의 대상이 되기까지 했다. 공무원과 군 장성들은 그가 전하는 말이 실제로 유용한지 여부와 상관없이 그의 말이라면 무조건 묵살하거나 반대하고 나섰다. 이와 마찬가지로, 누군가 딜레인의 편을 들거나 그의 견해에 동의하기라도 하면 반정부 인사로 취급했다. 이는 대중 토론의 과정에서 벌어지는 언짢은 일인 만큼 현명한 정부 관료가 나서서 이를 민주적으로 해결해야만 했다. 하지만 딜레인은 자신의 태도를 수그릴 수 없었다. 그렇게 하는 것은 자신이 쌓아온 입지를 무너뜨릴 수 있기 때문이다.

크리스마스 날 밤이 새도록 일을 한 딜레인과 타임스 직원은 12월 26일에 윌리엄 러셀과 토마스 체너리가 보내온 장문의 기사 여러 편을 신문 전면에 발행했다. 당시 주요 기사 내용이다.

> 동방에서 벌어지고 있는 상황에 대해 이들이 말하는 '우는 소리'로 소식을 전했더니 근사하고 따뜻한 집에서 식사도 제대로 하고 보송보송한 침대를 갖추고 사는 신사분들 사이에 우리 신문이 치욕적인 존재로 추락한 것 같다.
>
> 집필가와 식자공, 인쇄공으로 차분하게 잘 구성된 이들 조직이 어떤 일에든 뛰어나다면 크림반도에 있는 우리 특파원들의 편지와 같은 소재를 통해서도 아주 즐겁고 유쾌한 크리스마스 캐럴을 만드는 일 정도는 할 수 있을 것이다. 이것이 고위 장성들의 생각이다. 그러면 좋다. 현 세대가 기억하는 영국 군에게 발생한 가장 끔찍한 재앙이 일 년 중에서도 바로 지금 이 시기에 발생했다는 사실을 강제로 떠올려서라도 우리가 할 수 있는 일을 하고자 한다. 대규모의 영국 병력이 카불에서 사라진 것은 바로 성탄절 분위기가 한창 무르익을 때였다.

그는 1841년 크리스마스 날에 영국 군이 아프가니스탄에서 완전히 전멸했던 일을 다시 언급한 것이다.

딜레인은 러셀 부부가 콘스탄티노플에서 안전하게 지내고 있음을 알았다. 자신의 공백을 메워줄 체너리가 늦어진다고 러셀이 불평의 글을 전했기 때문이다. 러셀이 철수했다는 소문이 돌자 그는 이를 반박하기 위한 수단으로, 래글런 경이 병사들에게 모습을 보이는 빈도에 관한 글을 전했다.

> 극도의 망설임 끝에 꺼내는 말이지만 아무도 총사령관을 보거나 그에 관해 들은 적이 없다. 9월 14일에 상륙한 후 끊임없이 각종 함락 작전에 몰두해오던 장교들조차도 자기 사령관 얼굴을 모르는 자도 있었다.

크리스마스 신문에 싣지 않고서는 견디기 힘들 것 같은 다른 소문거리도 있었다. 케임브리지 공작*은 전장에서 후퇴하여 발라클라바 항구에 정박해 있던 자기 배로 들어가 참호에 있는 병력들에게 서한을 적어 보냈다.

> 잉케르만 전투에서 고귀한 행동을 보인 장교와 병사들 모두에게 개인적인 감사의 말을 전합니다. 이들의 노고는 국가와 우리 군이 진정으로 감사히 여길 것이라 확신합니다. 모두가 탁월한 능력을 지닌 분들인 만큼 누구 특정인을 지목하는 것은 옳지 못하며 가능하지도 않겠지요. 수많은 사상자를 낸 기병대에 비통한 애도의 마음을 전합니다. 하지만 우리가 거둔 승리는 무엇보다 중요한 것이었으며 적군 또한 쉽게 잊힐 리 없는 손실을 입었습니다. 제가 자리를 비운 동안에도 여러분 모두의 건강과 평안을 빕니다.
>
> 조지 올림.

공작이 직위를 내팽개치고 크리스마스를 보내기 위해 집으로 돌아오는 바람에 여왕을 크게 당혹시켰을 뿐만 아니라, 타임스 편집장에게는 조롱거리가 되었다.

크리스마스 당일 런던에는 비와 폭풍우까지 몰아쳐 말 그대로 불편한 상황이었다. 거리가 온통 지저분해졌다. 간혹 해가 얼굴을 내비치긴 했지만 오래 지속되지는 않았다. 오후 2시와 3시 사이에는 글을 쓰거나 읽기에는 힘겨울 정도로 날이 어두워졌다.

---

*케임브리지 공작(Duke of Cambridge): 빅토리아 여왕의 사촌으로, 두 사람의 조부가 조지 3세 왕이다.

날씨가 아무리 안 좋더라도 기쁜 성탄절 분위기를 저해하지는 못하기에 상가들이 인파로 붐비고 대중 교통도 모두 만차로 다니고 있다. 헤이마켓(Haymarket) 극장에서 주로 성탄 분위기의 오락물이나 코미디를 연출했던 벅스톤(Buckstone) 씨가 올해는 정통 크리스마스 동화연극을 선보인다. 입장권에 소개된 것처럼 이 극장에서 연출한 두 번째 동화연극이다. 오랜 역사를 지닌 인기 동요인 '리틀 보 핍(Little Bo Peep)'을 모티브로 해서 만든 작품이다. 관객을 끌어 모을 만한 다른 장점 외에도 어린 양치기 소녀에 관한 흥미로운 역사는 물론 원곡 가사에서 다룬 주인공이 겪은 사고의 원인과 결과를 더욱 자세한 성보로 남고 있다.

신문의 결론 부분이다.

모든 이들이 기사를 쓰라고 아우성이다. 부모와 아내, 형제, 가족 모두가 더 이상 진급에 대해 신경 쓰지 않겠다는 듯, 사건의 전말을 밝혀 지면에 실으라고 우리 신문사에 권유하고 있다. 크림반도로 떠난 원정대가 극도의 대혼란 상태에 있다는 것은 더 이상 의심하거나 부정할 수 없다. 래글런 경은 잉케르만 전투 이후 두문불출하고 있다. 무엇을 해야 하나? 누군가 언론의 힘을 남용했다고 하던 것처럼 우리는 모순되고 쓸모 없는 동기를 지녔다고 비난 받고 있다. 그건 문제가 되지 않는다.

어떤 이는 애국심이라는 미명하에 이번 원정군이 완전히 실패로 끝나고 영국의 국토 전체가 바다 속으로 가라앉는 한이 있더라도, 군사 강국이라는 이미지를 주었던 모든 겉치레와 제도의 극히 일부라도 무자비하게 파괴되거나 개편되어서는 안 된다고 말한다.

어떤 이는 총사령관과 그의 부하들만이라도 세바스토폴 고지에서 홀로 살아남아 근사한 차림으로 작위를 받고 5만 명의 영국 병사들의 유해와 함께 고국으로 돌아와 노후에 연금과 명예를 누리며 살게 하는 편이 낫다고 한다. 과거에 대한 회상에 잠기거나 사령관 직위를 새로이 임명하느라 침착함과 웃음이 흐르는 사회 분위기가 흐트러지는 것은 참을 수 없기 때문이다.

크리스마스와 새해 첫날까지 일주일 동안 딜레인은 정부에 대한 맹목적인 비난을 계속해서 퍼부었다. 그는 이들의 이목을 사건에 집중시키는 한편 절대 여유로운 시간을 보낼 틈을 주지 않고자 결심했다. 전장에서 벌어지고 있는 비극이 크리스마스 파티와 사냥터 별장 모임의 대화 주제가 되기를 바랐다. 신문은 매일마다 영국 전역의 가정에 감동을 전해줄 인간미 넘치는 이야기로 가득했다.

이들 편지는 타임스에 직접 보냈거나 타인이 전달해준 것을 칼럼 형태로 다시 실은 것이다.

장교가 가족에게 보낸 편지다.

> 병력 손실이 너무나 크다. 지난 2주 동안 80명이 사망하고 지난 번 들어온 신규 병력 120명 중 40명이 이미 저 세상 사람이 되었다. 참호 생활에서 누적된 피로에 익숙하지 않은 이에게 이것이 얼마나 치명적인지를 특히 보여준다. 열흘 전 530명의 병력으로 몰타에서 합류한 9연대는 이미 250명으로 줄었다. 이들은 전우들의 주검을 매장하는 것만으로도 너무나 벅차다고 했다. 12시간 교대근무를 하며 끊임없이 걷고 움직이는 것은 고단한 일이다. 젊은 병사가 진흙탕에 주저 앉아 잠이 들자 병에 걸리는 바람에 병원까지 데려가지만 그곳에서 죽고 만다. 이들 모두가 그런 식으로 하나씩 사라지고 만 것이다. 노병은 이들을 계속해서 움직이게 해야 한다는 것을 안다.

토마스 멍크스(Thomas Monks) 병사가 보낸 편지를 그의 아버지가 신문사에 전했다.

아버지에게

이 정도 규모의 전투가 벌어지는 광경을 볼 것이라고는 한 번도 생각한 적이 없습니다. 러시아 군이 발라클라바에 도착한 날 저희는 예비 병력에 속했는데 당시 경기병대 소속 800명 중 600명이 목숨을 잃었습니다. 군마 아래로 포탄이 터지는 바람에 말이 죽고 팔이 떨어져 나간 기마병이 적진에서 도망가는 모습까지 지켜봤습니다. 11월 5일*을 모닥불과 총기를 발사하며 보내자고 전우들과 얘기했는데, 그날의 전투는 너무나 치열하고 유혈이 낭자하였습니다. 전투가 벌어진 날이 일요일이었던 점이 그 후에도 계속 생각이 나요. 고국에 계신 분들이 말쑥한 차림을 하고 예배당에 모일 때 저희는 허드레꾼처럼 온통 지저분하고 굶주린 데다 비까지 맞은 상태였죠. 집에 대한 생각만으로도 울음을 터트리기에 충분할 때이지만, 아버지 저는 고생 끝에 낙이 올 것이라는 희망을 가지며 살고 있습니다.

병사의 아내가 전달한 편지다.

G 부인에게

약속 드린 대로 부군의 소식을 전해드립니다. 아마 포탄에 의한 것 같은데, 부군께서 큰 부상을 입었다는 소식은 이미 들으셨으리라 봅니다. 우선 그 분은 몸에 난 상처로 큰 고통을 겪는 듯 했으나 곧 호전되는 것 같았습니다. 그래서 저희도 금방 회복되리라 희망했으나 주님께서는 다른 운명을 정하신 듯 합니다. 부군께서 아내에게 꼭 편지를 써달라고 애원하셨습니다. 걱정과 애정이 교차하는 심정으로 당신과 아들에 대한 얘기를 많이 들려주시더군요. 신의 뜻이 그렇다면 죽음을 겸허히 받아들이겠다는 자세를 보이기까지 했어요. 감당하기 힘든 고통을 끝까지 인내하고 타인에 대한 배려심마저 잊지 않았습니다. 그와 같은 병동에 있던 전우들 모두가 존경과 관심으로 그의 마지막 가는 길이 편안하도록 지켜봐 주었습니다. 마지막 한 주

*11월 5일: 영국의 본 파이어 나이트(Bonfire Night). 1605년 11월 5일 국회의사당을 폭파하려던 자가 체포된 것을 기념하여 모닥불과 불꽃놀이를 한다.

동안 매일같이 부군을 만나러 가서 제가 할 수 있는 일을 모두 해보았습니다. 부인께서 겪으실 심적 고통이 얼마나 클지 감히 짐작하지 못하오니 어떻게 위로의 말씀을 드려야 할 바를 몰라 죄송합니다. 사랑이 넘치는 아버지 주님께서 자비로운 마음으로 부군을 데려 가셨으니, 이해해주시기를 간곡히 부탁드립니다. 고인이 쓰던 시계와 유품 몇 점을 가족에게 꼭 보내달라고 하셨습니다. 건강상의 이유로 며칠 뒤 영국으로 귀환하는 병장에게 물품이 전달되었습니다.

신의 가호가 있으시길. 메리 곤자가(Mary Gonzaga) 수녀.

스쿠타리 병원, 1854년 11월 24일.

8장

각료와 장성

새해 첫날 타임스는 새로운 결의로 군 사령부에 대항하여 강력한 어조로 성토했다.

> 특혜나 연공서열에 의해 직무를 차지해놓고 주어진 임무를 수행하지 못하는 것으로 판명 난 군 사령부라면 즉각 교체하는 것이 마땅하다. 승리에 승리를 거듭하던 군대를 패망 직전의 위기로까지 몰고 갈 정도로 근무태만을 보인 장교를 하루라도 내버려둔다면 전쟁장관은 범죄를 범하는 것이다.
>
> 직무를 철저히 완수하지 못하고 최선을 다하지 않는 장교는 누구 하나 예외 없이 직위에서 물러나게 해야 한다. 질책과 명령, 경고, 경질 등의 처벌을 내려야 한다. 래글런 경이 영국 병력과 부대의 상태에 관해 고국으로 아무런 정보를 보내고 있지 않기 때문에, 정부는 개인이 보낸 수천여 통의 편지에 담긴 정보로 판단할 수밖에 없다. 눈앞에 주어진 방대한 분량의 증거에도 불구하고, 뉴캐슬 공작이 이러한 자들의 감정에만 충실하거나 이들과의 관계에 연연하여 군대나 조국을 위해 자신이 할 임무를 충실히 이행하지 않는다면 중죄를 범하는 것이리라.

언론인의 활동에는 두 가지 형태가 있다. 첫 번째 활동은 언론인과 신문사가 힘을 합쳐 공익에 저해되는 문제점과 행위를 조사하고 이를 부각시키는 것이다. 이러한 문제에 대중의 관심을 돌리게 하고 이를 부각시키는 과정에서, 책임자들은 생존을 위한 자연의 이치에 따라 문제 해결을 위해 노력할 수밖에 없다. 종종 이들은 본능적으로 이러한 관심을 거부하거나 피하려 하고 혹은 그냥 달아나버리는 등의 이해할 만한 정도의 무책임한 행동을 한다. 이러한 일이 발생할 수 있음을 우리 모두 이해할 뿐만 아니라 스스로의 행위에도 이러한 구조가 있음을 인정한다. 이러한 과정을 목격하려는 것이 언론인의 사명이지 않은가. 그런 다음 문제 해결을 위한 활동은 책임자에게 넘겨야 할 것이다.

두 번째 활동은 언론인이 문제와 그 원인만 찾아내는 것이 아니라 해결책까지 마련하는 것이다. 이러한 방식을 택할 경우 언론인은 주어진 질문에 대한 이해도가 떨어진다는 비난에 휩싸이고, 언론인의 조사 대상이 된 자는 제시된 답변의 허점을 찾는 식으로 응수할 수 있다. 하지만, 지금 택한 것보다 더 나은 방식이 있다고 암시하면서 점잖은 형태로 조사를 벌이는 것도 가능하다. 이렇게 하면 “내가 할 수 있는 일이라곤 모두 다 해봤다.”라는 핑계가 나오지 않을 것이다.

크림전쟁이 벌어지고 첫 겨울을 맞이하는 동안 정부와 군대에 이러한 공격을 펼치던 딜레인은 비난만 한 것이 아니라 해결책과 답변은 물론 명예롭고 효율적인 업무방식도 제안했다. 그 과정에서 발견된 문제점은 불가피한 것이라고 이해할 수 있다. 해결책이 쉽게 적용될 것 같지도 않고 용기도 필요한 일이지만, 용기의 부족은 핑계거리가 될 수 없었기에 이 같은 상황에서 타임스 편집장은 스스로 고통스러워 하거나 인내할 수밖에 없었다.

1월 2일자 지면에 실린 편지다.

편집장 귀하에게

크림반도로부터 쏟아져 들어오는 편지를 지면에 계속 실을 것인가, 아닌

기? 지금과 같은 방식으로 정보를 입수하기 위해 계속 노력할 것인가, 아닌가? 이 두 가지 질문에 대한 답변은 한 가지밖에 없습니다. 영국인들은 동방에서 전개되고 있는 끔찍한 드라마의 사건 하나 하나가 당신의 손으로 정확하게 기록되기를 바라고 있습니다. 이 때문에 당신은 언론 역사상 알려진 적 없는 막강한 영향력을 지닌 분이고 유럽에서도 여섯 번째 큰 권력자로 인정되는 분입니다. 당신의 책무는 당신이 맡고 있는 지위에 의해 결정됩니다. 편집장님이 있기 전에는 다른 어떤 방안도 없었기에 그 어떤 세속적인 이유로도 당신이 시작한 여정을 중단할 필요가 없습니다.

편집장님, 진실을 감추어두어서는 안됩니다. 저뿐만 아니라 다른 많은 이들까지도 당신이 작성한 기사문이 장교와 병사의 단순한 개인 편지에서 탄생한 존재 그 이상이라는 사실을 알고 있습니다. 당신은 진실을 다 밝히는 것을 자제하는 관용을 베풀다가 관용이 범죄가 되는 수준에 이르렀습니다. 당신은 모순투성이에 편견이 심하고, 해로운 뉴스를 퍼트린다는 비난을 받고 있습니다. 언론의 힘을 남용했다는 죄목을 들어 당신을 범죄자로 매도하고 있습니다. 그건 문제가 되지 않습니다. 당신은 언론인으로서 주어진 직무를 마땅히 수행하여 국민들로부터 칭송을 받고 있기 때문입니다.

감사합니다. H 올림.

정부 관계자들은 자신의 행위는 사적이고 비밀에 해당하는 것으로 언론이나 대중들이 알 바가 아니라는 듯 행동했다. 전시 상대라시 그렇게 할 수 있다고 주장하면서 모든 일을 비밀로 간직하려는 행위가 오히려 상황을 악화시켰다.

마침내 총리도 군대 사안은 내부 기밀이라 논의할 바가 아니라고 조언하는 사람들과 더 이상 의견 일치를 볼 수가 없었다. 지금껏 문서로 작성되고 보고된 수많은 정보가 자신이 군 사령부로부터 받은 내용과 상충되다 보니, 그는 신문 지면을 통해 읽은 내용을 바탕으로 질문을 던질 수밖에 없었다. 언론이 자신들의 권위에 도전하는데도 정부가 내버려뒀다는 사실에 장성들이 분노했지만 떳떳하지 못한 그들의 입장에서 할 수 있는 일은 없었다. 총리는 전쟁장관으로 하여금 자신의 불만을 장성들에게 명확히 전달할 것을 요구했다.

존 딜레인은 자신이 아는 것보다 훨씬 더 많은 영향력을 정부에 발휘했다. 애버딘 경은 군대의 입장과 그가 받아온 보고를 두고 당혹스러워하고 있었다. 육군성으로부터 들은 내용과 그들이 업무를 처리하는 방식에도 확신이 서지 않았다. 크리스마스 전야에 열린 각료회의에서, 뉴캐슬 공작이 몇 가지 중요한 질문에 대한 답변을 래글런 경으로부터 구해야 한다는 점에 합의가 이루어졌다.

하지만 안심할 만한 부문을 준비하고 이에 대해 의사소통하는 데 걸리는 시간이 너무 길어서 효율적인 방식이라고는 할 수 없었다. 공작이 보낸 편지는 탁월한 문장력에도 불구하고 쓸모 없는 내용이었다.

발신: 육군성 뉴캐슬 공작
사적인 편지, 기밀 요함
1855년 1월 6일
수신: 육군원수, 크림반도 영국 군 총사령관 래글런 경

래글런 경에게

경이 관할하고 있는 군부에서 발생하는 관리 소홀이나 누락에 관한 불평을 귀하가 공식적으로 내게 보고한 적이 없지요. 하지만 미연에 방지할 수도 있었던 것들을 경의 참모들이 간과하는 바람에 장교와 일반 병사들이 너무나 많이 고통 당하고 질병에까지 걸렸으니 통찰력이나 능력이 부족한 것으로 판단되어 이 모든 상황을 저는 고통스럽게 지켜보고 있습니다.

경의 수하에서 직무를 맡은 수많은 이들마다 제각각 고유하고 까다로운 입장이 있다는 점을 충분히 이해합니다. 그러나 지금까지 쌓아온 경험만으로도 이러한 장교들이 조직적 체계를 구축하고 이를 통해 혼란과 손실을 비

교적 최소화할 수 있는 능력을 갖추기에 충분한 시간이었다고 봅니다.

불만이 쏟아지는 상황에서 경과 이러한 대화를 나누어야 하는 나도 고통스럽기 짝이 없소. 하지만 경이 지휘하는 연대는 물론 참호에 있는 병사까지 2일 내지 3일 동안 배급식량을 반만 받거나 심지어 4분의 1만 받는다는 소식이 내게 들어오는데도, 발라클라바의 식량과 보급품이 부족하지 않다는 소리를 합니다. 저는 이러한 문제가 전적으로 도로 사정이 악화되거나 악천후에 의한 혼선 때문에 발생한 것이라고 믿지 않습니다.

군마를 관리하고 내륙 교통수단을 적절히 공급하는 것은 군병력의 안전과 편의에 가장 필수적인 요소인 만큼 이러한 동물을 내량으로 잃는다는 것 자체만으로도 경각심을 크게 불러일으킬 만합니다. 하지만 곡물과 사료가 근거리에 풍부하게 비축되어 있다고 하는데도 대다수의 동물들이 기근에 의해서 죽었다는 소식이 들리니 그러한 사태가 만연해진 것도 불만의 사유로 추가되어야 하겠지요.

새로이 도착한 병력들 사이에서 지금 계절에 질병이 만연한다는 슬픈 소식은 물론 특히 가장 좋은 위치에 배정 받은 연대가 가장 큰 고통을 여러 차례 당했다는 점도 해명이 필요합니다. 이렇듯 명백한 의혹에 대한 원인을 타당하게 조사하면 적절한 예방책이 크게 부족했다는 점이 부각될 것이라는 생각을 떨칠 수가 없습니다.

발라클라바 항구의 교통수단에 결함이 없어서 물품 수송을 언제든 쉽게 할 수 있었음에도, 부대가 크림반도에 상륙한 후 수주 동안이나 수많은 연대의 짐꾸러미를 바르나에 남겨두었다는 불만사항도 수없이 터져 나왔습니다. 장교와 일반 병사 모두, 입고 있던 셔츠와 제복을 갈아입을 여유가 없어 몇 주 동안이나 동일한 옷을 계속 착용하고 있다고 합니다. 청결한 환경이 보장되지 않으면 건강을 유지할 수 없는데도 사태가 그 지경까지 갔으니 해결책이 절실히 요구됩니다.

전장에서 우리 군사들의 안전을 책임지는 자가 자신이 맡은 중대한 임무에 그토록 많은 의혹이 쏟아지는 것을 내버려두다 못해 상황이 너무나 악화된 탓에 제가 서한을 통해 이러한 문제를 경에게 통보하기에 이르렀습니다.

군인이 전투가 아닌 질병으로 허약해지고 물품부족과 체온저하, 고통으로 위험해진다면, 안 그래도 이들의 안위를 밤낮 걱정하고 있을 우리 국민들은 고통 받는 자와 국가의 명예를 등에 지고서라도 이들을 사지에 내몰고 있는 악을 뿌리 뽑고 위험을 떨쳐버리라고 경에게 강력히 호소할 것입니다.

스쿠타리에 있는 병원의 경우, 많은 부분을 변화시켜 효율성이 크게 개선되었다고 할 만한 이유가 있습니다. 건물 바깥에 세탁실이 마련되었는데, 이는 이러한 일로 부담을 지어서는 안 될 사람들의 노력과 비용으로 가능했던 것입니다. 따라서 이러한 시설과 관련된 모든 비용은 대영제국의 정부가 갚아주어야 할 것입니다.

육군군수품 및 의무부 소장인 앤드류 스미스 박사가 세탁기와 탈수기를 보내고 있습니다. 실무자와 협력하여 세탁을 하거나 혹은, 경의 경우와 마찬가지로, 단독으로 세탁 업무를 수행하려는 사람이 있다면 병원의 고위 관료는 물론 나이팅게일 씨와 상담한 후, 이러한 업무에서 효율성이 가장 뛰어난 방식을 고려하시기 바랍니다.

뉴캐슬 올림.

래글런 경과 그의 참모들은 나이팅게일과 의논하라는 요청에 믿을 수 없다는 반응을 보였다. 이는 모욕이다 못해 불명예스러운 일이었다. 어떤 범위에서든 이러한 편지는 보내는 사람과 받는 사람 모두에게 심상치 않은 내용이었다.

한편 뉴캐슬 공작은 적군에게 유리할 수 있는 귀중한 정보를 흘리거나 군대의 사기에 영향을 미칠 수 있는 편지를 지면에 싣는 일을 중단하기로 한 약속을 타임스가 어겼다고 각료들 앞에서 발언했다. 그는 편집장이 철저히 무책임하게 행동한 것이라고 여기며 의회가 재소집되면 이에 대한 발언을 공식적으로 하겠다는 뜻을 밝혔다. 타임스가 전쟁이라는 시기에 맞게 명예롭고 충성스러운 태도를 보이지 않았다는 것에 그의 동료들도 동의했다. 그들은 타 신문에서 드러나고 있는 대중들의 비판 내용을 지지했다.

타임스를 처벌하기 위한 방안으로, 당시 운영되던 인지세법을 변경하여 타 신문사의 운영에 더 유리한 방식으로 만들자는 데 모두 합의했다. 이렇게 되면 타임스의 시장 독점률과 수익률을 줄게 만들어 결국 사주(社主)가 정부에 충성스러운 태도를 보이도록 만들고 딜레인과 같이 배반적인 행동을 하는 자의 사기를 꺾는 계기가 되리라는 것이다. 이는 군인들이 겪고 있는 역경을 대중에게 알리고자 딜레인이 실시해온 활동에 대한 이들의 반응이었다. 즉 처벌로 반응하는 것이었다.

어떤 문제든 능숙하게 해결할 능력이 있다고 스스로 판단하고 있는 정부 입장에서 신문사의 명령에 따라 움직이는 것으로 보이고 싶지는 않았던 것이다. 그것은 리더십과 통제의 부재를 의미하는 것이기 때문이다. 사실대로 털어놓는 대신 그들은 계속해서 딜레인을 배제하였기에 오히려 그의 적대감에 불을 질렀다. 결론이라고 내놓은 두 가지 방안은 딜레인의 입을 막거나 그가 내놓는 해결책을 받아들이는 것뿐이었다. 그는 입을 다물 생각이 전혀 없었다. 그의 적대감이 계속 커질수록, 신문의 판매부수가 늘어났다.

타임스에 실린 다른 편지에서 래글런 경이 3주간이나 두문불출했다는 소식이 전해졌고, 그가 따뜻한 휴양지를 찾아 크리스마스 휴가를 떠났다는 소문이 돌았다. 타임스는 래글런에 대한 이러한 소문이 나올 즈음, 윌리엄 러셀이 크림반도에서 철수했다는 소문을 총리 보좌관들이 퍼뜨리고 있다는 사실을 알아차렸다. 딜레인은 러셀이 콘스탄티노플로 2주간 휴가를 떠났으니, 지금 즈음이면 전선으로 복귀했을 것이라고 강력히 주장했다. 신문과 특파원에게 불명예를 안겨주려 한 정부 관계자를 타임스가 이때 처음으로 직접적으로 언급한 것이다. 타임스의 명성을 손상시킬 수 있는 이야기를 퍼뜨리려고 하는 고의적이고 계산된 움직임이었다. 이들 중 일부는 의회의 공개 토론 석상에서 나온 것이지만 다른 것은 믿을 만한 출처를 통해 얻기라도 한 것처럼 보이도록 하여 런던의 사교클럽에 익명으로 뿌려진 것이었다. 딜레인은 이러한 풍문의 출처가 다우닝가 10번지(10 Downing Street)* 소속 직원들임을 밝혀내고는 이들을 '귀여운 재미있는 것들'이라고 이름 붙였다.

신문에서는 녹초가 된 전투 생존자를 잔뜩 싣고 영국으로 돌아온 함대에 관한 서글픈 소식을 전했다.

> 화요일, 히말라야(Himalaya)호가 포츠머스에 도착하여 슬픔에 휩싸인 환자와 부상병을 고국 땅에 내려주었다. 한쪽 팔을 잃었거나, 눈이 없거나, 발이 절단된 상태였다고 특파원이 전했다. 총알이나 포탄에 찢기고 총검에 찔리거나 칼로 공격 당한 이들이 서로서로에 의지하여 뒤뚱거리는 몸짓으로 슬픈 행렬을 이어갔다. 이들은 돌아왔지만 이들을 맞아줄 사람은 누구인가? 포츠머스는 관료들로 넘쳐나는 곳이다. 와이트 섬(Isle of Wight)에 있는 여왕의 별장 오스번 하우스(Osborne House)로부터 여왕이 행차하기라도 한다면 누구도 화려한 장관의 행렬을 놓치지 않으려 할 것이다. 해군 기지 사령관과 부총독까지 온갖 이들을 대령해 놓을 것이다. 그런데 이토록 평범하게 환영하고 인간적으로 맞아들이는 임무를 수행하거나, 히말라야호에 승선한 고귀한 이들을 존경과 감사의 자세로 환영할 시간을 내려 한 사람은 아무도 없었다.
>
> 그럼에도 영국인 한 명이라도 여정에서 돌아오면, 절대 빠지지 않고 나타나는 관료가 있었다. 세관공무원이 바로 그 주인공이다. 이들은 부상병들의 짐꾸러미를 조사하러 나온 것이다. 담배 한 포라도 세관 수익을 벗어나서는 안 된다는 기특한 걱정을 하는 것이다. 야외 선착장에서 수색이 실시되는 동안 군인들은 황량한 1월 오후에 쪼그리고 앉아있어야 했다. 강인하고 용감했던 자태는 온데간데 없고 불구가 된 몸으로 추위에 벌벌 떨 수밖에 없다. 이들을 집까지 데려다 줄 구급차나 들것도 준비되어 있지 않았다. 전쟁으로 우리의 가슴은 굳어버리고 동정심마저 잃어버린 것인가?

*다우닝가 10번지(10 Downing Street): 영국 총리의 관저 이름이자, 주소이기도 하다.

런던과 발라클라바 사이에서 비밀리에 교환된 서신의 내용이다.

> 참모들의 행위에 관한 심각한 수준의 내용이 담긴 보고서를 다시 경에게 지적해야 하는 상황에 이르러 심히 유감입니다.
>
> 보병 9연대가 발라클라바에 11월 28일경에 도착했다고 전해지고 있습니다. 그 연대는 12월 1일이나 2일 오전 9시경에 골든 플리스호에서 내려 상륙하라는 명을 받았다고 합니다. 병사들에게 소총이 지급되었다는 점과 그 외 다른 이유로 인해 발라클라바에 오전 9시부터 저녁 7시까지 전투 태세를 갖추고 있었습니다. 그 때 (이미 어두워지고 있는 상황인데) 병사들의 다수가 거의 무릎까지 차오르는 진흙탕을 거쳐 3사단과 함께 6마일 정도 떨어져있던 야영지로 향하기 시작했습니다. 이들이 밤 10시, 야영지에 도착하자 젖은 땅바닥에서 그대로 잠들어야 했습니다. 고통스러운 행군 끝에 식량은 반만 지급된 상태였지요. 다음 날 새벽 4시, 참호에서 장시간 근무하는 이들의 일과가 시작되는 시간이었습니다. 그 결과 두 번째 날에 열 명의 병사가 사망했습니다. 크리스마스에 이르기까지 거의 매일같이 상당수의 사망자가 나왔으며 이제 160명 정도만 전투 가능한 상황이라고 합니다. 크림반도에서 25일을 보내는 동안 적군과 아무런 교전도 없었고 전투를 통한 부상이 없었는데도 이들 늠름한 병사들이 뼈다귀만 남은 상태로 변했다고 전해 들었습니다.
>
> 이러한 사항들을 관리하는 것은 경의 임무였으나 개탄스러우리만치 소홀히 하였다고 볼 수밖에 없습니다.
>
> 뉴캐슬 올림.

래글런 경은 우선 최고위 참모로부터 놀라운 내용의 보고서를 접하고 난 후 장관에게 답신을 보냈다.

공작님께

제 참모들에게 통찰력이나 능력이 부족했다는 점을 공작께서 고통스럽게 지켜보셨다는 점에 심히 우려하고 있습니다.

저에게 직접 문의하거나 관계자 조사도 하지 않은 상태에서 앞날이 창창한 장교의 명성에 치명적일 수 있는 의견을 잠시나마 품고 계셨다니 슬프기 그지 없습니다. 이들 참모들은 자신이 저지른 중죄에 대한 면책권이 있는 자로, 능력 있고 열정이 넘치며 근면한 공무원으로 주어진 임무에 헌신적일 뿐만 아니라 이 일에만 몰두하기 때문에 제가 승인하고 저의 지지를 받고 있음을 감히 말씀드리면 공작님께서 흡족해 하시리라 봅니다.

서한에서 언급하신 보급품 및 교통수단을 공급하는 분과에 관해 병참총감 필더(Filder) 씨에게 문의하였더니 저에게 답장을 보내왔습니다. 솔직히, 보급품 부족사태가 그가 인정했던 것보다 훨씬 더 심각할 수도 있다고 제 스스로 우려했던 것은 사실입니다. 하지만 그가 자신의 계산이 정확했음을 공작님께 직접 보내는 답신에서 증명하겠다고 약속했으니, 제 우려는 기우에 불과하다고 봐야겠지요.

병참총감 필더 씨가 보낸 답신을 발췌한 것이다.

이곳에는 지적하신 만큼의 식량부족 사태가 발생하지 않았습니다. 부족 사태가 있었다는 점은 부인하지 않겠으며 이 정도라도 부끄러이 여겨야 한다고 봅니다. 하지만 제시하신 자료에 나오는 것은 지나치게 과장되어 있습니다. 많은 인파로 붐비는 발라클라바 항구와 교통수단이 오가기에는 너무나 협소한 공간, 곳곳에 동물의 사체가 박혀있는 도로 상태까지, 보급품을 정기적으로 전달하는 것을 거의 불가능하게 만들고 있습니다.

병참장교 에어리 씨가 보낸 답신을 발췌한 것이다.

저는 장교와 일반 병사에 대한 보살핌이 소홀하거나 보급품을 누락한 점이 있는지 전혀 알지 못합니다. 병참장교가 마차 행렬과 같은 수송수단을 마음대로 활용할 수 있었다면, 그 어느 군대보다 효율적으로 수송했을 것입니다. 그러나 병참장교의 일상적인 직무와 역할은 외부에 보이는 인상과 너무나 다르기 때문에, 총사령관의 명령으로 1854년 3월 20일에 발행된 해당 부서의 장교를 위한 지침과 지시사항을 담은 소책자를 보내드리고자 합니다.

설사와 이질 등 저희 군 내부에서 발생한 사태는 실현 가능성이 떨어지는 부대 규정을 준수하느라 벌어진 일입니다. 방대한 수의 병력이 너무나 밀집된 공간에서 3~4개월여의 기간 동안 같이 생활하고, 근처에는 야영지 위생 관리에 관한 규정이라고는 전혀 없거나 전혀 준수하지 않는 프랑스와 터키군까지 야영하고 있다 보니, 질병이 퍼지는 것은 어쩌면 당연한 일일지도 모릅니다.

군병원 사령관 존 홀 박사가 보낸 답신을 발췌한 것이다.

세바스토폴 앞에다 참호를 마련한 뒤부터 군대에 닥친 난관을 원거리에서 모두 파악하는 것이 쉽지는 않을 것입니다. 또한 몇 가지 예측 불허의 사고가 발생하여 이미 충분히 당혹스러움을 겪었을 상태에서 더 많은 곤란한 지경에 이르렀습니다.

티국에서 겨울을 맞이할 운명에 처해 있다는 소식을 듣고 사람들이 이들 군인에게 절실히 필요한 의류를 보내기 위해 온갖 수고를 다 거쳤으나 첫 번째 보급품은 프린스호 침몰로 모두 유실되고 말았습니다. 함대를 파괴했던 돌풍은 악천후가 시작되던 시점에 발생했습니다. 직무소홀과 무능력이라는 말로 저희를 비난하신 뉴캐슬 공작님의 편지 내용에 관해서는 제가 드릴 말씀이 전혀 없습니다. 모든 걸 경의 판단에 맡기겠습니다.

부관참모 JB 버크널 에스트코트(Bucknall Estcourt)의 보고서를 발췌한 것이다.

> 매년 의복을 지급하는 시기가 아직 도달하지 않았지만, 이곳의 겨울 기후에 맞게 훨씬 더 따뜻한 의복이 필요하다고 개인적으로 육군성 장관에게 서한을 자주 보냈습니다. 제 관할 영역이 아닌 것으로 사료될만한 것을 제안했습니다. 경으로부터 그렇게 하도록 권한을 부여 받은 것이 아님에도 저는 우리 병력에게 중요한 정보를 전하겠다는 신념에서 한 것입니다.

지금 이 시점에 이르러서야 이러한 고위 관료들에게 현지 상황에 관한 충실한 보고서를 제출하라는 요청이 들어오고 그렇게 실천했다는 것은 이상하기 그지 없다. 자신들은 아무 잘못도 없는 것처럼 보이기 위해 거짓말을 하는 것이 분명했다. 마치 육군성의 누구도 타임스를 읽지 않았으니 자기 말을 믿으라고 억지를 부리는 것 같다. 이들은 현실과 동떨어져 있었다. 이 무렵 자신들과 함께 왔던 병력의 대부분은 물론 훨씬 더 많은 수의 병력까지 잃었다. 그럼에도 이들 모두가 자기들 말만 들어야 하며 정부는 이들을 관할할 권한이 없다고 계속 고집을 피우는 것이다. 오직 자신과 동료 장교들만이 권한이 있으며 이들의 의견만 존중하겠다는 것이다.

1월 10일, 체너리가 스쿠타리에서 보내온 내용이다.

> 우육정(牛肉精)과 향수, 비누, 향수초 등 여왕이 보내신 선물 일부가 이곳에 도착했다.

광고:

> 신간 도서, 가격 10실링 6페니: 앤서니 트롤럽(Anthony Trollope)의 소설, '병동 관리인'. 런던, 롱맨 출판사.

K.V.G.에게 고함 — Q.L.B. 모두 괜찮소. A.B.C.를 18일이나 그 이후에 유르츠글름(Yurtsglm)으로 보낼 예정이오. Hkvh.

9 장

탈 진

이 글은 1월 12일자 신문의 첫 번째 논설로 실린 것이다. 이러한 종류의 기사는 딜레인이 전쟁으로 인해 인간애가 냉담하게 묵살되고 있다는 자신의 견해를 입증하기 위한 목적에서 가장 돋보이는 곳에 배치되었다. 이는 국가의 잔인함과 무너진 도덕성을 생생하게 묘사하는 그림과도 같았다. 미술관에서 자신의 그림을 통해 이야기를 전달하는 화가와 마찬가지로, 딜레인은 신문의 글을 통해 이야기를 전달했다. 그런 때 그가 택하는 언어는 거칠었다.

> 지난 주 히말라야호를 타고 포츠머스에서 내린 병들고 부상당한 병사들이 겪었던 고초에 대해서는 이곳에 다시 언급할 필요는 없을 듯 하다. 고통과 질병으로 심신이 약해진 이 불쌍한 전우들이 여러 시간 동안이나 차가운 계절의 매서운 날씨에 노출되어 있었다. 이들의 짐꾸러미를 세관공무원이 수색하는 동안 황량한 부둣가에 방치된 상태로 말이다. 대여섯 시간이 지나서야 이들은 자유의 몸이 되었다. 히말라야호에 탑승했던 젊은 웨일스 해군인 존 윌리엄스(John Williams)가 지난 주 이 부상병들과 함께 포츠머스에 도착했다. 그는 처음에는 항해사의 집으로 보내졌지만 건강이 안 좋고 병약하다는 이유로 수용을 거부당했다. 1월의 오후 늦게까지 사람을 길거리에 방치

해두어야 하는 괴상한 이유에 대해 갑자기 생각해보지 않을 수 없다. 그를 데리고 가던 사람에게 다음 차선책으로 떠올랐던 방안은 그를 병원에 데려가는 것이었다. 질병에 시달리는 사람을 병원에서 거부할 만한 이유는 없으니까. 이들은 이 아픈 전우를 데리고 포츠머스의 병원으로 갔다. 환자가 심각하게 병든 상태인데다 병원도 이러한 사람을 맞이하기 위해 존재하는 곳이 분명하지만, 이곳에서도 그를 받아주지 않았다. 이들이 명령서를 제시하지 않았다는 이유에서였다. 윌리엄스를 데리고 왔던 사람들은 확신도 서지 않는 상태에서 궁여지책으로 로이드 대리점*으로 갔다. 이곳 담당자는 구빈원에 기보리는 말을 했다. 뒤늦게나마 얻은 병원에서의 경험 때문에 이들은 담당 장교에게 '명령서'를 신청했고, 공교롭게도 해당 장교가 이들이 찾던 명령서를 즉각 발급해 줄 수 있는 인물이었다. 하지만 저녁 8시가 되어서야 이 불쌍한 전우의 구빈원 수용이 허락되었다. 히말라야호는 오후 2시에 도착했는데 6시간 동안이나 병든 해군이 비 내리는 항구의 젖은 바닥에 방치되거나 이곳 저곳을 헛되이 실려 다니며 어느 곳에선가 그를 받아 줄 곳을 절실히 헤매었던 것이다. 다음 날 새벽 4시에 그는 사망했다.

구빈원 의사는 근무일지에 존 윌리엄스가 히말라야호를 타고 흑해를 항해하는 동안 방치되고 탈진한 상태로 지냈기 때문에 사망했다고 기록했다. 의사는 이 아픈 병사가 포츠머스 주변을 6시간 동안이나 헤매고 다닌 일에 관해서는 전혀 언급하지 않았다. 그는 탈진으로 죽었다고 전해질뿐이다. 항구에 도착할 무렵 이미 그의 기력이 너무나 소진되어 즉각적인 치료를 받더라도 목숨을 구하지 못했을까? 우리는 이 보도자료를 읽고 있는 다른 독자들과 마찬가지로 수많은 타인에 불과하기 때문에 이러한 질문에 전혀 답할 수 없다. 불쌍한 웨일스 군인 존 윌리엄스가 포츠머스의 평화로운 마을에서, 그것도 병원과 의사와 간호사, 상점이 즐비한 곳에서, 탈진으로 고통 받으며 숨진 사실을 정당한 수사를 벌이지 않고 진실을 누가 알겠는가? 하지만 적어도 스쿠타리와 발라클라바에서 상황이 어떻게 돌아가는지에 대한 짐작은

*로이드 대리점(Lloyd's Agent): 주요 항마다 배치되어 해당 지역의 해상사고를 보고하는 보험대리점이다.

할 수 있을 것이다.

존 딜레인은 자신도 마치 젖은 참호에서 지금껏 전투를 벌이기라도 한 것처럼 전쟁에 지쳐버렸다. 아내에 대한 걱정이 떠나지 않는 그는 신문사로 오는 편지 중 가족애가 담긴 내용에 더더욱 친밀감을 느끼곤 했다. 딜레인이 영국으로 돌아온 후 처음 맞이하는 1월 초에, 시드니 오스본에게 신문 칼럼으로 실을 장문의 글을 써달라고 부탁했다. 당시 칼럼은 전쟁에 관한 소식을 전하는 그 어느 기사보다 감동적이고 강렬한 내용을 담고 있었다.

> 임종의 자리를 결코 사소하게 보거나 무시하지 말라고 이 지면을 읽는 독자 모두에게 고하고자 한다. 자신에게는 아주 사소한 것으로 보이는 것들을 고귀하게 여기는 누군가를 만날 수도 있기 때문이다. 죽어가는 이를 위해 해줄 수 있는 가장 아름다운 보상이며, 이러한 사소한 일들에 관한 질문에 답변하는 것만으로도 친척들에게 베풀 수 있는 위안이 될 것이다. 유가족에게는 단순한 머리카락 뭉치나 편지 꾸러미, 일기장, 시계가 아니다. 이들 하나하나가 사랑이 담긴 가족의 작은 추억이 된다. 또한 어머니가 가슴 깊숙이 간직하고 있던 때이른 죽음을 맞이한 아들의 어릴 적 기억을 들려주고 질문이 꼬리를 물고 나오다 보면 가족의 역사가 된다. 진정한 유가족이라면 고인이 맞이한 생의 마지막 나날을 떠올려 볼 수 있는 물품을 소중히 여길 것이다.
>
> 신문은 한 우편선이 마르세유에 도착했다는 소식을 전보로 전했다. 수천 명이 이러한 내용이 담긴 짤막한 기사를 읽은 뒤 다들 하루 이틀 정도 불안감에 시달리며 지낼 것이다. 집집마다 이상하리만치 고요가 감돌고 있다. 우편물이 올 것을 예상하고 있는 수많은 이들이 매일마다 수심 가득한 얼굴로 우체국 앞에서 장사진을 치고 있다. 우체국 업무를 직접 보던 우체국장은 다른 누군가에게 슬픔이나 기쁨을 전해줄, 자신만큼이나 중요한 역할을 하는 마을로 온 우편 포대를 열면서, 마음속 걱정을 떨쳐버릴 수 없었다. 자

신의 아들도 크림전쟁에 참전 중이었기 때문이다. 우체국 창구 안에는 그의 아내와 딸들도 있다. 이들에게는 우체국장이 몇 십 통 안 되는 편지를 너무나 느리게 펼쳐놓는 것처럼 보일지도 모른다. 이들은 근심 어린 눈으로 아무렇게나 접고 방향도 비뚤어진 군사우편을 찾고 있는 것이다. 우체국장은 '아 다행이다'라고 외치며 편지 하나를 집어내어 아내에게 건넸다. 익숙한 아들의 필체였기 때문이다. 그러고 나서 창구에서 기다리고 있는 여성들에게 관심을 돌렸다. 전장에 있는 병원 소속 목사의 필체가 담긴 봉투를 발견하였다. 편지 속 내용이 무엇인지 너무나 잘 알고 있는 그였다.

부유한 귀족 집안의 경우 가족이 다 모인 아침식사 자리에서 편지를 열어보던 관습을 잠시 접어두고, 가족 중 한 명이 혼자서 편지를 읽는 것이 관례가 되었다. 편지 하나가 희망의 불꽃을 다시 불태우거나 한꺼번에 꺼뜨려 버릴 수도 있기 때문이다.

스쿠타리에서 혹은 보스포러스의 배에 승선하여 사망한 장교나 병사들의 장례식은 매일 4시경에 거행되었다. 이들의 묘지는 해변에 과감하게 솟아난 절벽 끝에 위치했다. 화창한 날이면 어느 곳에서 바라보더라도 경치가 아름다운 곳이다.

이토록 고귀한 군인들이 겨울을 어떻게 버티는지 도저히 이해할 수 없다. 건장한 남성들도 쓰러지고 말 것이다. 그렇지 않을 수가 있겠는가? 살아 있는 자 혹은 살고자 애쓰는 자 모두 반 벌거숭이 상태로 진흙탕에 지내며 누더기 조각을 걸치고 러시아 해충들이 들끓는 환경에서 죽도록 일하면서 말이다.

병사들이 영국에서 오는 신문을 대하는 간절한 자세를 지켜보노라면 아주 흥미롭다. 많은 병사들이 큰 소리로 아주 또렷하게 읽기도 한다. 까만 콧수염을 멋지게 기른 한 남성이 침대에 등을 기대고 앉아 '전투 기사'를 읽기 시작하자, 봄 꽃꽃이 성치 않은 선우들이 다가와 근처 침대와 주변에 앉아서 그의 말 한마디 한마디를 귀담아 들었다. 아주 훌륭한 솜씨로 글을 읽어 내린다. 일간지에서 전투 기사를 읽고 나자 기사의 글이 주간지에 나오는 삽화보다 더 생생한 그림이라고 재치 있게 말했다. 신문은 부상자를 위한 완벽한 치료제인 것 같다. 전투의 위험성을 몸소 체험하지 않고도 전장의 흥분을 다시 한 번 불러모으기 때문이다.

이러한 사람들의 상당수가 돌 바닥에서 누워지내며, 매트 한 장 깐 것이 유일하게 바닥과 자신의 몸을 분리해주는 수단이지만, 이마저도 깨끗하게 관리되지 못한다. 어느 누구 하나 그 평범한 준비과정을 거치지 않고 제대로 된 병원운영에서 보이는 질서도 찾을 수 없다. 이곳의 주방은 영국에 있는 구빈원 관리자들조차 치욕적이라고 여길 수준이다. 타임스의 맥도널드 씨가 집을 빌려 세탁실로 쓸 수 있도록 수리하기 전까지만 해도 빨래를 할 수 있는 수단이 전혀 없었다. 셔츠도 없었고 부상자를 씻길 대야나 수건 등의 물품도 없고 물을 마실 컵도 없었는데 타임스 기금으로 모두 마련한 것이다.

우리가 처음 이곳에 왔을 때 수술대가 전혀 없어서 의사가 간이 탁자에서 절단 수술을 하는 동안 나 같은 사람이 환자가 움직이지 않도록 붙들고 있어야만 했다. 종종 수술이 끝난 후 환자를 바닥에 내버려두기도 하는데 결국 이들은 사망하고 만다. 이러한 수술을 할 때 클로로포름 수건을 환자의 얼굴에 가져다 대는 것도 나의 역할이다. 한 번은 출혈이 너무 심한데다 클로로포름도 과도하게 흡입하는 바람에 환자가 마취에서 깨어나지 않아서, 그의 이름을 군대식으로 큰 소리로 불러댈 수밖에 없었다. 습관의 힘이 너무나 무서웠던 것인지 환자는 그제서야 겨우 의식을 회복했고 우리가 건네준 와인도 들이켰다. 군인식 어투를 계속 유지하면서 그에게 더 많은 와인을 마시게 하자 곧 회복되었다. 며칠 후 찾아갔더니 상태가 상당히 호전되어 있었다. 개인적인 판단으로, 이러한 수술은 잘 진행되었으나 그 이후까지 많은 경우엔 성공적이지 못했다. 환자가 너무나 병약해진 상태라 과도한 부상을 치료할 수 있는 기적이 일어나지 않는 한 이들은 곧 목숨을 잃고 만다.

군부와 장성들의 잔인함과 냉혹함은 놀랄 일도 아닐 것이다. 영국 군대가 크림전쟁에서 얼마나 무능하고 무질서했는지를 보는 것도 흥미롭다. 누군가는 딜레인이 이들의 행위에서 무엇을 기대했는지 보고자 할 것이다. 그가 찾고자 했던 것은 우리가 지금 찾고 있는 것과 아주 유사할 것이다. 이들의 임무 실패에 대해 그가 느꼈던 당혹감을 우리도 동일하게 느낄 것이며 딜레인이 기대했던 수준으로 평가할 수 있다. 그의 요구사항은 전혀 부당하지 않으며, 만일 그러했다면 독자들이 그에게 견해를 바꾸라고 했을 것이다.

따라서 그의 글은 물론 전문 특파원이든 민간인이든 현지에서 전하는 많은 글들이 충격으로 다가왔다. 너무나 끔찍한 내용이다. 플로렌스 나이팅게일에 대한 당시 군대와 정부의 처우는 영국 정부가 저지른 그 어떤 범죄 못지 않게 치욕스럽고 형편없는 행위였다. 딜레인과 시드니 오스본은 각기 다른 인물이며, 다른 사람도 그 자리에 있었다고 말하는 이도 있겠지만, 나이팅게일이 군을 위해 한 일을 생각하면 그 해 겨울 그녀에게 내려진 처분은 이해가 가지 않는다.

군부에서 진행방식을 문제 삼았다는 이유에서, 정부는 위생담당관의 기록을 공개하는 것을 거부하고는 대신 맥닐(McNeill)과 털록(Tulloch) 두 사람에게 추가 검토 업무를 위임했다. 내용이 너무나 혼란스럽거나 방향 세시가 허술해서 결국엔 자신들의 행위가 인정되는 방향으로 일이 진행될 것이라는 속셈이 현시내의 정부 모습과 별로 다르지 않다. 1855년 1월 초까지 맥닐과 털록 두 사람은 아주 근사하고 논리정연한 내용의 보고서 초안을 작성해서 런던으로 보내기로 되어 있었다. 이와 동시에 군부는 영웅담이 넘치는 전쟁 소식을 자체적으로 제작하고 메달과 진급으로 포상할 지휘관도 임명하고 있었다.

이러한 보고서 내용을 전달 받은 나이팅게일은 집으로 보내는 편지에서 이들에 대한 자신의 견해를 담았다.

영국에서 온 편지를 읽고 지금껏 경험했던 그 어떤 것과도 비교할 수 없을 정

> 도의 모욕감을 느꼈습니다. 저는 공직에 계신 분들을 언제나 믿어왔어요. 아이가 부모를 신뢰하듯 이 분들이야말로 제가 본능적으로 신뢰할 수 있는 사람들이기 때문이죠. 사태를 파악했음에도 불구하고 의도적이고 공식적으로, 고의적인 방식으로 타인들은 알 필요가 없다는 결론을 내렸다는 사실을 알고 나니 지금껏 벌어진 일만큼이나 혐오감이 밀려듭니다. 동료들이 이러한 사태에 대한 공개적인 토론이 있어야 한다고 주장함에도 이들은 이를 거부하고 거짓말을 했을 뿐만 아니라 자신의 권한을 총동원하여 속임수와 기만으로 고결한 체면을 유지하고자 했지요. 이들과 친분을 쌓고 대화를 나눈다는 생각만해도 무한한 수치감이 듭니다. 내각은 물론 허버트 씨까지 병사들이 겪고 있는 고통의 진정한 원인을 모르고 있다고 생각했어요. 그런데 편지를 읽어보니 이들은 누구보다 더 잘 알고 있었던 겁니다. 정부는 1854년도에 겪은 끔찍한 교훈의 산물을 고의로 파괴시켰어요. 누구에게든 다시 편지를 보내어 정부와 군대가 책임져야 할 군인들에게 어떤 일이 발생했는지 알려주고 싶지만, 그랬다가는 제게 주어진 마지막 기회마저 박탈 당할까 두려워요. 물론 일개 여자가 대중들에게 영향력을 미쳤던 기회가 언제 있었나 싶기도 해요. 선량한 행위로 시작된 실험과 무자비한 행동 모두에 제가 희생양이 되고 말았지요. 제가 희생양이 되는 일에 걱정할 필요가 있기라도 할까요?

나이팅게일은 런던의 고위 관료들이 너무나 끔찍하고 무섭게 진행되고 있는 상황을 제대로 이해할 방도도 없었고 이해하고자 노력도 하지 않았음을 깨달았다. 하지만 이들은 그러한 사실을 이해할 의무가 있는 자들이기 때문에 누구 한 사람이라도 올바른 자가 있을 진데, "그 한 사람을 찾을 수가 없다"는 것이다. 뿐만 아니라 이론적으로만 존재하는 그러한 책임을 맡은 대가로 이들은 전혀 분수에 맞지 않는 풍족하고 지적인 삶을 누리고 있었다. 그녀는 진실과 정직한 거래를 회피하는 것에 능숙한 관료들을 목격했다. 전장에서 고통을 받는 자는 권력이나 영향력은 없지만 친구와 가족, 조국을 위해 직접적으로 도움이 되기 위해 노력하는 성향이 가득한 이였다. 고통이라는 단어는 나이팅게일이 직접 겪어왔던 수많은 것들에 대한 공포감을 설명하기에는 역부족이다. 그녀는 적어도 자신의 경험으로 강해진 사람이었다. 하지만 그녀 자신도 인정했던 것처럼 권력 기관에 반대하는 말을 했다가는 개선을 위해 노력할 수 있는 권한마저 뺏길 수도 있었다. 다시는 그녀의 힘을 빌리지 않으려 할 것이기 때문이다. 이들이 다시금 여자의 힘을 빌리고자 하더라도, 나이팅게일에게는 기회가 오지 않을 것이다. 딜레인도 그녀와 동일한 고민을 하고 있었다.

나이팅게일은 갑자기 슬퍼졌다. 인생의 전성기를 보낼 많은 이들의 밝은 희망이 사그라지고 말았기 때문이다. 우리는 곧게 뻗어있던 대로에서 소외되고 말았다. 맹수가 가득한 미지의 숲에 이르렀다. 병사들에게도 그랬던 것처럼 나이팅게일에게도 잔인한 행보였다. 그녀의 청춘이 갑자기 끝나버리는 것 같아 화려했던 유년 시절이 아련히 떠올랐다.

1854년 4월 한 달 동안, 터키에 주둔하던 래글런 경의 군 병력에서 발생한 환자는 503명이었다.

7월에 바르나 주변으로 병력이 밀집하자 다양한 형태의 질병이 부대에서 들끓더니 콜레라가 급속도로 퍼져서 환자가 6,937명이 되었다.

9월에 부대가 크림반도로 이전해 가자 이 수치가 11,693명으로 늘었다.

11월에 발라클라바 전투가 끝난 후 환자 수는 16,846명이었다.

12월에 숫자는 다시 늘어 19,479명이 되었다.

1월에 공식 집계된 환자 수는 23,076명이었다.

21,097명이 전쟁이 발발한 지 4개월여 내에 사망했다. 이들 중 2,755명이 작전 중 사망했고 2,019명은 전투에서 입은 부상이 악화되어 사망하고 16,323명은 전투와 상관없는 질병으로 사망했다.

질병이나 부상으로 귀환한 병사는 14,901명이었다.

총 5만여 명의 병사 중에서 35,998명이 전쟁 중 사망하거나 부상을 당했는데 이들 중 5천 명도 안되는 숫자가 전투로 인한 사망이었다. 가장 큰 사망 원인은 전장에서 떨어져 지내던 환자들의 질병이었다.

타임스는 이러한 방식으로 정확하게 계산한 결과, 지금껏 파병된 53,000명의 병사 중 14,000명의 보병만 남은 상태이고 기병은 전혀 없다는 결론을 내렸다. 이들 중 12,000명은 병약한 상태이므로 2천 명만이 근무가 가능한 상태인 것이다. 사망률은 일주일에 1천 명이 넘어갔다. 외국인 민병대를 양성하고 용병을 모집한다고 크리스마스 전에 의회가 내놓은 두 가지 방안은 타 국가에서 반대하는 바람에 실행되지 못했다. 충분한 분량의 보급품을 발라클라바와 스쿠타리에 보냈음에도, 병력을 위한 물품이 목적지에 도착하지 않았다. 발라클라바 항구가 붐비는 데다가 항구를 출발하여 병력들이 주둔하고 있는 부대까지 이동하는 변변한 교통수단도 없었다. 건설되기로 계획된 철도와 바르나를 시작으로 발라클라바까지 부설될 새로운 전신 케이블도 완공까지는 상당한 시간이 걸릴 것이다.

> 엄청난 기적이 일어나지 않는 한, 우리가 보유한 하나의, 단 하나의 군마저 잃고 말 것이다. 우리가 너무나 자랑스러워하고 진정으로 사랑하며 너무나 많은 애정 어린 배려를 베풀었던 군이다. 전장에서 적군과 마주칠지도 모른다는 공포감도, 우리의 자유와 독립을 수호하고 강화하고자 하는 노력마저도 사라지고 말 것이다. 우리는 이러한 재앙을 맞을 준비가 되었는가?

아니다. 영국인은 이러한 일이 일어나도록 내버려두지 않을 것이다. 지금껏 노력해온 자신들의 투쟁을 포기하지 않을 것이다.

> 리즈(Leeds)에 있는 여성단체가 2주 뒤 크림반도에 있는 병력들을 위해 다음과 같은 유용한 물품을 보내고자 한다. 린넨과 면셔츠 1,254장; 모직 속바지 300벌; 스타킹과 양말 2,028켤레; 장갑 350켤레; 린넨 시트 276장; 수

> 건 403장; 플란넬 조끼 504장; 낡은 린넨 직물 0.5톤; 오리털 베개 136개; 손수건 552장; 담요 14장; 신문지 2다발; 서적과 소책자 30,000권; 린트 직물 9다발; 붕대 3포대; 아몬틸라도 셰리 114병, 해밀턴 리차드슨(Hamilton Richardson)씨 기증; 바늘 10,000개; 실 30kg 가량; 벙어리 장갑(방대한 분량, 수량 미확인); 애로루트 1상자; 손전등 큰 상자 1개; 수건 큰 다발 1개; 면 모자 36개; 단추, 핀, 실 등; 방한복 5벌; 모직 코트 37벌; 털 매트리스 2개; 토끼 가죽 12장; 슬리퍼 1다발; 팔걸이 붕대 1포대; 대량의 토시와 장갑, 일정량의 철도 포장재; 발송될 물품의 중량은 3톤에 육박하고 평범하게 잡아도 이들을 돈으로 환산하면 830파운드*에 달한다.

타임스는 이어서 울버햄프턴 크로니클(Wolverhampton Chronicle)의 기사를 소개했다.

> 이번 달에 스탬퍼드 워링턴(Stamford and Warrington) 백작이 자신의 저택에서 사냥 파티를 벌였다. 그는 더넘 매시(Dunham Massey)에서 새해 첫날을 시작으로 3일간 9점의 총으로 꿩 557마리, 자고새 29마리, 산토끼 709마리, 토끼 1,140마리, 멧도요 35마리, 물오리 9마리, 들새 19마리, 도요새 23마리를 사냥했다. 브래드게이트(Bradgate)에서 8일간 보내면서 꿩 2,025마리, 자고새 15마리, 산토끼 704마리, 토끼 3,797마리, 멧도요 62마리, 들새 20마리, 사슴 1마리, 검둥오리 85마리, 물오리 38마리를 포획했다. 어마어마한 규모로 모인 사냥물을 백작의 지휘하에 친구와 이웃, 소작인, 부유한 자와 가난한 자 모두에게 골고루 나누어주었다. 백작의 평소 명성답게 후한 인심과 친절함이 넘치는 행위였다.

---

*830파운드: 1850년대의 금액을 현재 기준으로 환산하면 약 6만 4천 파운드(한화 1억여 원) 가량된다.

애버딘 경이 1855년 1월의 몇 주가 지나도록 한 번도 딜레인에게 개인적으로 연락하지 않았다는 점이 이상하면서도 딜레인에게는 심상치 않았다. 그 둘은 과거 10여년 간 너무나 자주 정보를 공유하고 서로를 이해해온 사이였기 때문이다. 그럼에도 어떤 서류나 회고록 등에서도 1월 말이 다 가도록 두 사람 사이에 어떤 형태의 토의도 진행되었다는 증거가 없다. 과거에도 두 사람이 수 차례 해왔던 것처럼 그러한 대화의 핵심 내용을 담아 신문에다 기사나 논평으로 실었던 흔적도 없다.

이와 반대로 애버딘 경을 둘러싼 정부 관료는 공사를 구분하지 않고 모인 자리에서 딜레인의 명예를 헐뜯을 수 있는 기회를 호시탐탐 노렸다. 딜레인이 자신들의 눈에는 반역자이며 온 세상에 대놓고 조국의 거룩한 이름을 더럽힌 자라는 것을 공공연히 떠들어댔다. 정부와 군 관계자 모두 자신에게 주어진 권한을 총동원하여 반감을 표명했다. 이러한 행위는 현시대를 사는 우리에게는 익숙하지 않은 일이다. 한 인간의 빈약한 존엄은 빅토리아 시대 영국의 고위 관료가 휘두르는 권력 앞에서는 보잘것없는 것이었다.

하지만 타임스는 주저하지 않았다. 존 월터가 딜레인을 지지하는 한, 타임스는 계속해서 딜레인이 내고자 하는 기사를 발행했다. 이들의 입장은 다른 쪽으로 바뀔 리가 없었다.

권력은 거만함과 별 차이가 없다. 영국인은 권력을 좇을 때 거만함까지 익히는 나쁜 습성이 있다. 이 시기에 잠시나마 국민의 관심거리가 된 윈칠시(Winchilsea) 경은 자신의 허리둘레를 권력으로 착각한 사람이다. 상원에서 그가 한 말이다.

> 타임스는 크림반도에서 영국을 위해 전투를 벌이고 있는 우리 군을 전적으로 신뢰하고 믿음을 가지는 국민 개개인에게 너무나 잔혹하고 불공평한 영향력을 행사하는 등 신문사에 주어진 혜택의 권한을 넘어선다고 주장하는 바입니다. 언론사의 일개 직원이 우리 병력과 함께 전장에서 지내며 그곳에

서 발생하는 모든 활동에 관해 언급하고, 지휘관들의 성격과 행동에 대한 견해까지 내놓을 뿐만 아니라, 우리 군의 이해관계를 위협할 수 있는 정보마저 적군에게 넘어가도록 내버려둔다면 영국은 역사 속으로 사라지고 말 것입니다.

이번에는 그가 질문을 던졌다. "웰링턴 공작께서 이러한 기사를 쓰고 있는 신문을 보신다면 뭐라고 생각을 하실까요?"

공작의 아들과 연락이 닿았던 딜레인은 웰링턴도 타임스를 통해 자신이 펼치고 있는 활동을 인정해줄 것임을 알지만, 이러한 사실은 공개석상에 드러내서는 안 될 비밀이며 무엇보다 이를 윈칠시 경에게 알릴 방법이 전혀 없었다.

딜레인은 1월 20일 주말에 아내를 만나러 서리까지 말을 타고 갔다. 들판이 눈으로 뒤덮이고 길도 얼어 있는 상태였다. 정신병원 일지에는 이날 딜레인 부인에게 열이 있었다고 기록되어 있다. 그는 1월 20일과 21일 이틀 연속으로 방문해서는 수 시간 동안 머물렀다. 크리스마스에는 러셀과 체너리, 맥도널드의 건강에 대해 염려하는 글을 그녀에게 보내는 편지에 담았다. 프린팅 하우스 스퀘어 사무소에서 추문이 터졌다. 유부남 논설위원 한 명이 이런 외설과 불륜을 저지르는 바람에 상당히 긴장이 고조되었다. 딜레인은 크리스마스 휴가 동안 몇 차례 있었던 사교 모임에 관해 아내에게 보고를 했지만, 대부분 장시간 동안 신문에만 집중할 정도로 그가 일에 심취해 있음이 명백했다. 아내에게 보내는 편지에서 이러한 이야기가 소개되었다.

군용 부츠와 구두를 실은 선박 하나가 발라클라바 항구에 도착했어요. 선하증권이나 화물 확인 서류도 없는 상태에서 단순히 '군용 구두'라고만 표시된 선박이라 항구에서 입항이 거부되고 차례를 기다리라는 소리만 들었다고 해요. 며칠 뒤 래글런 경에게서 전갈이 왔는데, 선박 한 대를 구하여 가장 시

> 급한 업무를 수행할 수 있도록 당장 콘스탄티노플로 보내라는 내용이었지요. 결국 이 선박은 래글런 경이 보낸 수행원을 태우고, 하역 작업도 없이 콘스탄티노플로 가도록 지시가 내려졌어요. 선박이 목적지에 도달했을 때, 수행원 중 한 명이 비밀리에 선장에게 털어놓기를, 군대가 너무나 처량하고 보급부족 사태도 심각한 지경이라 자신들은 부츠와 구두를 구매하러 왔다는 것입니다. 선장은 "이럴 수가, 이 배에는 부츠와 구두가 가득합니다."라고 답했지요. 이 말과 함께 곧장 배는 방향을 돌려 발라클라바로 되돌아 갔어요.

의회는 1월 23일 화요일에 소집되었다. 크리스마스 휴회 기간 동안 정부 측은 런던의 클럽과 커피하우스에 수행원을 보내 타임스에 관한 소문을 퍼트리도록 했던 때 말고는 일체의 의견을 내놓지 않았다. 침묵과 무관심은 말로 벌이는 전쟁에서는 아주 강력한 무기가 되며 정부 그 자체나 그에 속한 관료들에게는 지극히 정상적인 방법이었다. 결국 이들은 지금 쏟아지는 질문들은 근거가 없는 것으로 대답할 가치가 없노라고 대중들에게 암시하는 셈이다. 한편, 딜레인은 군부의 행위와 병사들이 처한 환경에 관한 상세한 내용을 보도하며 무자비한 공격을 계속 이어갔다. 그는 래글런이 지휘권을 포기하기라도 한다면 그의 후임자가 될 장교들의 이름도 공개했다. 이들의 지휘관으로서의 자질과 군사적 지략, 작전상의 과오까지 이전에는 알지 못했던 정보를 온 국민이 파악하기에 이르렀다. 그는 육군성의 체계에 대해 특히 이곳의 의료부서 운영에 대해 조롱을 했다. 딜레인은 누구 하나 예외로 남겨두지 않았다.

그날 아침 신문은 의회에 모여드는 각료들을 향한 경고의 문구를 보내는 듯 했다. 딜레인은 효율적인 작전과 리더십의 부재는 올바른 방향에 대한 내부 합의가 없었던 탓에 발생했다고 믿었다.

> 지금과 같은 대재앙의 시기에 하원의 임무는 고통스러울 수밖에 없다. 내각에서 내분이 일어나는 바람에 문제가 더 심각해졌다. 이들은 변혁의 시기를

> 거치고 있다. 모든 이의 존경을 받던 인물이라 하더라도 임무 수행에 실패하고 그의 무능함이 드러나면 사람들은 실망하고 말 것이다. 이 무렵, 현명한 이들 사이에서는 뉴캐슬 공작과 시드니 허버트, 래글런 경이 직책을 이어갈 것인가에 대한 토의를 중단한 지 오래되었다. 이 사람들끼리 전쟁을 벌이고 있는 상태에서 무슨 성공의 가능성이 있겠는가? 이러한 질문은 하원이 답변하기에 어려운 내용이 아니다. 내각이 약해지면, 의회는 강해지고, 내각이 분열되면 의회가 단결한다. 그런데 우리는 누구에게 의지해야 하는가? 무능력이라는 말로도 부족한 완전히 보잘것없는 인간들이, 전쟁을 누가 지휘하나에 대해 스스로 혼란에 빠져 있을 때, 남은 것이 너무나 미미해 구조할 가치도 없기에 우리는 가만히 앉아 있는 것에 만족해야 하는가? 이 전쟁을 누가 지휘하는지 아는 자 누구인가? 이들은 찾을 수 없다. 오랜 역사를 통해 우리는 전쟁이 엄청난 권력을 요구하는데도 정부가 이를 허용하지 않을 경우 장성들이 스스로 취했다는 사실을 알고 있다. 이들 스스로 권력을 취하기 전에 의회가 이러한 권력을 가질 자격이 있는 자를 찾아내는 편이 훨씬 낫지 않겠는가. 우리는 무엇을 해야 하나?

의회가 답변을 회피할 것을 알고 있기에 딜레인은 계속해서 총구를 겨누고, 자신에게 주어진 패를 모두 쓰면서 임무를 완수해야 한다고 느꼈다. 각료들은 자신의 존재를 '완전히 보잘것없는 인간'이라고 거론하는 것을 탐탁지 않게 여겼다.

윈칠시 경은 딜레인을 향한 정부 측 공격의 최전방에 선 사람이었다.

> 부대 내부에 첩자가 있어서 적군이 능력이 되는 만큼 그를 돈으로 매수한다 하더라도, 타임스 신문의 특파원이 제공하는 것만큼 적군에게 유용하거나 혹은 우리 군의 이해관계에 저해되는 정보를 주지는 못할 것이라는 점이 내 의견이다.

그는 이어서 윌리엄 러셀이 전투 장교에게만 지급되는 배급식량을 받고 있다는 점도 비난했다.

> 이 특파원은 래글런 경이나 정부로부터 그의 행동이 공익에 저해된다는 말을 듣지 않았나? 정부는 이러한 사악한 무리를 뿌리 뽑기 위해 어떤 방안을 내놓았는가? 아니면 이 특파원은 듣던 대로 정부로부터 지원을 받고 있는가? 이 남성은 군 예산으로 지급되는 배급식량을 받고 있다고 알려졌다. 정부는 이러한 사실을 알고 있는가?

존 딜레인의 말에 귀 기울이고 그로부터 유용한 도움을 얻는 대신 내각은 그를 조롱하고 그가 대변하는 언론사의 변덕스러운 끄적거림을 비웃기로 결심한 것이다. 전쟁장관인 뉴캐슬 공작은 영국 군이 전시 상태임에도 도움이 되지 않는 타임스에 대한 자신의 분노를 정중하게 상원의 동료의원들에게 표명했다.

> 영국의 명성에 먹칠을 하는 타임스의 영향력이 미국과 부에노스아이레스, 스페인에까지 확대된 것으로 판단됩니다. 신문과 통신원, 편집장이 전쟁 동안 우리에게 지적해준 몹쓸 기록 때문에 우리는 더 이상 특권을 누릴 수 없는 상태로 묵살 당하고 말았습니다. 제가 외국인이었다 하더라도 영국이 몰락하는 국가라고 믿을 것 같습니다.

크림반도에 배치된 타임스 통신원이, 즉각 바로잡을 수도 있었던 실수 때문에, 군 예산으로 지급되는 배급식량을 받아왔던 사실을 그가 확인해냈다. 이는 의사당 방청석에서 내용을 듣고 있던 딜레인에게는 모욕적인 순간이었다. 상원들 사이에서 그를 지지하는 이는 아무도 없었다. 정부의 예산 지출에 관해 그가 매일같이 절규하는 내용에 아무도 관심을 가지지 않았다. 상원의원들은 존 딜레인의 처리 문제는 타임스 사주에게 맡기는 것에 모두 동의했다.

윈칠시 경이 다시 자리에서 일어나더니 타임스에 대한 불신임 발의안으로 신문사와의 투쟁을 벌이겠다고 선포했다. 그가 주장한 내용이다. "의사당에 계신 의원 여러분들께, 크림반도에서 벌어지는 전쟁과 관련하여 이 나라의 유명 언론사가 취하고 있는 행보에 관심을 가져주십사 하고 미리 제안하는 바입니다."

그레이(Grey) 백작은 특정 성인(聖人)의 날에 의회가 열리지 않는 전통 때문에 오는 1월 25일 목요일에는 안타깝게도 의회 토론을 할 수가 없으니 2월 1일 목요일에 발의안을 제출하겠다고 했다. 정부 차원의 프로그램이 아니라 개별 의원들이 제기한 조기 상정안은 목요일에만 심의 과정을 거칠 수 있기 때문이다. 1월 25일은 기독교에서 성 바오로 사도가 개종을 하고 다마스쿠스로 향한 것을 기념하는 날이다.

하원에서는 의사당 간부들이 산적해있는 업무를 두루 처리하고 있었다. 각료들에게 제기할 각종 질의와 정보들이 있었다. 이들 중 일부는 이번 전쟁에서 벌어진 행위와 병사들이 처한 상황과 관련성이 있는 질의로 시드니 허버트가 충분히 답변할 수 있는 내용이었다. 의회에 실질적인 야당이 없는 상태라 정치적 대안도 없었다. 일반 병사를 대변한 사람도 없는데 타임스를 의회에서 옹호함으로써 스스로를 위험에 빠뜨릴 사람은 더더욱 없었다. 정부가 스스로의 문제를 공개석상에 내놓는 것보다는 지점 해결하도록 내버려두는 것이 수월했다. 의원들 중 어느 누구도 각료들의 심기를 건드릴 자는 없었다.

재무장관인 윌리엄 글래드스턴은 모든 신문에 적용되는 인지세를 줄이는 방법으로 신문사에 대한 세금을 없애는 방안을 제안했다. 이는 타 신문사가 비슷한 가격으로 신문을 판매할 수 있도록 허용함으로써 타임스의 수익에 해를 입히자는 뜻에서 내각에서 이미 합의했던 바이다.

크레이븐 버클리(Craven Berkeley) 의원은 경기병대의 습격이 있던 비운의 날에 래글런 경이 루칸 경에게 정확히 어떤 명령을 내렸는지에 대한 질의를 하겠다는 의도를 밝혔다. 그는 또한 알마 전투에 참전했던 이들 못지 않게 습격에 참여했던 기병들에게도 동일하게 메달을 수여해야 한다고 주장했다. "재앙이 닥친 것은 이들의 잘못이 아니지 않습니까?"라고 그가 말했다.

이번 의회 회기 참석 차 잉글랜드로 돌아온 아우구스투스 스태퍼드 의원은 스쿠타리에 있는 환자와 부상병이 고국으로 쉽게 돈을 보낼 수 있도록 지원하는 방안에 대해 논의했다. 이는 스쿠타리에 있는 병사들의 가장 큰 고민거리라고 스태퍼드와 나이팅게일 모두가 지적했던 것이다. 이들은 송금 과정에 방해가 되는 불필요한 절차를 없애달라고 허버트에게 사정했다. 무엇보다 이들 병사는 고국의 가족으로부터 오는 편지에서 돈을 보내달라는 애원이 담긴 내용에 고통스러워 했다. 언제나처럼 도움이 되기를 간절히 바라던 허버트는 래글런 경에게 이러한 문제 해결을 위해 필요한 명령을 내렸다고 주장했다. "불필요한 서류 작성은 없앨 필요가 있어요."라고 그가 말을 꺼낸 후, 이러한 사항을 둘러싼 규정을 설명하고 누구에게 어떤 지시사항을 내렸는지도 언급했다.

벤자민 홀(Benjamin Hall) (시계탑 빅벤의 이름을 따온 것으로 추정되는 인물) 경은 최근 발생한 콜레라 사태를 비롯한 여러 사안들에 대한 연구를 통해 영국의 위생시설 개선과 관련된 두 가지 법안을 상정했다.

드러먼드(Drummond) 의원은 전장에서의 행위에 관한 사실에 기반을 둔 일련의 질의를 하겠다고 밝혔다. 이러한 질의에는 지급된 수송마차와 포탄의 수, 야전병원을 책임지는 자들의 이름은 물론 이곳에 보낸 물품의 수량 등이 포함되어 있었다. 그는 병참장교의 이름과 이들이 받았던 서면 지시사항의 사본을 요청하고, 그 외에도 자세한 주요 내용을 길게 나열했다.

리치(Rich) 의원은 특별위원회에서 연대와 참모의 임무 수행을 위해 장교를 훈련시키는 사관학교의 효율성에 대한 질의를 하겠다는 의도를 밝혔다. 그런데 이들 중에서 가장 돋보였던 사람은 능숙하고 독립심이 강한 셰필드(Sheffield) 지역구 국회의원인 존 로벅(John Roebuck)으로 그는 다음 목요일에 특별위원회에서 세바스토폴에 있는 우리 병력의 숫자와 그들이 처한 상태는 물론 군 보급품을 관리하는 정부 부처 관계자의 행위에 관한 질의를 하겠다고 발언했다. 그의 발언은 수많은 이들의 호응을 얻었다.

딜레인과 로벅은 오랜 앙숙이다. 존 로벅은 1848년도 헌장의 초안을 작성했던 변호사 중의 한 명으로, 당시 자신과 동료들이 진행해온 과업을 딜레인이 방해했다고 여겼다. 자신은 폭력적인 혁명가가 아닌 대의명분을 위해 일하는 사람이라고 자부했다.

이와는 무관하게 딜레인은 분명 아이러니가 있지만 로벅의 발의안에 주목했다.

> 로벅 의원은 다음 주 목요일을 특별위원회 발의안의 날로 정해 책임 부서의 행위에 대한 조사를 벌이기로 했다. 그가 착수한 일을 무사히 수행할 수 있도록 자신의 고유한 재능을 모두 발휘하고 건강과 체력이 뒷받침되기를 희망할 뿐이다. 그의 철저한 독립심과 단호한 의지가 조국을 위해 헌신할 것임을 믿어 의심치 않는다. 로벅씨가 조사를 촉구할 의회에 대해 우리도 확신을 가질 수 있었으면 한다. 의회가 이러한 조사를 거부할 것이라고 우리가 미리 추정한다고 해서 그리 부당한 생각인 것 같지는 않다.

다음 날 정치인들의 나태함에 대한 그의 분노가 극에 달했다. 첫 번째 사설은 정부의 무능력을 또 한번 길게 질책하는 글이었다. 딜레인은 나이팅게일이 40여년 전 나폴레옹이 벌였던 전쟁과 비교를 하며 경고했던 내용을 반영했던 윌리엄 러셀의 어제 자 글을 인용하면서 사설을 시작했다.

> 연이은 폭설과 성에로 뒤덮인 세상, 혹독한 북풍, 꽁꽁 얼어버린 참호, 마비된 도로가 우리를 맞이한다. 숯불에 몸을 녹이던 장교가 질식사하고 밤사이 60필의 말이 동사하였다. 모든 영국인들은 나폴레옹의 러시아 원정에 관한 이야기를 즐거이 읽을 때가 있었다. 배급식량이 절반만 나오든 4분이 1만 나오든 모두가 흙투성이다. 우리는 이 같은 이야기를 두 달이나 계속 해야만 했다. 세바스토폴에서 우리 군이 주둔한 이후 단 한 차례도 상황이 나아진 적이 없다. 유일한 기회라고 하면 1월 16일에 몰타를 떠나 지금쯤 발라클라바에 도달해야 하는 열차가 교착 상태에 빠진 군대를 구해주리라는 것이다. 하지만 그토록 일관적으로 부실한 관리 상태를 보이는 곳에서 누가 그러한 기적을 바라겠는가? 증기선의 항구 입항이 허용되지 않거나, 일꾼들이 트랙을 까는 작업이 허용되지 않거나, 아니면 다른 조용한 공식적인 방식으로 일 전체가 와해될 수도 있다. 이러한 기회를 놓치고 나면 그 끝은 멀지 않을뿐더러 이곳 해변을 떠났던 그 어떤 최강의 군대라도 곧 사라지고 말 것이다. 래글런 경과 그의 참모는 3월 15일 경이면 전체 원정군의 유일한 생존자가 될 것이다.
>
> 그렇게 되면 우리는 절망감이 주는 안식을 즐길 수도 있고, 죽어가는 병사가 마지막 숨을 거두며 미지의 세계에 관한 생각을 할 때 느꼈던 일상의 무게에서 해방되는 자유도 만끽할 것이다. 혹은 두 번째 원정군을 보내 또 다시 5만 3천 명의 병사가 래글런 경의 지휘하에 동일한 경험을 하도록 할 것인가? 이것이 바로 의회가 제안하는 바이다.
>
> 기존의 지휘부에서 우리는 손을 떼야 한다. 정부나 하원 혹은 국민이 자발적으로 귀족에게 자기 자신을 팔아 넘기고 적군과 맞서 목숨을 내팽개치겠다면 이건 우리가 상관할 바가 아니다. 전 국가적으로 벌어지는 자살 행위에 우리는 손 떼야 한다. 우리가 할 수 있는 일이라고는 비록 헛된 일이라 하더라도 멈추지 않고 항의하고 경고하는 것뿐이다.
>
> 업무가 너무나 과도한 나머지 스스로도 자신을 신뢰할 수 없다거나, 대참

> 사를 막을 유일한 방법이라고는 '두 번 다시 기회가 주어지지 않는다'는 불확실한 경고밖에 건네지 못하는 자들에게 이 나라의 미래를 맡길 수 없다. 지금은 그렇지 않지만 이들이 행정직을 완전히 개편하여 약속을 지킬 것이라고 주장할 수도 있다. 전쟁을 진행하는데 필요하다고 여기는 것이라면 무엇이든 지연시키지 않고 진행할 것이며 보급품 관리 소홀에 대한 변명도 하지 않을 장관이 있을 것이라고 주장할 것이다.

그런데 로벅이 특별위원회를 통해 진장에서의 행위에 대한 조사를 요정한 것은 딜레인이 예상했던 것보다 훨씬 더 큰 파급 효과를 남겼다. 12월에 사임하고 각료들과 거리를 두려고 했다가 애버딘의 만류로 마음을 돌린 존 러셀 경은 수요일에 다시 총리를 찾았다. 그는 로벅이 제안한 발의안이 하원에서 통과되면 각료들과 함께 자신들의 전쟁 관리에 대해 특별위원회 앞에서 해명할 준비가 되어 있지 않다고 말했다. 사실 이번 발의안이 통과되면 더 이상 사임할 수 있는 기회도 없을 것 같다고 덧붙였다. 따라서 그는 지금 당장 사임하며, 이 방법만이 자신에게 남은 마지막 기회라는 것이다. 그는 이전에 그가 사임하고 싶다고 의향을 밝혔던 때에 애버딘이 자신의 뜻에 반대하지 않았으면 했다.

애버딘은 또 한번 당의 화합을 위해 사정했다. 전시에 각료들이 분열되면 특히 대중들이 비웃과 불신을 초래할 수 있다. 이 나라의 국민들은 개인의 자존감보다는 책임감을 중요시한다. 애버딘은 존 러셀이 전쟁에서 발생한 일로 자신의 명성이 훼손되지 않도록 보호하고, 추후에 새로운 총리로 나서려는 듯한 속셈을 보여 너무나 이기적이라고 주장했다. 애버딘은 12월에는 당을 분열하지 않기로 동의했다가 지금에 와서 분열한다면 상황이 더욱 악화되어 내각 스스로 해명을 해야 할 지경까지 갈 것이라는 것이다. 그는 로벅의 발의안이 통과될 가능성은 전혀 없다고 러셀을 안심시키면서 자신의 주장을 마무리했다. 그는 전쟁이 벌어지는 동안 육군성이나 정부의 행위에 대한 공식 조사를 벌이는 일을 허용할 의도가 없었다.

존 러셀 경은 내각에서 즉각 사임했다. 때를 노리던 러셀에게는 로벅이 제안했던 발의안이 절호의 기회가 된 것이다. 그가 내각에서 벗어날 수 있는 유리한 입장을 만들어주었다. 애버딘은 당장 수요일 저녁에 여왕에게 보고해야만 했다. 어떤 사람도 사임 이유를 당일 공개석상에서 밝히지 않는다. 하지만 러셀은 정부에서 두 번째로 중요한 직위를 맡은 인물이기에, 상·하원 모두, 총리가 긴급히 윈저 성에 방문하고 다시 수요일 저녁에 의회의 휴회를 선포한 이유를 해명하라고 요청했다. 목요일은 여전히 성 바오로의 개종과 다마스쿠스로 향한 것을 기념하는 날이므로 의회 토론이 열리지 않았지만, 이날 저녁에 러셀 경의 사임이 발표되었고 의회는 금요일까지 기다려 설명을 들어야만 했다.

딜레인은 러셀이 어떠한 이유에서 사임했는지 정보가 없었지만, 러셀이 핑계거리를 찾고자 한 것이 아닌가 예상했다. 러셀이 이미 12월은 물론 그 전에도 사임하려고 시도한 적이 있다는 사실은 몰랐다. 그러한 정보가 있었다면 딜레인의 반응은 달랐을지도 모른다. 러셀의 사임은 겉으로 보이는 것보다 훨씬 명예로웠다.

그 시점에 딜레인은 고삐가 주어지지 않은 상태에서 마차를 타고는 안전을 위해 올바른 방향으로 마차가 달려가기를 절박하게 바라는 사람과도 같았다. 그는 마부에게 경고를 보내고, 위협하고, 회유도 하고, 깨우치려, 영향력을 미치려 온갖 수단을 다 동원했다. 침묵은 아무런 소용이 없었다. 그 주 내내 매일같이 신문에 실리는 모든 칼럼을 이용해 관료들의 어리석음에 이목을 집중시키고자 했다. 이로 인해 신문 판매율이 기하급수적으로 늘었다. 일일 신문 판매부수가 지난 해 9월 기준으로 두 배 이상 뛰었고 구독률도 무서운 속도로 늘어갔다.

이제 스쿠타리로 복귀한 토마스 체너리가 보내온 글이 목요일 지면에 실렸는데 지금껏 전해진 그 어느 소식보다 절망으로 가득했다. 그가 과도한 책무를 맡고 있음을 독자들에게 숨길 수 없었다. 최근까지 병원 서비스 수장을 맡았던 포레스트(Forrest) 박사마저 사임했다. 지난 며칠간 700

여 명의 중증 환자들이 부실한 교통수단에 의지한 채 혹독한 추위의 흑해를 건너왔다. 체너리는 "질서가 제대로 잡히려고 하니까 혼란이 되살아났다. 병원이 수용 인원보다 훨씬 더 많은 환자로 붐비기 때문이다."라고 전했다.

그는 책임이 있는 군 장교가 현재 진행되고 있는 조사에 대한 증거를 제출할 때 자신의 무능력으로 발생한 결과를 조작하려고 작심했다는 사실을 고발했다. 이들은 어처구니없게도 나이팅게일을 비롯한 다른 '외부자와 침입자, 동조자' 등 이들의 무능력을 직접 목격했던 자들에게 비난의 화살을 돌렸다. 체너리는 군 병원 사령관인 앤드류 스미스 박사에게 병원의 운영권을 '이곳에 와서 일을 명확하고 올바르게 처리할 수 있는 현명한 사업가'에게 맡길 것을 요청했다. 이는 헤라클레스의 과업* 그 어느 것보다도 힘든 것이리라. 스쿠타리에 있는 병원은 1월 11일에 4,500여 명의 병사와 장교를 수용한 상태였는데 하룻밤에 사망자가 50명씩 발생했다. 상황이 호전되지 않고 있다.

> 전신으로 비엔나에서 보낸 뉴스: 수많은 연합군 소속 병사들이 러시아 측에 전향했다고 세바스토폴의 러시아 군이 전함.

장교가 보낸 편지다.

> 과격한 운동을 하면 몸이 따뜻해지지만 몸이 젖으며, 옷을 말리지 않고 내버려두면 얼어버리고 실내로 들어가면 다시 젖는다. 날씨가 너무나 춥다. 낮에 맞이하는 눈과 서리도 힘들지만 밤에 천막에서 지낼 때는 절망과도 같다. 어제 트리에스테에서 선물로 보낸 7~8천 벌 가량의 양가죽 코트가 발라클라바의 골든 플리스호에 실려있는 것을 봤다고 두 장교로부터 전해 들었다. 그 선박의 지휘관은 이들 물품을 빨리 처분해야 한다고 했다. 하지만 병

*헤라클레스의 과업(Labours of Hercules): 그리스신화에 나오는 헤라클레스의 12과업을 가리킨다.

> 참장교는 이에 관한 공식 서한을 받은 적이 없기 때문에 물품을 수령할 수 없다고 못박았다. 이 때문에 이를 실은 선박은 하루나 이틀 뒤에 코르푸로 가야만 한다. 장교 중 누구라도 5파운드라도 내고 이 물품을 살 수만 있다면 여한이 없겠다고 했을 터이다.

그런데 이날 실린 기사들 중에서도 가장 큰 역사적 무게를 담은 것은 바로 딜레인의 논설이었다.

> 현재 회기 중인 의회는 영국 역사상 제기될 수 있는 가장 중요한 질문에 대한 답변을 해야만 할 것이다. 영국은 군사 강국인가? 물론 이러한 성향의 질문에는 아무도 확답을 하지 못할 가능성이 크지만, 우리는 전쟁을 벌일 수 없고 전쟁이라는 것이 순전히 사치이고 살육일 뿐이라는 사실만큼은 명확해졌다. 정부 부처와 기관의 교착 상태가 너무나 심한 나머지, 적군은 물론이고 우리 구성원들조차도 스스로 감당하지 못한다는 것은 의심할 여지가 전혀 없다. 매년 2천만 파운드가 소요될 정도로 너무나 큰 규모의 자원과 거만한 조직으로 구성된 전쟁은 우리가 원하는 방향으로 진행시킬 수 없기 때문에 함정이요 망상에 불과하다. 우리가 거둔 결실은 실패, 실패, 실패, 그 자체이다. 즉 무실적과 혼란, 지연, 당혹스러움, 무기력 등 무엇이든 무(無)의 상태로 끝날 때까지 무한대로 계속 추락하는 것이다. 교착 상태는 런던의 중앙 관청가에서 세바스토폴의 부대에 이르기까지 절대적이고 결정적이면서 불가피한 절박함으로 드러난다. 전쟁장관과 크림반도의 총사령관, 고국의 총사령관에서부터 스쿠타리의 창고를 관리하는 조달부서까지, 참호에서 졸음과 싸우고 굶주림에 떨고, 반 벌거숭이 상태로 동상에까지 걸린 비참한 이들까지 모두가 바보다. 이들은 아무 것도 할 수 없다. 이들은 적군을 위협하는 능력을 상실한 지 오래되었지만 이러한 자를 부양하는 자에게만 속임수를 쓰는 허수아비와 같다. 이토록 망가진 구조에다 완벽히 붕괴되고 사기가 판치는 상태에서, 의회가 군대의 고통이 지속되도록 내버려두고 보급품을 가

결하는 등 이전과 별 다를 바 없이 이어간다면, 영국은 군사 강국이 아님을 사실상 만천하에 고하는 것과 다름 없다. 이토록 처절한 상황에서 이웃 국가가 우리를 내버려두기라도 한다면 우리는 지금보다 행복해질지 아니면 훨씬 더 나은 삶을 살지도 모른다. 이웃 국가가 우리를 내버려두지 않는다면, 이들이 우리에게 골라주는 자유나 도덕성, 종교마저 받아들여야 할 것이다.

10장

드라마

1월 26일 금요일 오전, 런던에서 펼쳐진 일들이 첫 번째 논설로 실렸다.

> 어젯밤 존 러셀 경이 자신이 맡고 있던 정부 직위에서 사임을 표명하였다는 하원의사당의 발표가 있었다. 이로써 어제 오전부터 돌고 있던 소문이 사실임이 입증되었고 러셀 경이 오후부터 각료회의에 불참한 사유가 밝혀진 셈이다. 이런 중요한 사항에 대해 각료들이 나서서 해명해야 할 시기임에도 상·하원 모두 해당 정보를 받은 직후 오늘까지 휴회를 했다. 이러한 결정에 이르게 된 동기를 모두 꿰뚫어 보려 해서는 안되겠지만 로벅 의원이 제시한 발의안에 맞서야 하는 존 러셀 경의 우유부단함이나 무능력이 주요 원인이지 않을까 예측해본다. 로벅 의원이 자신의 의도를 밝힌 다음 날 아침, 존 러셀 경이 동료들과의 상의도 없이 즉각 애버딘 경에게 사의를 표명한 것으로 보인다. 총리는 그가 맡은 정부 대표의 역할을 충실히 수행하고 있음을 표면적으로 드러내기 위해 러셀의 사의를 즉각 거부하는 등 내각의 구성원 하나하나가 지고 있는 책임으로부터 자신도 벗어나려고 시도하는 모습이 역력했다. 이러한 관점에서 볼 때 그의 행위는 이 나라에서 주로 충실하게 관측되어온 정치적 행위의 규칙에서 고통스러울 만치 크게 동떨어져 있는 것으로 보인다. 내각의 과거 행위에 대한 중요한 의회토론이 벌어지기도 전에 각료가 내각에서 사임하는 사례는 지금껏 없었다. 지금과 같은 비상 사태에

서 의회가 개회 중에 있으면서 당분간 전례 없는 난관을 해결할 상황임에도 이 나라의 내각이 세바스토폴의 부대나 스쿠타리의 병원에서와 같은 형편없는 무질서의 광경을 연출한다면 영국은 영원토록 오명을 안아야 할 것이다.

로벅 의원이 조사단을 꾸려야 한다는 요청이 처음 공개되었을 때만 해도 이렇게 큰 영향력을 발휘하리라 상상도 못했다. 자연히 애버딘 경은 자신의 지위에 주어진 권력을 이용하여 이러한 계획을 단순히 묵살하려고 했다. 그는 이러한 행위가 위헌이라고 믿었다. 전시 상태에서는 어떤 정부도 그들의 행위에 대한 조사를 벌이는 것을 용납할 수 없다는 것이다. 정부는 적을 무찌를 계획을 세울 때처럼 자신들이 벌인 행위에 대한 기밀이 철저히 보장되는 곳이기 때문이다. 그토록 어려운 임무를 수행하는 정부는 국민들의 신뢰를 받아야 하는 것이 마땅하다. “정부가 수사 대상이 되는 것은 옳은 일도 아니며 필요치도 않습니다. 전쟁이라는 아주 충분한 변명의 여지가 있는 한, 답변을 회피하는 것이 문제가 되지 않는 때에 공개석상에서 비밀을 누설하고 답변한다는 것은 현실적인 방안이 아니지요.” 총리의 답변이다.

애버딘 경과 그의 동료들 모두, 타임스가 지적하고 있는 것과는 전혀 다른 성향이지만 그만큼 심각한 문제에 직면하고 있음을 깨달았다. 이들은 이번 위기를 야기하고 그 심각성을 부각시킨 것은 타임스 신문이라는 것이다. 그들은 언론이 전쟁에 관한 사실적이고 유용한 정보를 적군에게 흘릴 뿐만 아니라 참전 중인 병사와 장교의 사생활까지 매일같이 반복해서 성난 목소리로 실어, 자국의 도덕성과 위신을 추락시키는 등 조국을 배신한 것으로 보았다. 윌리엄 러셀이 영국 군인들이 처한 상황을 글로 전하는 바람에 성공적으로 국내외의 군 작전에 투입되어야 할 수천 명의 병력 모집에 차질이 생겼다는 것이다.

로벅의 발의안은 상·하원이 힘을 합치면 쉽게 부결할 수 있겠지만, 타임스의 행위가 혁명의 수준으로까지 번지도록 자극하는 것을 저지하기 위해서는 훨씬 더 강력한 방안이 필요했다. 정부와 타임스 사이에서 극렬한 의견차를 보이는 논쟁이 벌어지고 있었는데 이들의 목소리가 극도로 높아지고 있었다.

개인의 안전을 고려하지 않을 때의 용기는 어리석음에 가깝다. 정치적 성미가 드러나자 딜레인은 극도로 흥분한 상태가 되었다. 고위 정계 관계자들의 경멸에 찬 공격을 견뎌내야 했다. 검은 정치세력의 압력에 못 이겨 자신이 입을 다물지언정, 그 전에 책임 소재에 관한 모든 기록을 세상에 낱낱이 공개하고 지면에 싣겠다고 굳은 결심을 했다. 편집장 앞으로 온 편지다.

> 크림반도에서 용감하게 싸우다가 고통 받고 있는 장병들에 대한 열악한 처우와 처참한 현실을 고치고자 의로운 노력을 하고 계신 편집장께 각종 반대세력이 생겨난 것으로 사료됩니다. 이들은 용감하게 쌓아 올린 명성에 질투하고 귀하의 글을 거짓과 오류투성이요, 심지어 악의적이라고까지 비난합니다. 이러한 문제에 대한 독자의 견해를 바로잡고, 편집장님을 반대하는 이들을 망신시키려는 의도에서, 오랜 세월을 복무하고 고위급 장교가 되었으나 얼마 전 크림반도에서 겪은 부상으로 상이군인이 되어 귀환한 사람으로부터 오늘 아침 받은 편지를 보내드립니다.
>
> "크림반도에서 벌어지는 일에 대해서는 설명하지 않겠습니다. 타임스를 읽기만 하더라도 기사가 실제 상황보다 상세하지 않다는 느낌이 들 것입니다. 어쨌든 저희가 겪고 있는 비참한 상황이 어느 정도인지 가늠할 수는 있을 것입니다. 실제로 물자가 풍족함에도 관리가 소홀한 바람에 비참한 광경이 벌어진다는 말이 지금껏 계속 있었습니다. 프랑스 군과 우리 군의 차이를 비교하는 것만으로도 가슴이 미어질 정도입니다. 양호한 대우를 받으며 즐겁고 행복한 군 생활을 하는 프랑스 군에 비해, 불쌍한 우리 군은 제대로 쉬지도, 먹지도 못해 수백 명이 죽어가고 있습니다. 귀족층이 독차지한 참모들로는 군대를 운영할 수 없습니다. 선대가 보인 훌륭한 자질이 아들에게

까지 반드시 이어진다는 보장이 없기 때문입니다."

이는 사실을 과장하는 것이 아니라 오히려 그와 반대로 이미 저질러놓은 것보다 더 나쁘게 사태를 파악하지 못하고 있다는 것이 분명해졌습니다. 현실을 부정하는 이들의 말은 무시하시고, 불쌍한 부상병과 고통 받는 병력에게 정의를 구현하겠다는 편집장님의 고귀한 결심에 부디 흔들림 없기를 바랍니다. 또한 지금 세바스토폴의 고지에서 급속히 소멸해가고 있는 얼마 남지 않은 인원의 병력이라도 완전히 사라지지 않도록 불굴의 에너지를 쏟아 주십사 부탁드리는 바입니다.

서노퍽(West Norfolk) 남성 올림.

지금 이 시점에는 이러한 편지가 없더라도 정부 측을 곤란에 빠뜨리기는 충분했다. 프랑스 정부는 14만 명의 병력을 크림반도로 보낸다고 발표했다. 겨울이 끝나고 영국에서 보강병력을 보내면 세바스토폴 포위 작전을 안전하게 다시 수행할 수 있어 곧 성공에 이를 것이기 때문이다. 발라클라바에서 진행되는 공사와 스쿠타리 등에 있는 몇 개 병원의 부실한 의료행위에 대한 보고서도 끝낼 수 있을 것이다.

금요일 저녁에는 사임하는 각료들 사이에서 지금도 이어지고 있는 관행처럼 존 러셀 경도 하원의사당에서 개인적인 발언의 시간을 가졌다. 그는 이미 12월에 영국 병력이 겪고 있는 처참한 상황을 내각이 알고 있었다고 밝혔다. 이 때 애버딘 경에게 접근해, 뉴캐슬 공작이 전쟁장관의 직위를 수행할 능력이 없으므로 그를 교체하고 그 직위를 개편해야 한다는 내용을 서면으로 전달했다. 또한 러셀은 파머스턴 자작이야말로 리더로 적임자라고 제안했다. 간단히 말해, 내각이 수개월 동안이나 다툼을 벌여왔을 뿐만 아니라 총리가 연립정부의 최고위 협력자의 신임마저 잃었음을 존 러셀이 사실상 인정한 셈이다.

러셀의 발언에 대한 토론이 시작되자 금요일 밤에 진행하기로 했던 로벅씨의 발의안 토의가 또 한 번 차질이 생겨 그 다음 주 월요일로 연기되었다. 정부가 이를 주말이 되기 전에 처리하는 것이 현명했을 것이다. 이 때문에 딜레인은 토요일과 월요일 두 차례 사설을 실어서 또 한 번 장황한 비난을 이어갈 수밖에 없었다.

타임스는 존 러셀이 사임하면서 보인 행동 자체는 존중할 만한 가치가 없다고 여겼지만, 그러한 과정에서 타임스의 보도자료가 지금껏 공정한 진실을 담아왔다는 것을 러셀이 분명히 인정한 셈이다. 또한 병력이 처한 환경은 '끔찍하고 가슴이 미어지는' 수준이며 정부가 나서서 해결해야 하는 부분이라는 것도 마찬가지다. 러셀은 전쟁장관인 뉴캐슬 공작의 입지를 완전히 바닥으로 깎아 내렸다. 그의 실수라면 지금에 와서 사임하기에는 너무 늦었다는 것이다. 그가 뉴캐슬 공작의 행위에 반대하고 나섰던 12월에 사임했어야 하지만 애버딘이 이를 만류하자 지금까지 버티고 만 것이다. 러셀은 과거에도 수많은 사안들 앞에서 사퇴를 하겠다고 너무나 자주 협박한 나머지 자신의 내각 동료들로부터 미운털이 박힌 것이 분명했다.

딜레인은 너무나 혹평 받고 있는 전쟁장관은 물론 극렬한 의견차를 보이는 각료들 사이에서 자신을 방어할 필요성이 거의 없었지만, 그래도 할 말은 많이 있었다.

윈칠시 경을 겨냥한 발언이 특히나 조롱하는 투가 강했다. 딜레인은 자신을 향해 퍼붓던 모욕의 폭격 못지 않은 폭발력으로 반격을 가했다.

> 가정에 계실 윈칠시 경께서는 목숨 바쳐 싸우겠다고 약속한 불쌍한 전우들보다 더 많이 안다고 감히 생각하시는 건가? 윈칠시 경이 이들 불운한 원정군과 어떤 식으로든 연관이 되었거나 이들에게 어떤 기여라도 하셨다면, 아주 다른 어조로 그분에 관해 평가해볼 수 있을 것이다.

"타임스가 공개한 정보가 없었다면, 성공이라는 것 말고는 이들 귀족의원들이 얘기 나눌 거리라고는 하나도 없었을 것이다."라고 그가 이들에게 상기시켰다. 그는 프랑스인들이 어느 날 정부로부터 승전보를 전해 들었지만 다음 날 군대가 완패하고 말았던 1812년*의 사례를 떠올렸다. "우리 군은 4만 명이 사망했고 윈칠시 경은 이들 중 아무도 모를 것이고, 무엇보다 이들이 처한 상황에 대해 알려주려 하지도 않았다."

그는 러시아 정부가 타임스로부터 획득한 정보가 직간접적으로 어떤 식으로든 이들에게 유용하게 이용되었다는 견해도 반박했다. 그는 윈칠시 경과 뉴캐슬 공작이 주장하는 대로 특정 정보가 실제 날짜에 누설되었다는 것은 맞지 않으며, 자신들의 주장을 관철시키고자 한다면 구체적인 증거를 제시해야 한다고 말했다. 공작이 지면에 싣는 내용에 신중을 기해달라고 요청하는 서한을 보냈을 때, 딜레인은 기사의 정보원을 공개하고 특정 사안의 경우 기밀을 유지하겠다고 제안했지만, 공작은 그러한 상세한 내용은 별 가치가 없다는 답신을 보냈다는 것이다. 딜레인은 정부와 주고받은 통신 내용을 모두 공개하여 타임스가 전쟁 발발 초기부터 자신들에게 주어지는 요청사항에 일일이 협조해왔음을 입증하고자 했다. 딜레인의 생각이 옳았다. 9월부터 그는 러셀과 체너리, 맥도널드가 보낸 것들 중 신문으로 발행하기에는 적절치 않다고 생각한 정보를 내각 의원들, 특히 총리에게 직접 전달해왔던 것이다. 이들 자료는 가치와 중요도 면에서 아주 뛰어난 것들이었다. 비밀리에만 공개 가능하다 할지라도 딜레인이 모든 증거자료를 보유하고 있음을 뉴캐슬 공작이 알면서도 다른 말을 하는 것은 옳지 못했다.

윌리엄 러셀의 배급식량 특권을 박탈시키고자 하는 결정에 대해서도 반박이 이어졌다. 타임스 기금이 시작된 지 몇 주가 안 되어 뉴캐슬 공작이 관할하는 군 당국이 아니라, 타임스 독자의 돈과 나이팅게일 씨의 친절한 노력으로, 물자부족에 시달리다 얼어 죽을 지경에 이른 병력의 거의 반에 해당하는 수량의 셔츠를 공급했다는 것이다. 딜레인은 독자들의 기

*1812년: 나폴레옹의 러시아 원정이 실패로 끝난 해를 가리킨다.

억을 되살렸다.

> 뉴캐슬 공작은 자신이 관리해야 할 병력들이 굶어 죽어가는 지경에도 함대 가득한 식량을 썩어가도록 내버려두고 가득 쌓인 방한복이 있음에도 이들이 뭍에 도착할 무렵, 옷을 입을만한 병사가 산송장이 되도록 내버려둔 인물이다. 호시절에는 후한 인심으로 인정 받던 상원의원들이, 자신들이 책임져야 할 병사를 대신 보호하고 생명을 지키는 데 필요한 정보를 공급하는 자의 배급식량을 자랑스러이 중단시켰다. 윈칠시 경과 그의 동료 경제학자들이여, 그 한 사람이 소비한 배급식량은 우리가 모두 되갚을 것이므로 안심하시길 바란다. 전쟁역사가는 이들에게 단 한 푼도 빚을 져서는 안 될 것이다.

존 월터는 딜레인을 지지했다. 전쟁에서 벌어지는 사태를 편집장이 해석하는 방식에 관여하지 않으려 했고, 무엇보다 딜레인과 그의 동료들이 정치인으로부터 받는 압력에 대해 그들을 측은하게 여겼다. 또한 어떠한 소식통으로부터 전해 듣더라도 진실을 찾아내고 이를 알리고자 하는 노력을 계속해서 이어가 달라고 당부했다. 이들은 전투에 대해 계속 파헤쳤다.

하지만 그토록 용맹을 떨치는 기사도 정신이 설 자리는 이 세상 어느 곳에도 없었다. 딜레인은 영국의 정치판에 너무나 깊숙이 들어와버렸다. 하원의사당의 절대 다수가 종신 재직권을 부여 받았다는 점이 정부에게 상당히 유리한 조건인데다 아무도 전시에 정부를 퇴출시킬 수 있도록 내버려둘 것이라고 보지 않았다. 물론 타협과 조정이 있을 수 있지만 그러한 조건은 정치인들 사이의 합의에서 이루어지는 것이지 신문사의 명령으로 되는 것은 아니었다. 로벅의 발의안 통과도 그렇고, 정면충돌을 피할 수 있도록 어떤 식으로든 하원 고위 관료들 사이에서 협상이 이루어질 가능성이 전혀 없다는 점이 슬픈 현실이었다. 존 러셀 경의 사임은 많은 이들이 감내해야 할 상처이지만 애버딘 경은 판단이 빠르고 능숙한 정치인인 만큼 이러한 문제가 혼란스러운 방식으로 해결되는 과정을 내버려두지 않았다. 영국은 국민들의 끓어오르는 성미와 분노를 억제하지 못하는 혁명 국가처럼 행동하지는 않는다. 명예도 중요하지만 책임감 있는 실용성도 필요했다.

너그러운 성격의 월터는 편집장에게 지지를 보내지만 그 또한 하원의 사당 소속이자, 영국에서 가장 성공적인 사업체를 경영하는 입장이기도 했다. 이 때야말로 타임스가 이전에 해오던 방식 그대로 행동할 수 있었던 마지막 시기였다. 인지세의 조정으로 신규 신문사도 가격면에서 타임스 만큼 독자들에게 쉽게 다가갈 수 있었다. 판매부수와 수익 모두 추락할 수밖에 없었다. 내각에 의해 이미 손상을 입기 시작했지만, 군부와 정부 모두가 더 많은 방안을 찾아내어 자신들에게 너무나 큰 골치거리를 안겨준 신문사에 대한 복수를 할 것임에 틀림없었다.

정치인은 자신의 개인 입지를 지키려고 노력한다. 출세를 꿈꾸는 신규 의원이라면 지도부의 심기를 건드리는 일은 꿈도 못 꿀 것이다. 각료급으로 부상하고자 한다면, 인사권을 쥔 자들에 대한 비난을 일삼고 이들의 의견에 나서서 반대하는 것보다는 이들의 비위를 맞추는 편이 훨씬 안전할 것이다. 조사를 벌이자는 요구의 목소리가 급작스럽게 높아지게 된 것은 독립심이 강한 괴짜 성향의 의원이 취한 행동과 이미 신뢰를 잃을 대로 잃어버린 각료의 사임에 이르러서야 가능했다. 로벅의 발의안은 서명자도 없었고 심지어 특정 단체나 당파에서 제안한 것도 아니었다. 그가 단독으로 벌인 일이다. 물론 그의 제안사항은 타임스의 열렬한 지지를 받았지만 이미 다수 의원들의 입장과 동일했기 때문이다. 하원의사당이 문제의 언론기관을 두고 선출된 의회의 통치권한을 주장한다면 의원 다수의 뜻에 어긋나는 행동이다. 이와 마찬가지로 신문 역사상 가장 화려하고 용감한 행보를 자랑하던 인물의 경력을 중단시켜서도 안 되는 일이다.

1월 29일 월요일 오후 5시에 존 로벅이 전장에서 발생한 행위를 조사하도록 특별위원회에게 요청하는 발의안에 대한 토의가 시작되었다.

아우구스투스 스태퍼드 의원이 가장 먼저 발언했다. 그는, 시드니 오스본과 레야드와 마찬가지로, 전장에서 펼쳐지는 일들을 스스로 너무나 많이 목격했고 자신의 보고서를 총리에게도 보냈다. 그가 증언한 내용은 체너리와 러셀, 나이팅게일이 주장하던 내용과 크게 다르지 않았다. 하지만 그는 자신의 명성을 옹호해야 할 신문사 편집장도 아니오 각료도 아니며 군 동료들의 감시를 받아온 군대의 공작도 아니다. 자신이 직접 목격한 바를 전하는 노샘프턴 지역구의 정직한 국회의원이 내는 목소리일 뿐이었다. 그의 목소리가 그날의 전체 분위기를 사로잡았고 아무도 그의 증거물에 반박할 수 없었다.

크림반도에서 2개월여를 지낸 스태퍼드는 스쿠타리와 발라클라바의 병원에서 만난 병사들에 관한 이야기를 전했다. 침묵이 흐르는 의사당을 향해 그는 배낭 하나가 바르나에서 예프파토리야와 발라클라바, 스쿠타리까지 흑해를 오가며 돌아다닌 이야기를 흥미롭게 풀어갔다. 이 이야기는 맨발로 떨고 있는 한 병사를 선상에서 만나 들은 것이라고 했다. "자네, 신발은 어디에 두었나?"라고 그가 물었더니 "제 배낭 안에 있습니다."라고 병사가 답하였다. 그 젊은이는 모친이 알려줬을 법한 대로 자신이 속한 연대가 배낭을 보관해둔 선박의 여정을 따라 다녔다는 것이다. "한번은 제가 탄 배가 콘스탄티노플을 향해 서쪽으로 항해하는데, 제 연대가 탄 배가 발라클라바가 있는 동쪽으로 가더군요. 이들 연대는 지금 저희와 같은 항구에서 두 배 건너편에 정박해 있습니다."라고 스태퍼드에게 말했다. "저는 해당 선박의 선장에게 배낭을 찾을 수 있도록 허락해달라고 요청하러 갔지만 그는 옮길 수 없는 많은 화물들 밑에 배낭이 깔려 있어서 안 된다고 하더군요. 그래서 저는 배낭이 있는 위치를 알아도 꺼낼 수가 없답니다." 스태퍼드는 정부 기관에서 잘못 부르는 말인 '요양' 중이던 당시 젊은 병사가 이틀 만에 콜레라로 사망했고 아직도 신발을 찾지 못한 채 부둣가에 내버려져 떨고 있다고 말했다.

이어서 그는 발라클라바의 병원을 방문했을 때 환자와 부상병이 습한 환경에서 담요에 둘러싸여 있던 광경을 설명했다. 이 담요는 간밤에 열병으로 사망한 후 건물 밖에 시신으로 버려진 자가 쓰던 것이었다.

이토록 나지막이 길게 이어지는 증언 속에서 스태퍼드 의원은 그가 지켜본 각종 사건을 하나씩 들려주었다. 이러한 내용을 되새기는 과정에서, 그가 의사당에서 전하는 말이 모두 의심할 여지가 없다면, 그 동안 신문에서 읽었던 내용은 실제 본 것을 글로 옮긴 것에 불과하다는 사실이 분명해졌다. 또한 러시아의 황제가 정보를 입수했다 하더라도 전장에 있는 여느 민간인이 관찰한 것보다 더 현명하지는 못했다. 뿐만 아니라 목격담을 조용히 전하는 그의 모습은 그 어떤 고위 관료가 시도하는 정치 운동보다 더 위풍당당해 보였다. 웅변의 힘은 당당한 매력을 발산한다.

레야드도 침착하고 정직한 자세로 발언을 했으며, 불워 리턴(Bulwer Lytton) 경이 그랬던 것처럼 수많은 의원들의 증언에 힘입어, 군인 가족을 둔 친척이 전장으로부터 받은 편지 내용도 전했다. "편지는 우리가 이미 들어왔던 동일한 이야기가 실려 있었습니다. 이 발의안이 통과되면 의사당에 부담을 주는 선례가 생긴다고 들었습니다. 그렇다면 그러한 선례가 생기도록 하지요. 이러한 부담은 우리가 짊어지고 갈 테니까요."

밤이 길게 이어지도록 다른 이들의 발언도 이어졌지만, 점점 굳어지고 있는 분위기가 조성되자 실토의 장이 돼버렸다. 다만 부끄럽게도 글래드스턴만이 매일같이 신문에 드러나는 도덕성의 수치를 놓고 반박하고자 했다. 이는 들을 가치도 없는 내용의 발언이었으며 그가 그토록 중요한 역할을 하는 부처의 입지에도 도움이 되지 않았다. 스스로가 변호사 출신으로 달변가로도 이름났지만 그날 저녁만큼은 자신이 제안한 바를 옹호하기 위해 발언할 필요성을 못 느낀 로벅 의원은 새벽 1시 반에 간단명료한 연설로 긴 논쟁을 종식시켰다. 그의 발언은 아우구스투스 스태퍼드와 마찬가지로 한 편의 조용한 드라마였다.

> 이 나라는 지금껏 내각을 신뢰해왔고 우리는 훌륭한 군대의 권력과 운명을 이들에게 맡기고 조국의 운명마저 여기에 더했습니다. 허나 이들은 국민의

> 신뢰를 저버렸습니다. 이들 동일한 사람들의 신뢰가 이 의사당의 결정에 달렸습니다. 우리가 이들의 신뢰마저 저버려야 할까요? 부처 관계자도 자신들이 무능력했노라, 는 자백을 했습니다. 군대는 와해 상태에 놓였습니다. 의원들께서 자신들의 역할마저 포기하지 않으셨으면 합니다. 원정군의 임무가 끝날 때까지 기다리라고 들었습니다. 하지만 그러한 답변을 하는 사람은 이번 사안의 비중을 이해하지 못하고 있음을 입증하고 있을 뿐입니다. 우리군은 패하고 말 것입니다. '조사'만이 살 길입니다.

의사당의 표결 결과가 나왔다. 로벅 의원의 발의안에 찬성하는 자 305명, 반대하는 자, 즉 정부를 지지하는 자 148명으로, 157표 차이로, 과반수 의원이 정부에 반대하고 나섰다. 결과가 나오자 아무런 환호도 없이 엄중한 침묵이 이어졌다. 전체 의원의 3분의 2가량에 의한 패배였고 영국 의회 역사상 정부가 맞은 최대 규모의 패배였다. 로벅에 찬성한 의원으로는 주요 친정부 인사도 많았지만 특히 존 월터가 포함되어 있었다. 토론이 새벽 1시 35분에 끝나고 딜레인과 타임스, 존 로벅 모두가 영국 정부를 패배시킨 셈이다.

딜레인은 밤 늦도록 자신의 논설 집필에 매달려야 했다. 표결 결과가 나오기도 전에 글을 쓰는 모험을 감수할 수는 없었기 때문이다. 타임스가 이 나라의 정책 결정에 지대한 영향을 미치고 그의 확고한 목소리가 필요하다는 것은 거스를 수 없는 진실이었다. 그런데 이러한 승리로 얻은 교훈이 명확하게 전달될 수 있도록 하는 것이 중요했다. 딜레인이 압도적인 승리감을 만끽하고 있을 무렵 내각을 구성하고 있던 나이든 의원들보다 더 젊은 층이 지도부를 장악하기 위해 나서지 않은 점은 이상했다.

그날 저녁 프린팅 하우스 스퀘어에 애버딘 경의 아들이 쓴 편지가 딜레인 앞으로 전달되었다. 그의 성(姓)인 아서 고든(Arthur Gordon)이라는 이름으로 서명이 된 편지가 딜레인의 파일 속에 들어있었다. 고든은 자신과 뜻을 달리하는 아버지 몰래 편지를 보낸다고 전했다. 딜레인이 아버지를 내버려두면 뉴캐슬 공작이 사임을 할 것이고, 파머스턴 경이 전쟁장관으로, 그레이 백작이 내무장관을 맡고, 제임스 그레이엄(James Graham) 의원이 해군성으로 갈 것이라는 것이다. 딜레인은 답장을 하지 않았다. 이는 딜레인과 애버딘 사이에서 오랜 세월 이어져오던 동료 관계와 우정이 슬픈 결말을 맞이하는 순간이었다.

딜레인은 당장 어떤 일이 벌어질지 알 수 없었다. 또한 정부는 두 개의 당이 연립해서 야당인 토리당보다 다수당이 되었기 때문에 정권이 다른 당으로 넘어가는 것은 의심의 여지가 없었다. 전쟁이 발발한 후부터 지금껏 진행되어 온 모든 전쟁 운영에 관한 조사 과정 일체를 추적해온 그레이 백작의 상원의사당 연설에 너무나 매료된 그는 뉴캐슬 공작의 사임부터 요구했다. 딜레인은 그날 밤 신문에서 그레이 백작이 이전의 뉴캐슬 공작과 시드니 허버트의 직무를 결합한 새로운 전쟁장관으로 추대되어야 한다고 제안했다. 지독한 피곤함에 시달린 탓인지 딜레인은 이날 발생한 일의 진정한 효력을 이해하지 못하는 듯 했다. 다음 날 저녁 그는 다행히도 우여곡절을 거듭했던 그 날에 대해 보도할 수 있는 상태가 되었다. "내각회의에서 모든 각료들이 사임하였으며, 2시가 되어서야 애버딘 경이 윈저 성으로 가서 여왕과 알현하였으나 대화 내용은 아직 전해지지 않고 있다."

영국 총리는 물론 정부의 내각 전체가 실질적으로 공식 야당이 없는 시기에 모두가 사임하였다. 어떤 일이 일어난 것인지, 어떤 일이 일어나야 하는 건지 불확실한 상황이다. 영국 헌법에서는 지금과 같이 명백히 모든 체계가 다 소용이 없을 경우 총리를 누구로 정할지 결정하는 책임은 여왕의 손에 맡긴다. 그날 밤 토론 결과가 이런 식으로 벌어질 것이라고 어떤 누구도 예상치 못했다.

아무 여자와 결혼하겠노라 말하는 남성과 같이, 딜레인은 내각에서 아무나 나서서 정직하고 신뢰감 넘치는 태도로 이번 전쟁을 만족스러운 승리로 끝내고 병사들을 안전하게 귀국시키겠다고 약속하기만 한다면 그가 누가 되더라도 영국 사람들이 흡족해 할 것 같다는 느낌이 들었다. 여왕을 자문하는 사람이 누구이든 딜레인에게는 뻔했던 사실을 인지하기까지 오래 걸리는 듯 했다. 여왕은 소수 야당인 토리당의 당수 더비 경에게 먼저 요청했으나 그는 파머스턴과 글래드스턴 등과의 협조가 있어야 다수당을 형성할 수 있는데 두 사람 모두 이를 거부하였다. 그러자 이번에는 존 러셀에게 문의하였더니, 그가 사임하면서 동료를 저버리게 된 시기가 좋지 않아, 거의 모든 의원들의 미움을 사버린 지라 그다지 도움이 되지 않았다. 여왕이 누구를 찾아가든 난관에 부딪혔다. 지금 시기의 총리직 자체가 어려운 것일 뿐만 아니라 예비 각료들의 책무가 상상하기 힘들 정도로 힘겨움에도 명성을 손상시키지 않아야 하는 부담도 있었다.

여기에서, 자신이 돌봐야 할 국민들, 특히 꽁꽁 얼어버린 크림반도의 겨울에 아직도 내팽개쳐진 병사에 대한 적절한 존중감이나 배려심도 없으면서 정부 직위를 차지하려고 하는 사리사욕을 추구하는 고령의 남성을 그려볼 수 있다. 특히 스태퍼드와 레야드, 로벅과 같은 일부 국회의원들이 추가로 투입된 런던에서 매일같이 펼쳐지는 드라마에 딜레인만이 빠져 나왔다. 영국의 유명한 지도자들 중에서 이번과 같이 용기와 인내심까지 요구되는 상황에서 영웅이 될 만한 인물은 없었다.

11장

무정부

1855년 2월의 영국 정부는 공식적으로 대혼란의 상태가 되었다. 이미 이전부터 수개월간 혼란의 상태에 있었지만 지금과는 비교가 안 되었다. 십여 년을 이어오던 애버딘 경과 타임스 편집장의 우정은 총리의 몰락과 함께 끝나버렸다. 애버딘은 자신의 스코틀랜드 집으로 조용히 낙향하여 이후 생을 마감했다. 그는 자신이 이끄는 내각이 긍정적인 사회개혁을 이루어내기를 희망했지만 군대를 개편하지 못한 점과 이로써 야기된 위기에 대처하는 과정에서 드러난 무능력으로 무너지고 말았다.

정치인들은 딜레인이 저지른 일에 모욕감을 느끼고 분노를 참지 못했다. 이는 그의 결의나 탁월한 인내심 그 어떤 것에도 영향을 미치지 않았다. 누가 총리직을 맡을 자격이 있느냐 혹은 누가 해야 하냐에 대한 법적인 논의가 주말에까지 이어지는 바람에 하원의사당의 토론 휴회가 시행되고 영국은 실제 각료들이 없는 상태로 일주일을 보내게 되었다. 딜레인은 민중 봉기를 요구했다.

> 온 나라가 둔감한 무관심의 상태로 구경만 하고 있는 모습이 이상하다. 유서 깊은 술집에서 열리던 주민들간의 대회도 없어지고 원칙이 무엇인지에 대해 흉금을 털어놓던 격렬한 토론도 없어졌다. 아니다. 늦게까지 너무나 시

> 끄럽게 떠들어대던 사람들이 모두 침묵하고 있는 것이다. 이제 누가 '이 난국을 해결할 것인가?'
>
> 지금이야 말로 사람들이 나서서 목소리를 낼 시간이다. 이들에겐 정부가 없다. 즉 키도 없고 닻도 없는 배에 오른 것이다. 무정부라는 전염병이 흑해를 건너 우리에게까지 도달하여 우리 모두 의도가 어긋나 있다. 부패하고 무능하다는 이유로 의회에서 비난 받고 쫓겨났던 부처의 수장들에게 전쟁이 떠맡겨졌다. 이제 어떤 유형의 인물이 유럽에 입성해야 하는가? 이미 수치스러운 붕괴 과정을 거쳤던 우리의 군사체계가 해외의 모든 법정에서 비웃음의 대상이 되었다. 우리가 소중히 여기는 헌법에 대해 이들은 이제 무슨 생각을 할까? 법치주의 국가가 전제주의 나락으로 빠져드는 단계이기도 하다.
>
> 사람들은 이전에도 종종 그랬던 것처럼 당의 의견에 귀 기울이는 대신 국민들에게 자신의 운명을 내맡길 각료를 양산할 수 있도록 지대한 압력을 가하면 안 되는가? 그렇게만 한다면 의사당이 그를 지지하지 않을 수 없을 것이다. 지금의 위기는 과감한 인물과 과감한 행동, 과감한 명분을 필요로 한다. 우리는 트라팔가와 워털루 전투의 명성으로 살아왔으나 이를 반 년 전에 잃고 말았다.

정치인들 스스로 자신의 명성을 만든다는 놀라운 허튼소리에 걸맞게, 기사에 대한 반응이랍시고, 상·하원이 다시 한번 자신들의 분노를 타임스에 쏟아 부었다. 이들에 따르면 신문은 내각을 형성하기 위해 애쓰는 자를 돕고 이들을 지원할 의무가 있음에도, 공직에 종사하는 사람에 관한 정책을 조롱하는 기사 내용으로 보아 이들에 대한 존경심이 부족하다는 것이다. 신문의 어조가 우리 병사들의 사기를 저하시키고 적군에게는 확신을 불러일으킬 수 있다고 말했다. 내각이 전장에서 보인 행동 때문에 이들을 지지하지 않겠다는 뜻에서 바로 지난 주에 사임했던 러셀 의원마저 의회와 국가 조직을 예우하지 않는다고 타임스를 비난했다.

정부를 구성하는 데 12일이나 걸렸다. 이 기간 동안 어떠한 문제도 해결된 적이 없고, 스스로 저지른 일에 대한 책임을 질 능력도 없는 관료들이 정부 조직을 떠맡은 상태였다고, 딜레인은 되풀이해서 말했다.

70세의 고령이 된 파머스턴 경 말고는 찾아갈 인물이 없었다. 파머스턴 경이 총리가 되고부터 딜레인이 매일 타임스에다 정부정책을 실었다. 첫 주에는 파머스턴이 시드니 허버트와 글래드스턴이 포함된 내각을 형성하고 쾌활한 성격의 스코틀랜드 출신 팬뮤어(Panmure) 경을 전쟁장관으로 임명했다.

파머스턴은 로벅의 조사 발의안 결과를 번복하려 했지만 딜레인이 그렇게 내버려두지 않았다. 그래서 파머스턴은 타임스 때문에라도 어쩔 수 없이 존 로벅이 주축이 된 특별위원회가 결성되는 것을 허락하고, 딜레인의 고집으로 허버트와 글래드스턴 두 사람은 또 다시 사임하도록 결정이 내려졌다.

파리의 거리는 지금도 알마와 세바스토폴, 잉케르만에서의 승리를 기념하는 흔적이 남아있지만, 런던 어느 곳에도 발라클라바 광장이나 예프파토리아 기차역 등 당시를 기념할만한 이름이 없다. 요크셔의 수많은 여성들이 만들던 '발라클라바 모자*' 나 '카디건**' 등의 몇 가지 방한 용품만이 당시 기억을 되새겨 줄 뿐이다. 정부가 어떤 식으로 책임을 추궁 당했는지에 대한 내용은 당시 역사서에도 기록되어 있지 않다. 누군가 그 시건을 언급하기만 하면 딜레인의 행동 방식부터 비난하고 나설 뿐이다.

나이팅게일의 동상이 남아있긴 하지만 그녀는 간호학계에 기여한 공로에 대해서만 기억되는 한편 그녀가 각료들의 거만함과 허튼소리에 굴복하지 않으면서 일궈낸 가공할 정치적 영향력에 대해서는 알려지지 않았다. 뿐만 아니라 생각하기도 싫은 시드니 허버트의 동상까지 있지만 업적

*발라클라바 모자(Balaclava helmet): 눈 부위를 제외한 머리 전체를 덮는 방한용 모자

**카디건(Cardigan): 크림전쟁 당시 경기병대를 이끌던 카디건 경이 애용하던 의복

이 기억되어야 할 존 딜레인을 기리는 것은 하나도 없다.

플로렌스 나이팅게일은 영웅적인 존재였다. 그녀의 용기는 산송장과도 같았던 삶을 목격해야 했던 스쿠타리에서 지내는 기간에만 발휘된 것이 아니다. 전쟁이 벌어지는 동안은 물론 특히 종료된 후까지 정부 관계자들이 보여준 처신에 분노하는 과정에서도 알 수 있다. 나이팅게일은 권력자들과 장성들이 사건의 진실을 감추고 새로이 조작하려는 과정을 목격했다. 그들 모두가 경험했던 것으로부터 교훈을 얻으려 하는 대신, 이들은 다른 사안으로 넘어가려 했다. 이후 20여 년 동안이나 그녀는 이들이 원하는 대로 내버려두지 않았다. 나이팅게일의 사례는 딜레인 못지 않은 명예로움과 강인함으로 기억된다. 그녀는 병원과 학교를 설립한 여린 간호사가 아니다. 그녀는 정직과 품위로 가득했던 자신의 삶과 경험이 암울하고 고된 지옥의 고리에 빠져드는 것을 지켜보던 시절에 시작된 거대한 에너지로 정치와 인도주의적 세력을 키웠다. 그녀가, 정부는 물론 특히 군부의 많은 이들이 희망하던 대로, 다른 사람들처럼 크림반도에서 사망했더라면, 나이팅게일에 관한 글을 집필하는 사람이 그녀에게 배당해주는 완전히 다른 역할로 유명해졌을지도 모른다. 그녀는 놀라운 사건을 목격한 사람이다. 윌리엄 러셀과 마찬가지로 1856년에 마지막 병사가 떠날 때까지 크림반도에 남아 있었다. 그런 다음에는 자신을 쫓아다니는 언론의 관심을 피해 조용히 귀국했다. 이미 영국에서 가장 유명한 여성인사가 되었지만 자신이 겪었던 일로 심신이 고통 받고 있었다. 나이팅게일은 병들고 쇠약해졌음에도, 그녀와 달리 자신에게 주어진 임무를 다하지 못한 자를 응징할 수 있도록 사력을 다했다.

윌리엄 러셀은 최초의 종군기자로 전 세계에 유명세를 떨치게 되었다. 그런데 그의 위대한 재능인 글로 묘사하는 능력은 신문이나 기계적 장비가 눈앞에 펼쳐지는 일을 컬러 이미지로 보여주는 것보다 훨씬 전에 시작된 것이다. 그가 기차여행이나 교통혼잡에 관한 글을 쓰면 그 효과는 마법과도 같았다. 그의 이러한 노력 때문에 영국 군부의 미움을 사기도 했다.

변호사이기도 한 그는 수년 뒤 밝히기를 장성들이 그의 명성에 먹칠이 가도록 강력히 손을 쓰는 바람에 다시는 일을 할 수 없게 되었다 한다.

지식 세금이라고 불리던 신문에 내려지는 인지세를 폐지하자, 사면초가에 몰린 애버딘 경 정부가 의도했던 대로, 타임스와 경쟁하는 다른 신문사의 성장이 크게 두드러졌다. 현재 가디언과 텔레그래프로 알려진 신문들은 인지세가 폐지된 이듬해부터 보급률이 증가하기 시작했다. 타임스는 크림 전쟁 동안 일간 판매부수가 1년만에 거의 100퍼센트 가량 증가되어 매일 아침 3만부이던 것이 6만부가 채 안 되는 숫자로 늘었다. 수많은 사람들이 하루에도 몇 차례 이들 신문을 돌려가며 읽었다. 한 세기가 지나면서, 이 때의 판매부수 기록을 뛰어넘었던 때는 왕실 결혼식이 있었을 때뿐이었다.

이러한 몇 개월여의 시간 동안 타임스가 꼭 짚고 넘어가려 했던 것은, 딜레인과 러셀이 훌륭한 언론사라는 이름을 걸고 대중을 위한 정직한 정보를 추구한다는 목표에서 전쟁보도 방식을 창안해냈다는 점이다. 신문기사가 군 검열에 응해야 하는 규정은 당시 영국에 존재하지는 않았지만, 그 동안 발생한 일 때문에 이후 곧 생겨났다. 군부는 그 동안 발생한 일에 분개했다. 딜레인은 의심할 여지 없이 자신이 꼭 해야 할 일을 했을 뿐이라고 여겼다. 군사적 손실이 부실한 관리로 발생했다고 모든 증거에서 드러나고 있는데도 이러한 손실이 부주의한 정보 전달 때문이라고 하는 것은 믿기 어렵다. 타임스가 발견한 것을 기사로 내보내지 않았다면, 또한 영국 대중에게 전달되는 유일한 정보가 래글런 경과 제독들이 현장에서 보내는 전신뿐이었다면, 그토록 많은 승리를 거두고도 병력들이 전쟁 발발 후 몇 주 만에 사라지고 말았던 이유를 이해하기 무척 힘들었을 것이라는 생각이 든다. 타임스는 기금 마련과 함께 병원 상태에 관해 이목을 집중시킨 결과, 고국에 남겨진 부모와 아내에게 왜 그토록 수많은 병사가 사망했는지에 대한 해명을 해주었고 많은 이들에게는 안도감과 친절을 베푸는 역할까지 했다.

이보다 더 큰 공은 귀족 출신 국회의원들을 동요시킨 점이다. 딜레인은 언론매체를 시민의 자유를 상징하는 역할로 부각시켰지만 이러한 자유가 언제나 환영 받는 요소는 아니었다.

그의 또 다른 업적으로는 문어체 언어에 기여한 것이다. 매일 전해지는 논쟁조의 장문의 사설은 중독성이 있으면서 완강한 성향을 지니고 있었다. 신문에는 '뉴스'나 '대서특필'이라는 말도 없었고 기사의 요점이 처음부터 몇 문장에 드러나지도 않았다. 독자는 인내심과 읽는 즐거움만으로 버텨야, 기사가 전하고자 하는 내용을 파악하게 되고 실제로 벌어진 일을 자세하게 읽을 수 있다. 딜레인이 기자를 선정하고 관리할 때 정치적 현실을 중립적인 목소리로 구술하는 능력뿐만 아니라 즐겁게 이야기를 펼쳐나가는 능력도 분명 중요한 기준이었다.

그는 1877년까지 타임스의 편집장직을 유지했다. 크림전쟁이 끝난 후 그의 지적 능력과 영향력이 최고조에 다다랐다. 수개월이 되어서야 파머스턴은 신임을 얻게 되었고, 그러기까지 대부분의 시간 동안 딜레인이 논설에 실었던 내용들이 거의 바로 다음 날 정부의 정책이 되었다. 이 말은 전혀 과장된 것이 아니며 그러한 일이 일어난 이유는 이곳 이야기에도 명확히 드러나 있다. 당시 국내외 정책을 딜레인만큼 이해하던 정치 인사는 아무도 없었다. 분명 정치인들은 그러한 상황을 혐오하고 군부도 싫어했지만 그와 맞설 수 있는 실력이 되기 전까지는 그가 최선의 방안이라 여기는 것을 고집하도록 내버려둘 수밖에 없었다. 지금에야 믿기 힘들더라도 그는 리더였다. 딜레인은 2월에 내각 사태가 한창 벌어지고 있던 때 그 문제점을 지적하는 논설에서 영국은 물론 다른 문명 사회의 본질은 책임을 지는 것을 중요하게 여기는 것에 있다고 했다.

문명 사회의 본질은 책임을 지는 것이다. 책임감에 대한 두려움이 대부분

> 공직자의 정신을 억누르고 에너지를 마비시키는 바람에 우리는 책임을 지는 권한을 시민적 덕성이 높은 분들에게 맡긴다. 우리의 정부 기관을 자랑해마지 않을 때는, 특히 책임감을 두고 하는 말이며, 공직에 들어서는 자는 자신에게 주어진 책임에 대한 두려움을 가지고, 누군가 더 노력하라는 채찍질을 하고 주어진 임무가 조금이라도 궤도를 벗어나면 경고를 하리라는 정직한 믿음이 있기 때문이다.

이는 군부의 고위 장성들을 교체해야 한다고 요구하던 시절 그가 쓰던 어조이다. 이번에는 전장에서 벌어진 사태에 대해 그가 비난했던 다양한 부처의 공무원들에 대한 또 다른 공격을 하기 위한 서론에 해당했다. 상당수 공무원들의 직위를 박탈하고, 일반 사업체에서는 존재하지 않는 관행인 종신고용을 중단할 것을 촉구했다. "자신이 맡은 바에 대한 책임을 질 수 없다면, 어느 누구도 필요로 하지 않는 자다."

딜레인은 선출된 정치인과 급여를 받는 공무원들 사이의 관계에는 거대한 규모의 악이 숨어있다는 교훈을 남겼다. 선출된 정치인 뒤에 숨어서 자신이 저지른 일에 대한 책임을 충분히 지지 않는 관료는 민주주의를 파괴할 수 있다.

다섯 번째 보고서 마지막 페이지에서, 존 로벅이 주도하는 특별위원회는 그 동안 밝혀진 내용을 바탕으로 판결을 하고 미래를 위해 변경할 사항을 제안했다. 결국 전쟁은 이어졌고 승리를 거둘 필요가 있었다. 각기 다른 부처의 활동에 관한 관측을 통해 로벅이 기록한 내용이다.

> 지휘 위원회는 통탄할 만한 상태에 있던 스쿠타리의 병원이 처음으로 실질적인 개선사항을 보인 것은 민간 부문에서 들어온 제안과 민간 부문의 노력, 민간 부문의 온정으로 가능했다고 결론을 내릴 수밖에 없습니다. 육군성 장관의 제안으로 나이팅게일 씨는 존경할 만한 헌신의 자세로 간호사단을 결성하여 환자와 부상병을 돌보는 일을 맡아왔습니다. 국민들의 성금으

> 로 모아진 기금은 타임스 신문사의 총명하고 열정이 넘치는 맥도널드 씨를 통해 집행되었습니다. 고결한 시드니 고돌핀 오스본 목사와 아우구스투스 스태퍼드 의원은 친히 병원을 둘러보시고 제안사항이 담긴 귀중한 보고서를 작성하여 정부에 전달하였습니다. 이분들의 노력으로 수많은 이들의 고통이 줄어들었습니다. 병사들의 사기가 진작되고 귀중한 생명을 구할 수 있었습니다.

래글런 경은 로벅이 이끄는 특별위원회가 자신의 결함을 숱하게 폭로한 보고서가 발행된 후 얼마 되지 않아 사망했다. 그는 과중한 스트레스를 받았던 것이 분명하며 군사적 유산이라는 보호막이 있었지만 그 동안 진행된 사태에 대한 국민들의 실망을 몸소 느꼈으리라. 세바스토폴은 1855년 9월에나 함락되었으며 전쟁은 조약과 함께 곧바로 종결되었다. 30만여 명의 사람들이 목숨을 잃었다.

평화가 선포되자 딜레인은 부모님과 함께 이탈리아에 가서 휴가를 보냈다.

12장

존 딜레인

딜레인은 그의 모친이 희망하던 대로 진정 훌륭한 신문사 편집장이 되었다. 맡은 분야에서 당대 최고의 명성을 자랑한 인물이기도 하다. 총리가 되기 전 외무장관으로 유명세를 떨쳤던 파머스턴 경은 이 직위를 딜레인에게 맡아달라고 제안했다. 이는 다른 많은 탁월한 능력들 중에서도 국제 업무에 관한 그의 뛰어난 이해력을 높이 평가했기 때문이다. 딜레인은 타임스에 대한 애착과 자신이 그곳에서 밤낮으로 맡은 역할 때문에 총리의 제안을 거절하고 말았다.

크림전쟁이 끝나고 은퇴하기까지 20여 년의 세월 동안 존 딜레인은 언제나 정계의 중심에 있었다. 그는 지금 우리에게도 익숙한 정치 인사의 임명과 음모, 위기 등이 있을 때 드러나는 우여곡절을 모두 따라다녔다. 대부분의 사건은 발생한 지 몇 주만 지나도 잊히고 만다. 공인들은 공개석상에서 잠깐 동안 아니면 오래도록 거들먹거리며 활보를 한다. 딜레인은 이러한 모든 활동에 그의 존재감을 드러냈다. 1870년에 있었던 프로이센-프랑스 전쟁에 그는 다시 한번 러셀을 전선으로 보냈지만 이번에는 유럽 정부에서 타임스가 전장에 부정적인 영향을 미칠까 경계했다. 그럼에도 이 분쟁에 대한 그의 평화로운 관점과 벨기에인에 대한 우려가 장기간 효력을 발휘하여 1914년에 있었던 제1차 세계 대전 초창기에까지 영향을 미쳤다.

돌이켜보면, 크림전쟁에서 불거진 문제의 원인은 타임스에 있다고 로벅 의원이 쉽게 결론지어버렸을 수도 있다. 정부정책에 관해 집요하게 의문을 가지는 것은 신문사 운영 방식의 경계를 벗어나는 것이라는 반응이 나왔을 수도 있다. 이에 대한 반대 의견을 찾아서 신문사의 편집체제를 바꾸어놓는 계기가 되었을 수도 있다. 군사적 사안을 보도할 때 검열을 강화하라고 요구했을 수도 있다. 이러한 것들은 대부분 정부 관계자가 결론 내린 것이다. 로벅은 딜레인과 돈독한 사이가 아니었다. 둘은 출신 배경도 다르고 이전에 사이가 틀어진 적까지 있었다. 결국 신문은 완벽한 정보를 바탕으로 기사를 작성하되, 신문사의 견해는 최소화시켜야 한다는 결론은 현시대에서도 접하고 있다. 또한 정부 산하 기관의 수장이 편집장을 조롱하다 못해 이들을 몰락시키는 과정도 있어 왔다. 그런데 완벽한 정보를 기반으로 한다고 해서 신문사가 운영되는 것은 아니다. 공적인 직위를 맡은 사람으로부터 정보를 입수할 수 있도록 시도해야 한다. 로벅은 조국과 민주주의 발전에 큰 기여를 하는 과정에서 딜레인을 도왔다.

이러한 몇 개월여의 시간 동안 발생한 일들이 결국 공공서비스와 군대 모두를 개혁하는 계기가 되었다. 군대의 조달계급 체계에서 불거지는 국가적 위험이 폭로되고 이러한 과정에서 이득을 보는 자들이 여전히 변화를 거부하다가 결국 사라지고 말았다. 군부는 크림전쟁에서 드러난 자신들의 행위에 대해 격렬하게 옹호하고 나섰다. 조사가 진행되던 장소의 이름을 붙인 "첼시병원이사회" 조사 과정에서 어떤 경우든 무능하다는 제보가 있었던 장성은 무혐의 처리되고, 대신 타임스는 물론 전장에서 벌어진 일에 대한 조사를 벌이도록 정부가 임명한 담당자 등 벌어진 사태에 대한 정보를 제공한 자에게 책임이 떠넘겨졌다. 이들은 또한 플로렌스 나이팅게일에게까지도 그만큼의 책임을 돌렸다. 그녀가 근무하는 동안 수많은 위협을 했을 뿐만 아니라 병원의 군사작전에 혼란을 야기했다는 것이다. 이들은 스스로 조사위원회를 꾸려놓고 자신의 관할 영역이 아닌 관계자를 헐뜯는 데만 집중했다. 이러한 상황이 얼마나 말이 안 되는지 알 수 있음에도, 그러한 내부조사 관행은 지금도 존재하며 이들을 지휘하는 자는 지금도 1855년도의 군 장성만큼이나 독선적이다.

150년이면 공적 행위의 잘잘못을 분간하는 능력을 쌓기에 충분한 시간이다. 독자들이 군사작전에 관한 기사를 즐겨 읽는다는 것을 딜레인이 알아차린 것과 마찬가지로 지금의 우리도 동일한 방식으로 즐긴다. 하지만 딜레인에게는 지금 우리처럼 거리를 둘 수 있는 여유가 없었다. 그는 사건이 일어난 것을 목격하면 의무감에서라기보다 그런 상태를 싫어하고 나쁜 일임을 알기 때문에 이를 중단시키고자 쫓아다닌 것이다. 그는 강박관념에 사로잡힐 수밖에 없었다. 이러한 성향의 문제에서 그만큼 외곬으로 나가는 경우는 드물다. 아마도 그는 부양할 가족이 없고 이해관계의 충돌을 해결할 필요도 없었기에 그렇게 하는 것이 가능했으리라. 딜레인의 아내는 남편이 무엇을 하든 개의치 않았다. 하지만 병사와 장교가 잃어야 했던 것을 이해하고 이를 밝혀내는 것 말고는 딜레인 자신이 잃을 것에 대해 걱정했다는 증거는 없다.

이러한 일이 50여 년 전인 1959년에 발생했어도 정부 관료들의 행위를 우리가 객관적으로 평가한다는 것은 어려울 것이다. 현시대를 사는 우리도 이들이 어느 정도 비밀스럽고 모호한 방식으로 일할 수 있는 여지를 허락한다. 우리가 1950년대의 간첩행위 수위를 완전히 이해하지 못하던 것처럼 말이다. 당시 역사를 기록하는 것은 최근 발생한 사건을 검토하는 것 같은 느낌이 들 것이다. 하지만 여기에 100년을 더하면 이러한 걱정거리가 없어진다. 우리는 1850년대의 역사는 별다른 감흥 없이 연구할 수 있다. 우리가 아는 사람의 가까운 친척이나 기억할만한 사람이 아니라 이들의 먼 조상을 연구하기 때문이다.

찰스 디킨스는 이러한 몇 개월의 시간 동안 타임스에서 보고 읽은 내용을 바탕으로, 리틀 도릿(Little Dorrit)이라는 작품 속 '관청*'의 이미지를

---

*관청: 관료주의적인 관청(Circumlocution Office)을 뜻하는 찰스 디킨스식 언어

탄생시켰다. 그는 전쟁이 끝난 직후 이 책을 썼는데 딜레인이 폭로한 내용을 전혀 의심하지 않았다.

딜레인의 아내는 1874년까지 정신병원에서 지냈다. 딜레인 부인이 평온한 상태로 숨을 거두었다고 간단하게 기록되었을 뿐이다. 딜레인을 처음 만났을 때 그녀에게 무슨 일이 있었든 당시 받은 정신적 충격에서 영영 회복되지도, 극도로 악화되지도 않았다. 병원 기록에는 어떤 식으로 건강이 악화되었는지 내용이 없다. 그녀만의 방식으로 남편에게 많은 영향을 미쳤다. 아내가 없었더라면 딜레인은 지금 우리가 기억하는 인물이 되지 못하고, 그가 이룩한 일도 해내지 못했을 것이다. 그녀에게는 이러한 일들이 아무런 차이가 없었다. 존 딜레인이 1877년 59세의 나이로 타임스에서 은퇴하자 그는 세상에 더 이상 기여할 일이 남아 있지 않았다. 그 동안 해오던 일이 그의 에너지를 모두 소모시킨 것이다.

딜레인은 최근까지도 영국사에서 잊히고 있었다. 역사에서 설명하는 사건이 끝난 후 오랜 시간이 지나면 역사 자체가 변하기 때문이다. 1900년까지도 딜레인은 19세기 영국에 중요한 기여를 한 인물로 손꼽히지 않았다. 언론 역사에서 그를 발견하고 그의 이야기를 다른 언론인들에게 전달했다고 보는 것이 맞다. 일반 역사책에도 그를 주요 역사적 인물로 꼽지도 않는다. 그러나 그는 언론인들 사이에서 과거는 물론 지금도 훌륭한 인물로 거론된다.

그 동안 우리가 경험해온 정치와 국가경영이라는 관점에서, 그가 기울인 노력과 용기를 평가해본다면 딜레인은 다른 곳에서는 볼 수 없는 빅토리아 시대 저항의 표상으로 떠올릴 수 있을 것이다. 플로렌스 나이팅게일까지 더한다면, 우리는 현시대에서도 다시 만날 수 있기를 희망하는 자랑스럽고 위대한 유산을 지녔다고 할 수 있다. 이들이 이룩한 업적뿐만 아니라 이들의 탁월한 용기와 고귀함으로도 만인의 존경을 받아 마땅하다. 역사는 왕실과 전쟁, 경제에 관한 내용만 다루는 것이 아니다. 권력이 어디에서 생겨났든, 언론이 권력자의 억압을 파헤치는 과정에서 민주주의가 성장해온 것이 영국 사회의 가장 중요한 특징이다. 존 딜레인의 이야기는 세상에 드러나기만 한다면 훨씬 명확해질 수 있는 여정에서 하나의 중요한 이정표 역할을 한다.

Biographical Dictionary

인명사전

글래드스턴, 윌리엄(William Gladstone) : 크림전쟁 당시 영국의 재무장관

나이팅게일, 플로렌스(Florence Nightingale) : 간호사, 수학자, 통계학자이자 현대 간호학의 창시자이기도 하다. 크림전쟁 당시 군 병원 문제를 개선하는데 큰 역할을 했다.

뉴캐슬 공작(Duke of Newcastle) : 크림전쟁 당시 영국의 전쟁장관

니콜슨, 마리안(Marianne Nicholson) : 나이팅게일이 사랑에 빠졌던 사촌

니콜슨, 헨리(Henry Nicholson) : 나이팅게일에게 구애한 남성으로, 마리안 니콜슨의 오빠이기도 함

다선트, 조지(George Dasent) : 딜레인이 킹스 칼리지에서 만난 친구로 계속 인연을 이어오다 타임스 부편집장직을 맡았고, 딜레인과 매제 사이도 된다.

던다스(Dundas) 제독 : 크림전쟁 당시 영국 함대 사령관

딜레인, 존(John Delane) : 1877년 은퇴할 때까지 36년간이나 타임스의 편집장 역할을 맡아 영국의 정치, 사회 부문에 많은 영향력을 미쳤다.

래글런(Raglan) 경 : 크림전쟁 당시 영국 군 총사령관

러셀, 윌리엄(William Howard Russell) : 아일랜드 출신의 타임스 기자로 크림전쟁 때 특파원으로 활동했으며, 당시 쓴 기사로 유명세를 떨쳤다.

러셀, 존 (John Russell) : 크림전쟁 당시 휘그당 당수로 애버딘 경의 필라이트와 연립정부를 구성했다.

레야드, 오스틴 헨리(Austen Henry Layard) : 탐험가, 고고학자, 국회의원. 크림전쟁 당시 딜레인과 함께 터키를 방문한다.

로벅, 존(John Roebuck) : 크림전쟁의 부실한 관리에 대해 조사를 벌이도록 특별위원회를 주도한 영국의 국회의원

맥도널드, 존(John MacDonald) : 타임스 직원으로 딜레인의 요청에 따라 터키에서 타임스 기금을 집행하는 역할을 맡는다.

멘시코프(Menshikov) 왕자 : 크림전쟁 당시 러시아 군 총사령관

모리스, 모브레이(Mowbray Morris) : 타임스 운영관리자

반스, 토머스(Thomas Barnes) : 딜레인의 전임자, 타임스 편집장

범블(Bumble): 찰스 디킨스의 작품 '올리버 트위스트'에 나오는 구빈원 관리인으로 비열하고 강압적인 인물로 묘사된다.

보울스, 제레미아(Jeremiah Bowles) : 딜레인이 어린 시절 개인교습을 받았던 박사

브레이스브리지(Bracebridge) 부부 : 나이팅게일 가족과 친분이 있는 사이로 터키에서 나이팅게일 일행의 일을 돕는다.

세인트 아노드(St Arnaud) : 프랑스 육군원수로 크림전쟁 당시 프랑스 군 총사령관

스태퍼드, 아우구스투스(Augustus Stafford) : 국회의원으로 크림전쟁 당시 터키에서 직접 목격한 영국 군의 상황을 국회에 보고한다.

스트래트퍼드 드 레드클리프(Stratford de Redcliffe) 경: 크림전쟁 당시 터키 주재 영국대사

애버딘(Aberdeen) 경 : 영국의 외무장관직을 두 차례 역임하고 1852–1855년 총리로 재임했다.

오스본, 시드니 고돌핀(Sidney Godolphin Osborne) : 영국의 목사로 나이팅게일 일행과 같이 터키에서 타임스 기금 활동을 돕는다.

월터, 존(John Walter) : 타임스 신문사 사주(社主)

웰링턴 공작(Duke of Wellington) : 반도 전쟁과 워털루 전투에서 영국 군 사령관 역할을 맡았고 1828-1830년 총리로 재임했다.

윈칠시(Winchilsea) 경 : 상원의원으로 딜레인과 타임스를 의회에서 강하게 비판했다. 총리인 웰링턴 공작과의 정치적 불화 끝에 총으로 결투를 벌인 젊은 시절 일화가 유명하다.

체너리, 토머스(Thomas Chenery) : 타임스 기자로 윌리엄 러셀과 마찬가지로 크림전쟁 특파원으로 활동했고 추후 딜레인에 이어 타임스 편집장이 된다.

캉로베르(Canrobert) 장군 : 세인트 아노드 사망 후 프랑스 군 총사령관 직위 이어받음

케임브리지 공작(Duke of Cambridge) : 빅토리아 여왕의 사촌으로, 두 사람의 조부가 조지 3세 왕이다.

클라렌든(Clarendon) 경 : 크림전쟁 당시 영국의 외무장관

킹레이크, 알렉산더(Alexander Kinglake) : 저술가로, 크림전쟁 당시 딜레인과 함께 터키를 방문한다.

파르테노페(Parthenope Nightingale) : 나이팅게일의 언니

파머스턴(Palmerston) 경 : 영국의 외무장관과 내무장관직을 거쳐, 1855–1858년과 1859–1865년 두 차례 총리직을 역임했다.

프란세스(Frances Bacon) : 타임스 부편집장이었던 프란시스 베이컨(Francis Bacon)의 미망인으로, 딜레인과 재혼한다.

프란세스(Frances Nightingale) : 나이팅게일의 어머니

플로(Flo) : 플로렌스(Florence)의 애칭

필, 로버트(Robert Peel) : 두 차례에 걸쳐 영국 총리로 재임한 아버지 로버트 필(동명)의 장남이면서, 그도 영국 정치인으로 활동한 사람이다.

허버트, 시드니 (Sidney Herbert) : 크림전쟁 당시 육군성 장관으로 평소에 친분이 있던 나이팅게일을 크림전쟁 때 터키에 파견하다.

허버트, 엘리자베스 (Elizabeth Herbert) : 시드니 허버트의 아내로 나이팅게일과 친분이 두터운 사이이다.

홀, 존 (John Hall) : 크림전쟁 당시 현지 군 병원 사령관

Bibliography
참고문헌

저자가 참고한 문헌

Muriel Chamberlain, *Lord Palmerston,* GPC, 1987

Tim Coates (ed.), *Florence Nightingale and the Crimea,* The Stationery Office, 2001

Arthur Dasent, *John Thadeus Delane, Editor of 'The Times'*, 2 vols, John Murray, 1908

Sue Goldie (ed.), *'I Have Done My Duty'*, Manchester University Press, 1987

Christopher Hibbert, *The 'Illustrated London News' Social History of Victorian Britain,* Angus & Robertson, 1974

The History of the Times, vol. 2: The Tradition Established, 1881-1884, The Times, 1939

Elspeth Huxley, *Florence Nightingale,* Weidenfeld & Nicolson, 1975

Andrew Lambert and Stephen Badsey, *The War Correspondents: The Crimean War,* Sutton, 1994

Lynn McDonald (ed.), *The Edited Papers of Florence Nightingale,* University of Guelph

Karl Meyer and Shareen Brysac, *Tournament of Shadows,* Little, Brown, 2001

Florence Nightingale, *'Cassandra' and Other Selections from 'Suggestions for Thought',* ed. Mary Poovey, Pickering & Chatto, 1991

Florence Nightingale, *Letters from Egypt,* Spottiswoode, 1854

Florence Nightingale, *Notes on Nursing,* Appleton, 1860

Sidney Godolphin Osborne, *Scutari and Its Hospitals,* Dickinson Brothers, 1855

Trevor Royle, *Crimea,* Little, Brown, 1999

William Howard Russell, *Despatchesfrom the Crimea,* ed. Nicolas Bentley, André Deutsch, 1966

Hugh Small, *Florence Nightingale,* Constable, 1998

Lytton Strachey, *Eminent Victorians,* Chatto & Windus, 1918

Cecil Woodham Smith, *Florence Nightingale,* Constable, 1950

Cecil Woodham Smith, *The Reason Why,* Constable, 1953

Other sources

The Times, 1842-58

The letters of Florence Nightingale. Copies in the Wellcome Trust Library

The London Library, particularly for daily copies of *The Times*

The Public Record Office at Kew for War Office papers on the Crimean War

HMSO Controllers' Library

British Parliamentary Papers:

Military Affairs in Afghanistan 1843

The Report of the Sanitary Commission

The McNeill and Tulloch Report

The Chelsea Board

The Roebuck Commission

The War Archives

The Times Archive

The National Archives

The Museum of Docklands, London

The Florence Nightingale Museum

INDEX

찾아보기

펜의 힘

초판 1쇄 인쇄	2018년 6월 15일
2판 1쇄 발행	2020년 1월 15일
원표제	Delane's War
원저자	Tim COATES
번역자	전호환 · 정숙진
디자인	배영미
펴낸이	전호환
펴낸곳	부산대학교 출판문화원
	주소 - 부산광역시 금정구 부산대학로 63번길 2
	전화 - (051) 510 - 1932, 1933, 1935, 1967
	전송 - (051) 512 - 7812
	등록 - 제카 11-2 1992. 9. 10.
인쇄소	한국소문사

정가 15,000원

ISBN 978 - 89 - 7316 - 649 - 7 03300

이 도서의 국립중앙도서관 출판예정도서목록(CIP)은 서지정보유통지원시스템 홈페이지(http://seoji.nl.go.kr)와 국가자료종합목록 구축시스템(http://kolis-net.nl.go.kr)에서 이용하실 수 있습니다.
(CIP제어번호 : CIP2020000469)